以原始佛法的四念處為基礎所發展出來的
四套瑜伽姿勢，
在練身的同時進行禪修。

正念瑜伽

結合佛法與瑜伽的身心雙修

作者／
法蘭克・裘德・巴奇歐
Frank Jude Boccio

譯者／
鄧光潔

Mindfulness Yoga The Awakened Union of Breath, Body, and Mind

透過呼吸、身與心

我誠心獻上這些文字

願所有讀者都能從失念中覺醒

體悟自我並非單獨存在的真實本質

超越恐懼、憂傷與焦慮之路

願眾生皆得以解脫

目次

正念瑜伽

目
次

一個不可思議的浩瀚世界

我對自己感興趣的諸多領域向來求知若渴，尤其是瑜伽傳統，可惜每年在我書桌上擺過的數百份刊物中，只有少部分能成功吸引我閱讀良久。不過，每週湧入的書籍與手稿中，總會有一部作品真正值得研讀，而且深深打動我，法蘭克・裘德・巴奇歐（Frank Jude Boccio）所著的《正念瑜伽》（*Mindfulness Yoga*）正是一例。

我對這本書感到欣喜的理由有二。首先，它探討的主題不但重要，也切合時下需要；其次，我很高興法蘭克・裘德最近參與了瑜伽研究暨教育中心（Yoga Research and Education Center）推出的首場共七百小時的教師培訓研習會。他默默地在場，客氣的服務及深思熟慮的見解，對我們的研習會貢獻良多，此後我便一直很看重他，視他為真誠的「法」的兄弟。因此當他請我為本書寫序時，我便欣然應允。

印度教和佛教在精神層面的關係

為這樣一本書寫序，我認為從一些個人的評論開始談起，相當合情合理。我十四歲時，初次發現瑜伽不可思議的浩瀚世界，立刻明白自己已找到心靈的家。三、四年後，我明顯感覺到，今後應把個人和專業生涯全都投注到探索瑜伽古老的遺產中。

我十九歲時寫下生平第一本書，主題自然是瑜伽，此後又陸續撰寫了更多瑜伽或相關主題的書籍。當時，我也初次接觸到佛教，並對佛法令人敬畏的清晰和洞察力感到印象深刻，因而高度推崇佛陀及其教法。不過，當我需要修行和研習時，卻轉向印度瑜伽，因為當時覺得這對一個蓄勢待發如我的學者、作家兼修行者而言，比較容易入門。

我深入研習印度瑜伽後，在1970年代初期陸續翻譯了數本佛學書籍，或英文譯成德文，或德文譯成英文。可是一直要到1994年，我才透過西藏的金剛乘（Vajrayana）①，得以在理論和修行上更敏銳地深入佛教瑜伽的世界。從那時起，我曾深入思索印度教和佛教在精神層面的關係，而這也是法蘭克・裘德這本書的重點之一。

在我看來，印度教和佛教不太像是宗教，而更像是偉大的文化複合體，都在印度次大陸誕生，而且都以瑜伽（精神層面的）修行為核心。因此，同時提到印度瑜伽和佛教瑜伽，十分恰當。

事實上，佛教金剛乘更是呈現出瑜伽的形式，而且一如印度教，甚至時而會稱呼其男性修行者為瑜伽士（藏語naljor）②。因此，現代刻意把瑜伽（通常狹隘地認定為姿勢的修練）和佛教區分開來，無疑是錯誤且毫無建設性的二分法。讓印度教和佛教都能擁有「瑜伽」的稱號，同時不至於模糊印度教和佛教在精神層面上的差異，是相當合理的。

這樣做的優點是，能強調印度教和佛教共有的重要基礎，這裡不單指道德修行層面，還包括更高層次的道。我很高興地發現，和我一樣同為佛教瑜伽修行者的法蘭克・裘德，也採納類似的觀點。

將瑜伽當作一種生活方式

超過三十五年來，我的焦點一直鎖定在搭起印度與西方世界間的橋樑，使西方人士能跨越過橋樑，深入印度不可思議的智慧教法。少有人知道，瑜伽其實早在古希臘時期就已傳到西方。自從1893年在芝加哥召開的世界宗教大會（World's Parliament of Religions）③，辨喜（Swami Vivekananda）④發表劃時代的演說後，便穩定地加速了印度智慧傳到歐洲、美國、澳洲和紐西蘭等地。如今，我們還觀察到很耐人尋味的現象，那就是優秀的西方教師把瑜伽（至少是哈達瑜伽體位法的形式）回傳給印度的中產階級，這顯示東、西半球間愈來愈融合了。

佛教瑜伽也是世界宗教會議發表的主題，發言激昂來自錫蘭的達摩波羅（Anagarika Dharmapala）⑤、日本禪宗大師宗演法師（Soyen Shaku）⑥，以及

其他與會者對此都有建言。

附帶一提的，宗演法師當時由年輕的鈴木大拙（D.T. Suzuki）⑦擔任譯者，後者日後註定將成為二十世紀中葉的精神英雄。兩位大師後來都成功地在美國吸引了為數眾多的追隨者。而中國於1950年入侵西藏後，美國等西方國家人士之所以能立即張開雙臂接納藏傳佛教，也是因為有兩位大師先前奠定的基礎所致。

到了今天，光是美國一地，據稱就有兩、三百萬的佛教修行者，以及多達一千五百萬到兩千萬的瑜伽修行者。後者多半把瑜伽當成一種健身、強身的養生法，而非內在成長和精神提升之道。

不過，現在又出現了另一波相當鼓舞人心的潮流，那就是以更認真的態度來練習瑜伽；也就是說，開始將瑜伽當作一種生活方式，其最高精神層面的理想是，達到自我超越和心靈覺醒。瑜伽是一種具有強烈轉化功能的訓練，若能認真修行，投注不可或缺的心力，就能引發內在的轉變，即使只是從大多數西方人著重的瑜伽姿勢入門，同樣也能辦到。

《正念瑜伽》是一本寶貴的指引地圖集

哈達瑜伽（hatha yoga）⑧的姿勢（asanas，體位法）能活化副交感神經系統，傳統上將它當成進入瑜伽精神層面的入門階。這些姿勢能使修行者體驗到深度的放鬆，若同時結合有意識的呼吸法，成效會更加明顯；而從這階段起，距離真正的禪修就只差一小步了。禪修的心，依次對一個人的自我意象、對世界的體悟及與生命的聯繫，均能造成深層的改變。因此，禪修幾乎是所有瑜伽修練法的核心。

印度偉大的瑜伽傳統，可視為數千年的禪修和精神修練的寶貴精粹，它們顯然有許多值得我們借鏡之處，因此詳盡地研習各種形式的瑜伽教法，一直是瑜伽修行不可或缺的重要元素。想要花很長的時間自修瑜伽，從嘗試和錯誤中學習，這當然可行，不過，若能藉助有成就的早期修行者的知識和智慧來學習，又何必再冒著遭受挫折，甚至最終失敗的風險呢？

打從踏上精神之旅的一開始，就能先了解最重要的「正見」，可以讓我們

日後不至於一再地感到失望。探訪一座新城鎮時，手邊能帶著一張好地圖，當然會很有幫助。起初，我們對自己的目的地可能沒有清楚的概念，因為有時往往還不曉得自己最深層的感覺和動機。認真研究瑜伽的傳統教法，不但能喚醒我們內在的精神原動力，還能指引我們通往正確的方向。

　　法蘭克‧裘德的《正念瑜伽》就是寶貴的地圖、研修的指引，能使人深入瑜伽的豐富潛能，並找到建立有意義、快樂生活的一切內在資源。《正念瑜伽》也令人欽佩地展現出想搭起溝通橋樑的努力，有助於使目前因人為因素而壁壘分明的東、西方印度瑜伽和佛教瑜伽修行者兩大陣營，再度融會貫通。這本傑出、實用的作品明白指出，這兩大瑜伽傳統其實有極大部分是重疊共通的，但書中也並未掩飾兩者在理論與實踐層面上，的確存在重大的差異。

　　由此看來，本書應歸屬於極敏銳的「跨信仰」、「跨宗教」，或我稱之為「跨傳統」的對話，對印度教和佛教間的相互理解與包容有所貢獻。本書最寶貴之處在於作者的觀點，其背後都有他對佛教瑜伽（尤其是修習正念⑨）和印度瑜伽（尤其是瑜伽姿勢的練習和呼吸控制），相當紮實、真誠的親身經驗做為後盾。無論外界如何想像這兩大瑜伽之間的衝突，法蘭克‧裘德的生命歷程和著作仍足以顯示，融合兩者、集思廣益，仍是可行之道。

　　《正念瑜伽》袪除了外界對佛教和印度瑜伽的一些誤解，並提供學習任何一種瑜伽傳統的修行者相當務實的建議。正念可以（也應該）應用在所有瑜伽修行中，包括哈達瑜伽體位法在內，法蘭克‧裘德因而成功地搭起「令人飄飄然的」禪修和「受身體驅策的」哈達瑜伽之間的橋樑。

　　他體會到，我們既非脫離身體、漂浮在軀體之上的靈魂，也非毫無靈魂的肉體媒介，而是在這兩個真實層面間保持奇妙的動力。令人耳目一新的是，他也在書中收納了遭到誤解、卻十分重要的面向──感覺。和外界所誤解的正好相反，佛教瑜伽或印度瑜伽並非企圖消滅感覺，使修行者變成空洞的機械人。相反地，這兩種瑜伽修行，都旨在藉由喚醒我們內在證見的能力（witnessing faculty），以掌控心，包括感覺在內。

　　二十世紀偉大的宗教史學家默西亞‧埃里亞德（Mircea Eliade）⑩在其闡述瑜伽的巨著中，曾提到印度最偉大的發現就是證見（witness）。我也深表同感，但想補充的是，對萬物心懷慈悲的瑜伽教法也同樣重要，而且和前者關係

密切。佛教和印度教都同樣勸人要以慈悲為懷。

　　法蘭克‧裘德全書中，十分強調證見（透過修習正念傳達出來）和慈悲之間具有創造力的互動，或是作為背景的主題。能證見的心和慈悲心，是真正瑜伽所有整合形式的基本特性。結合兩者使我們得以完美。

　　總而言之，無論是哈達瑜伽修行者——尤其是喜好健身、力與美的人，或是佛教瑜伽修行者——特別是對身體和物質宇宙都感到不自在的人，都應仔細研讀法蘭克‧裘德‧巴奇歐的這本書。事實上，每個有心修習瑜伽的人，都應該閱讀《正念瑜伽》。

喬治‧福爾斯坦（Georg Feuerstein）⑪
美國加州曼頓市
二○○三年秋

英譯序

13

正念瑜伽：慈悲瑜伽

輔仁大學瑜伽術專業講師　李林峰

看完法蘭克・裘德・巴奇歐著的《正念瑜伽》這本書後，我非常高興。它不僅凸顯出瑜伽的身心修行本質，並教人如何實踐，同時也消除了我多年來的困擾。

我自從16歲起，隨父從事瑜伽術的推廣與教學，至今近四十年了。其間，不知有多少學生曾向我詢問學習瑜伽術的參考書籍，我只好告知坊間書店各種有關瑜伽的出版品。但總不外兩類：一是教科書一般純資料提供的，二以功能性健身、健美圖片提供為主的，真令人有深感不足之遺憾。

回顧起來，台灣第一個瑜伽組織──中國瑜伽學會，是在1970年正式成立的。成立大會假台北市台灣省菸酒公賣局活動中心舉辦，當年社會一般對瑜伽術的認知除了偏向於身體特技的動作外，更注目於睡釘床、針穿鼻等印度苦行僧的驚人表演。成立大會當天，就有人表演把自己摺疊在大蒸籠裡，以顯示有瑜伽功夫。我父親李世潮是學會常務理事兼瑜伽術教練委員，所以當天負責示範瑜伽術的各種體位法，並指派我負責解說及擔任瑜伽學理簡介。當年我才20歲，面對這種大場面，心中難免緊張萬分，因此事前好好地準備了一番。為了釐清瑜伽術不是特技表演，而是印度一種古老的、為達到身心解脫的修行方法，於是我正本清源由印度瑜伽哲派經典著作《瑜伽經》說起。此經主旨乃闡明瑜伽三摩地的解脫境界，更在第二章中記載實踐三摩地的方法。我當時就據此特別說明《瑜伽經》的八支功法瑜伽：

（1）守戒──外在行為的控制。

（2）精進──內在的自律行為。

（3）調身──體位法。

（4）調息──呼吸控制。

（5）收攝感官。

（6）凝神專注於一境。

（7）禪定——放下我執，身心合一。

（8）三摩地——主客體的融合。天人合一。超越二元進入中道的自由解脫境界。

從以上條理的瑜伽實踐八支功法中，我們可以看得很清楚；前五支都是著重於外在的控制，可稱之為「外瑜伽」，也是為了進入後三支直入三摩地的「內瑜伽」所做的準備功夫。然而，近代世界各地為了健身而蓬勃發展的瑜伽術體位法，僅只是從八支功法中的第三項「調身——體位法」單獨發展而來。全然捨棄了八支功法中（6）、（7）、（8）項內瑜伽的禪定部分。這種被切割了的瑜伽健身術，悖離了瑜伽三摩地解脫修行的終極理想，怎能確保必須由八支功法內瑜伽才能孕育出來的身心健康效果呢？如或不然，難道說人們學習瑜伽術是要媲美體操？舞蹈？還是特技表演？如果都不是，那麼，再冷靜想一想，瑜伽術到底是什麼？還是讓瑜伽術回歸其解脫修行的原貌吧！

對我來說，要談瑜伽術的教學，範疇極廣，除了瑜伽學理之外，還應包括我個人另一項專長——身體教育的科學及其各種相關運動技術的理論。內涵極深，它是一個修行的公案，必須經過生活的體悟，付諸生命的驗證後，才能應用於我的教學當中。

這兩年，我在輔仁大學開了瑜伽術課程，這在大學也是首創。每學期兩班的112個名額，總有兩三千學生報名。每週上課一次，每次兩堂課各50分鐘，為了讓這些青年學子對瑜伽術修行本質有正確的認知與體證，我刻意安排了每週第一堂課50分鐘，先進行禪定的概念說明，隨之以禪坐方式來體驗。對從未有禪坐經驗的學生來說，首先，就是要讓他們發現及接受這不容易專心於一境的事實，然後再養成不批判、冷靜地「觀」的態度，來對治情緒反應造成的糾纏。這樣就能漸漸擺脫習性的桎梏。

如此，培養了同學們「定」與「安」的功夫。當禪坐的經驗豐富了，同學們的禪坐時間可以由三分鐘增長至三十分鐘。

緊接下來的第二堂課，我帶領他們以八支功法第三項「調身——體位法」，加上先前鍛鍊出來「觀」的基礎，使得身心合一易於實踐。再透過八支功法第四項「調息」所體證出來的「隨觀」技巧，讓學生去觀照「身」、

「受」、「心」、「法」的種種身心現象，使這份禪修經驗可帶入實際生活中——這與巴奇歐的「正念瑜伽」可說有不謀而合之處。

這種禪定修行的學習效果，自學期初學生剛來上課滿臉狐疑、冷漠的神情，到學期中轉變為真誠、開朗，上課時我可以確實充分感受到他們主動參與的熱情。

不知不覺，學生已漸漸能掌握進入瑜伽專注的隨觀狀況中。每次由禪坐練習後，轉為體位法練習前，先有下座的調身練習；就是上半身由左向右或由右向左轉動。我見到同學們在觀呼吸的隨順搭配下進行，呈現前所未有的專注、緩慢、放鬆、安定。這是在瑜伽練習中，難得的一份身心合一的表現，也潛藏著得以轉移於生活中的修行契機，每每令我當下動容。

學生們在瑜伽課中沈靜的自我覺察，放下我執，這種滿足與喜悅的當下質感，總會在下課時表露一二於對老師自發性的禮貌中。

身為瑜伽老師，我覺得更值得一提的是，《正念瑜伽》作者巴奇歐，在書裡各種體位姿勢中，提供了更簡易的修正式，破除了一般制式的教學動作，為身體狀況較為不同的讀者提供了更適合的選擇。這種隨個別差異而因材施教的人本精神，充分印證了修行人、悟道者可以有很多，而成為師父的卻屈指可數。幫不同身心狀況的學員，設計不同的修正式練習；讓不同程度的學員覺察到人人可學，而使得人人都有尊嚴。所以我認為巴奇歐的正念瑜伽，就是慈悲瑜伽。這種正念的、慈悲的、鮮活的、深化的教學生活，或許就是我瑜伽教學四十年樂此不疲的原因吧！

鄭重推薦這本《正念瑜伽》給學瑜伽的學生，給教瑜伽的老師參考。

正念瑜伽——生命的開悟之旅

奚淞

　　法蘭克·裘德·巴奇歐的《正念瑜伽》把瑜伽與佛法中的正念禪修銜接起來，作了一番深入考察。這也是作者出於個人對生命存在的真誠探索，向古印度文明追本溯源所得的一份洞見。

　　此書所談的「瑜伽」，絕非限於現今一般人以為是健康體位法的瑜伽，而是至少有四千年歷史、古印度修行人視之為靈修實證之門的瑜伽。

　　這古老的精神之門，孕育出繽紛多樣的印度教、耆那教及種種精神修持之道。至於始源於兩千五百年前佛陀的佛教，當然也絕非孤立於印度文化母體之外的獨立現象。

　　當佛教流行年深歲久，而現觀實修的法門漸漸隱晦不明時，從瑜伽的觀點——如法蘭克·裘德在此書中所示，不啻是為佛陀的正念禪修之道提供了新的照明，同時也扶正了現代一般人對瑜伽定義的曲解。

　　正念之道，詳見於佛陀所說的《大念處經》（*Maha-Satipaṭṭhāna Sutta*）。其中包括「身、受、心、法」（又稱「四念處」）四項隨觀身心當下實況的鍛鍊。佛陀曾說：「此是使眾生清淨，超越愁悲，滅除苦憂，成就正道，體證涅槃的唯一道路——此即四念處。」

　　著重身心現觀的四念處，在佛法漫長千年的流傳中，漸漸演變出概念式的四句偈：「觀身不淨、觀受是苦、觀心無常、觀法無我。」人們若是就此當做用頭腦思辨即能獲得解脫、而不加以親自修證的話，四念處也就從此淪為虛設了。實質上，四念處原本是「觀身如身、觀受如受、觀心如心、觀法如法」，必須要在實修之中脫除一切概念成見，而證取解脫道的。這也正如佛陀所說的：「現見法，滅熾燃；不待時節，通達涅槃；即身觀察，緣自覺知。」（《雜阿含》）

　　為探索佛法源頭，以及黯昧不明的「念處之道」，近年來我參加禪修，也

多次遊訪早期佛教流布地區如緬甸、寮國、泰國等地。難忘的經驗諸如我在寮國古都琅勃拉邦（Luang Rhabang）所見，清晨六時許，波光歛灧的湄公河畔，寺廟裏的僧侶著橙色袈裟、打赤腳，緩步出來托缽了。

《大念處經》中，屬於「身念處——威儀」部分有如此教導：「比丘走時，了知：我行走；站立時，了知：我站立；坐著時，了知：我坐著；躺臥時，了知：我躺臥。無論何種姿勢，皆如實了知……」

記得那日在古都，當一行僧侶緩步通過長街時，道側已跪坐許多胸前抱著熱騰騰飯簍的婦女。僧侶以年長者居前、年少者尾隨，逐次經過路旁布施食物的在家人。每經一人，僧人便垂目躬身，以缽接受一小勺白米飯。

此時年少比丘或顯得有點拘謹，小沙彌甚至可能調皮地顧盼。然而，看到年齡較長而成熟僧人托缽行腳的身姿，真有觀賞一齣莊嚴靜劇的奇妙感受。旁觀的我，為之屏息。

即使僅是在旁觀比丘托缽，我也能看出他們全神貫注與身心當下的狀態——這些比丘們正在修習著四念處啊。這份「威儀」的感人，無以名之，卻也讓我聯想到了有關佛陀及其弟子的一些古老文獻記載。

巴利文《經集——出家經》中，描述出家成為沙門的悉達多，進入摩揭陀國王舍城托缽乞食。他步過長街的姿態，被站立在城樓上的頻毗沙羅王看見了。

「你們看，」頻毗沙羅王對左右說：「這位沙門俊美、魁梧、潔淨；他走路如此平穩、毫不左顧右盼，集中心神在眼前兩、三公尺的地面上，顯然是個修行得非常好的沙門。」

頻毗沙羅王並派遣御使，一路尾隨觀察悉達多從托缽、乞食後出城，回到般度婆山上的棲息處進食的一連串活動。當御使回報國王，形容悉達多的行止容態「如老虎、公牛，如洞中獅子」後，頻毗沙羅王便急忙登車趕抵般度婆山下，並徒步上山拜訪這位威儀十足的修行人去了……

《出家經》為我們留下了片斷佛陀成道前的姿容素描。也因為他與頻毗沙羅王的這次會晤，使他日後遊化經常以摩揭陀國的王舍城為中心。

另一段有名的記載，是舍利弗（俗名優婆提舍）飯依佛陀的始末。

優婆提舍出生於婆羅門世家，原本是關心當時新思潮並熱切投入宗教活動的貴冑子弟。一日，他在王舍城大街，不期遇到一位緩步行來的托缽比丘。這

位比丘高潔、穩重的行止容態竟然深深吸引了優婆提舍。他於是尾隨比丘一路觀看他從乞食、進食以至滌盡缽器和手足。最後，才上前行禮詢問：「請問你的老師是誰？他教導些什麼？」

托缽比丘為佛陀早期弟子之一的阿說示。當阿說示簡潔而審慎地告知優婆提舍有關佛陀緣起法的內容後，優婆提舍很快就在佛陀座下出家了。日後在聖弟子中以「智慧第一」著稱的舍利弗，便也是如此受到比丘的「威儀」所吸引，進而成為佛陀座下優秀的傳道者的。

兩千五百年過去了，「四念處──身、受、心、法」的修行主題，仍在南傳佛教的某些地區盛行。我在佛教尋根之旅中，或在緬甸木棉花盛開的鄉野、或在帕甘（Pagan）十一世紀的佛塔殘蹟前，或在泰北的林蔭小徑上，我看見僧人或托缽乞食、或繞佛塔經行和趺坐，他們專注而虔默的身姿清楚地表明：他們正走在超越一切憂悲苦惱的正念之道上。

回味起來，究竟是何種容態顯得如此特出，使悉達多吸引了頻毗沙羅王、阿說示比丘吸引了優婆提舍，乃至於現代比丘吸引了旅客如我的深切注目呢？

大凡世間人，不是尋樂，便是逐苦；若非自戀，就陷入自棄。人們受自我情緒制約而不能自覺，乃捲入汲汲奔競的渦旋中。佛陀在初轉法輪說「四聖諦」前，開宗明義便說明了良好的修行人，是不受苦、樂纏縛和制約的中道修行者。如此想來，比丘虔默的「威儀」所以動人，實質上是因為他們在對身心當下的專注中超越了世俗苦樂、自戀與自棄，進而流露出一份慈悲與智慧風範的緣故。

回到「瑜伽」這古老的靈修之門，以至於佛陀跨越此門所揭示的「正念」之道。二者同時都說明了：所謂的「開悟」不能只依靠頭腦和概念的思辨，而是要無時無刻落實到對自己身心當下的現觀實證中。

就此意義來說，「正念」與「瑜伽」確實是同一回事；而無論是修習傳統佛法中的四念處，或是一般人以為瑜伽必做的種種體位法，其目的都是要把一份精神寧靜的光照，照亮我們的生命路程。一步一腳印，平平衡衡、不急亦不徐地往前走。

正念瑜伽，如是成為生命的開悟之旅。

致謝并序

一切的美好和裨益都來自「法」

　　若你懷疑互即互入（interbeing）的真實性，試著寫本書就會明白了！想要全部道出促成本書面世的所有起因和條件是不可能的，但我希望能儘量提出幾位人士，不論是透過他們支持與建議的話語、慷慨與仁慈，甚至僅僅是出現在我生命中，都可說是不可或缺的功臣。

　　二○○一年耶誕節前不久，電話鈴聲響起，電話線另一端的聲音問我，有沒有想過寫本書。那聲音屬於喬許·巴托克（Josh Bartok），他種下了種子，過去兩年來一直協助滋養它。他所給的每一個建議都令本書增色不少，他平靜的聲音也安撫了我初次當作家的焦慮，提醒我記得「呼吸」一次以上！

　　我也要感謝葛帕（Gopa）、泰德圖（Ted2），和智慧出版社（Wisdom）製作部主任東尼·魯雷克（Tony Lulek）優美的設計，以及我們的模特兒蓋布莉兒·隆（Gabrielle Long）和羅比·該梅爾（Robbie Gemmel）、皮爾蒙特攝影公司（Piemonte Photographers），尤其是大衛·史托澤（David Stotzer）和羅德·米得·史培利（Rod Meade Sperry）廣為宣傳。

　　智慧出版社的團隊是本書百分之百的幕後功臣，對此我從未懷疑片刻。不過，喬許若不是在我的網站（當時才成立三個月而已）發現我，可能永遠都不會知道我。該網站原是我的學生佛琴恩·艾金斯（Fortune Elkins）設計並送給我的禮物，他後來成為我真正的法友。

　　佛琴恩有次碰巧來布魯克林能量中心上我的課。中心主任喬愛絲·柯賽特（Joyce Cosset）以及教師和學員整個大家庭，在我近十年來於該處的教學生涯中，支持我的修行，居功厥偉。我特別要感謝所有的學生，容許我對他們「做實驗」，在本書撰寫過程中，他們極為大方、善意地回饋他們的意見，甚至包括那些和我一起學著站立做「戰士第二式」才五分鐘的學員！

　　我要特別提到莉莎·托夫特（Liza Toft）閱讀原稿部分章節，以及愛蜜莉·提姆柏雷克（Emily Timberlake）、瑪麗·佛林恩（Mary Flinn）、亞德里

安·烏班斯基（Adrienne Urbanski）和維多莉亞·蘭麗（Victoria Langley）花費許多時間、心力與實質的協助。任何導演都會告訴你，剪輯室地上廢棄不用的底片，對於影片的成功與否，和任何切換的鏡頭一樣重要。吉娜·巴希奈特（Gina Bassinette）和亞米·賈亞普拉達·賀查姆（Ami Jayaprada Hirscheim），這兩位紐約紐帕茲（New Paltz）傑馬瑜伽中心（Jai Ma Yoga Center）主持人，以及中心裡我的學員，也全心支持我並提供寶貴的建議。

言語難以道盡我對教法本身，以及使教法存世並在數千年來切合時代所需的人們的感恩。當然，我尤其感激一行禪師引介我接觸佛陀有關入出息念和四念處的教法，它們在我生命相當絕望的時刻中，正是我所需的良藥，並成功地轉化了我的生命、我的修行和我的教學。我感激這世上有他的存在。我還想鞠躬致謝琳恩·法恩（Lyn Fine）和安·洪恩（Anh Huong）這兩位互即互入會（Order of Interbeing）老師，他們是我以正念過活的榜樣。

我追隨金三宇法師（Samu Sunim）研習了四年，他挑戰了我對修行生涯究竟為何、可以達到何種程度的理念。雖然他身負領導三座寺院和墨西哥與日俱增的四眾的責任，卻仍充滿體諒、易於親近，我撰寫本書的過程中，他對我展現的耐心令我深表感激。我向他獻上九次頂禮。

我向喬治·福爾斯坦長久以來的博學與修行，致上最深的謝意和感恩。他的正直、旺盛的生命力和奉獻啟發了我。他對本書的支持反映在絕佳的〈推薦序〉中，對我而言極為寶貴，我也很榮幸他視我為「法」的兄弟。

其他老師也曾在道上引導我，無論是透過個人的指引、書籍或僅僅是存在著，包括薩達·席瓦·特沙大師（Swami Sada Shiva Tirtha）、約翰·戴朵·羅里（John Daido Loori）、傑佛瑞·秀根·阿諾（Geoffrey Shugen Arnold）、派瑪·邱德隆（Pema Chödrön）、約瑟·葛德斯坦（Joseph Goldstein）、雪倫·薩爾茲柏（Sharon Salzberg）、聖嚴法師、亞倫·貝特曼（Alan Bateman）、艾立克·雪夫曼（Erich Schiffmann）、約翰·福雷恩德（John Friend）、巴瑞兒·班德·柏許（Beryl Bender Birch）、克勞德·安信·湯瑪斯（Claude Anshin Thomas）、羅尼·易（Rodney Yee）、派翠西亞·華登（Patricia Walden）、葛印卡（S. N. Goenka）、大衛·佛里（David Frawley）、羅伯·史弗柏達（Robert Svoboda）、茱迪·拉薩特（Judith Lasater）、李察·佛雷曼（Richard

Freeman）、詹妮絲・蓋茲（Janice Gates），當然還有鈴木俊隆（Shunryu Suzuki）禪師。

我也要連帶提到我有幸在不同僧團結識的所有「法」的兄弟姊妹，包括我在能量中心的僧團大家庭、大規模的正念團（Community of Mindfulness）、互即互入會、慈悲智慧佛教會（The Buddhist Society for Compassionate Wisdom），尤其是彌勒佛學院（Maitreya Seminary）同為學「法」受訓的學員、禪山寺山河會（Mountain and Rivers Order at Zen Mountain Monastery）的僧團，以及瑜伽研究暨教育中心首次訓練計畫的大心社群（Maha-Kula）。在最後這個團體，若不特別感謝麗莎・歐瑪雷（Lissa O'Malley）、莫琳・克林（Maureen Clyne）和珊卓・普雷森（Sandra Pleasants）大有幫助的建議，就太粗心了。願我們都能長久、喜悅地共同修行。

我還想要感謝其他獻身於修行的團體，包括一靈跨宗教學院（The One Spirit Interfaith Seminary）、新神學院（The New Seminary）、長島瑜伽協會（The Long Island Yoga Association）和紐約瑜伽協會（The New York Yoga Association）。此外，我還要感謝農場神學院（Farm Seminary），其宗旨為解救並保護受虐的農場動物及一切有情眾生、教育大眾「工廠式農場」的殘暴行徑，並倡導終止虐待動物的農業行為。

我尤其感謝下列人士對我人生深刻而長遠的影響：喬安・波里提絲（Joanne Politis）、多娜・哈茲（Donnah Hartz）、珍娜・歐蘇利文（Janette O'Sullivan）、瑪麗・慕拉利（Mary Mullaly）、瑪利亞・波妮拉（Maria Bonilla）、派特・科納提（Pat Conaty）、山姆・哈里遜（Sam Harrison）、達恩・達西（Dawn D'Arcy）、史塔菲・詩密特（Stuffy Shmitt）、席拉・麥克葛克（Sheila McGurk）、蘇珊・察妮（Susan Chaney）、達內特・科克（Danette Koke）、蘿柏塔・瓦爾（Roberta Wall）和森加・莫妮卡・維恩海姆（San'ga Monica Weinheimer）。

我要向我的父母泰瑞莎（Theresa）和路易斯・巴奇歐（Louis Boccio）獻上最誠摯的謝意，他們持續給予我無條件的愛和支持。我生命中有很多時候，我確信他們都不清楚我究竟想做什麼，可是他們的愛和支持卻從未動搖過。我還要謝謝我女兒嘉娜・泰瑞絲（Janah Terese），耐心地教導我如何當爸爸。也

要感謝我的妻子寶拉‧漢克（Paula Hanke），她是一名優秀的歌者、絕佳的瑜伽老師和好友，謝謝她在我寫書期間承擔了大部分家事，她廚藝也很棒！我愛你們大家。

　　最後，我從前一直很懷疑其他作者把好的部分歸功於他人，而把錯誤歸咎於自己所展現出來的謙卑態度，可是現在我自己也果眞出書後，我才發現，他們說的的確是眞話。本書一切的美好和裨益都來自「法」，它不屬於任何人，也沒有人能擅自邀功。無論任何錯誤、不善巧或含糊不清之處，全都是我的責任。

　　願將本書所生之功德和全世界一切眾生分享。

　　至上爲眞理（Om Tat Sat）。

法蘭克‧裘德‧巴奇歐

紐約提爾森（Tillson）

二○○四年冬

如何使用本書

首先，無論你是否已經在練瑜伽或正念禪修，都請你讀完本書〈導論〉及第一、二部的所有內容。

在第一部中，我略述佛陀生平與教化在歷史上和哲學上的來龍去脈，並簡短地概述佛陀的教法，以及它們與帕坦伽利（Patanjali）①古典瑜伽的關連。

在第二部中，我探查佛陀所教的基本禪修技巧，一般稱為正念禪修。同時也收錄一些基本的指引，以及如何展開修行的建議（即使是有經驗的修行者也可能會發現它們相當有用）。最後，我簡單介紹兩部經典（巴利文sutta，梵文sutra）或論述，涵蓋了佛陀對正念修行的開示，其中之一的《入出息念經》（Ānāpānasati Sutta）②，是第三部探討瑜伽體位法練習的主要依據。

第三部是正念瑜伽修行的核心，以四個章節提供四念處③的解析及相對應的體位法連續姿勢練習。

內文後的附錄部分，包括以七覺支④為主題的論述、《入出息念經》全文，以及禪坐姿勢介紹。最後，〈資料出處〉部分，提供我撰寫本書及個人修行的相關資料出處。我還附加了〈參考目錄〉，希望能對讀者有所啟發，並供進一步研究之用。

正念瑜伽

外來語

　　瑜伽使用的語言是梵文，佛法的語言主要是巴利文和梵文。巴利文是從梵文衍生而來的一種印度方言，上座部佛教（Theravada school of Buddhism）①的經典即是使用巴利文撰述。一些學者堅信，巴利文有可能是摩揭陀國（Magadha）②首都的方言，同時也是佛陀所說的語言。不過，摩揭陀國原址出土的銘文，卻和巴利文有相當大的差別。

　　無論如何，形成本書基礎的兩大經典，原本均以巴利文撰寫，而且均是上座部的核心教法。問題在於，西方國家大多數爲人所熟知的佛法詞彙都是用梵文表示，如sutra（經）、Dharma（法）和nirvana（涅槃），但仍有些辭彙以巴利文較通用，如vipassana（觀）和metta（慈悲）。

　　我偶爾引述梵文或巴利文辭彙時，也會同時加註另一種語言的版本。在全書中，除非是專門引述特定的文本，否則我都會使用西方世界最熟悉的字來表示。我並未使用變音符記號，因爲這並非一本學術性著作。不過，想要進一步做學術研究和修行的讀者，可以在〈參考目錄〉找到一系列學術性著作。

體位法要訣

第三部所介紹的幾套瑜伽姿勢，適宜混合各種等級姿勢的練習。初學者可能會覺得練習某些體位法（姿勢）難度太高。若果真已超過身體極限，不妨練習所提供的修正姿勢，或完全跳過特定的體位法不練，直到隨著練習而更進步後再去嘗試。有經驗的修行者可以嘗試把某個姿勢維持得更久些，或是更積極用力，甚至練習更進階的體位法，不過要始終保持在四念處的架構中。

書中列出的體位法系列姿勢，附有詳盡的照片與說明，也包括了瑜伽體位法的各種修正姿勢。雖然書中收錄的只是數千個瑜伽姿勢的一小部分，但卻涵蓋了許多最基本、最基礎的姿勢，是瑜伽士終其一生都在探索、修習的姿勢。我這輩子一定早就練過三角式好幾千遍了，可是每回練這個姿勢，仍會學到有關自身的很多奧祕，包括我的身、心及兩者間的關係。我最早的一位瑜伽老師，每次總會提醒我們，若我們是在真正練瑜伽，那麼每回做一個姿勢，都可以像是首次練習一樣，因為練瑜伽就是在練習活在當下。

若你想練習更進階的姿勢，可以查閱〈參考目錄〉建議的書籍或錄影帶，不過，我還是建議你報名上瑜伽課，向合格的老師學習。可是別忘了，你想練習更進階姿勢的唯一理由，應是為了給自己一點能挑戰更高難度姿勢的機會，以及想要探索和得到樂趣！你將會發現，進階姿勢絕大部分仍是以本書有列舉的較基本姿勢為基礎所發展演化而來。即使是很有經驗、技巧純熟的瑜伽士，若是依照《入出息念經》開示的說明，以禪修的方式來練習，再基本的姿勢也會相當具有挑戰性。

瑜伽姿勢能否做得精確固然重要，但姿勢精確的微妙之處並非本書重點，因此你在書中看到的，大都是能讓你自修和探索的基本動作的描述。書中所採納的方式，並非體位法的表現或形式，而是對經驗的探索，以及經驗的內涵、性質與活動等的探索。要相信自己能將體位法充分展現出來，而非強迫自己硬要擺出某種結構的理想姿勢。當你持續練習下去，就會對體位法和你自己有更多、更多的發現。有很多書籍和錄影帶是從更詳盡的身體層面來著手，其中部分列在〈參考目錄〉中。

很多瑜伽體位法都是不對稱的。每當我提到換身體另一側重複做時，只要把先前提到的左換成右，或右換成左即可。我通常會建議按照呼吸的次數來計算時間，但由於每個人呼吸的頻率不一樣，因此你將會發現建議的時間範圍相當廣。最重要的是，練習不對稱姿勢時，身體每側所花的時間要一樣，並把書中的建議當作各種姿勢保持時間長短的指標。

我鼓勵你在練習這些姿勢時放手去做，或許更正確的說法該是：「樂在其中」並「全心投入」，就像是好奇的孩子去探索周遭環境一樣。練習姿勢時，有時我們不免會感到疼痛，但疼痛也和其他感覺一樣，可以做我們的良師。同樣地，我們要以尊敬和好奇的態度去接近疼痛的感覺。我們之所以會受苦，大部分是出於想要逃避痛苦所致。我們的修行就是要去觀察自己對痛感的抗拒，並學習如何緩和抗拒感。透過這種修行，我們將會學習到，我們感受到的痛苦大部分只是對事物的原貌覺得不舒服罷了。我們能從修行學到的一件事是，我們將能更準確地覺察出何者為真正的痛苦，何者只是不舒服而已。

當然，瑜伽並非自虐或堅忍刻苦的行為，我們必須留心有哪些痛苦可能造成傷害。等你有了經驗之後，就會更容易覺察到，不舒服和可能造成傷害的疼痛其間的區別何在。一旦有任何疑慮，就要立刻收手，之後再緩和地探索自己的極限。即使你選擇暫時不做某個姿勢，也必須是出於自我的覺察，而非出於下意識的反彈。

導 論 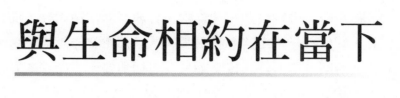 與生命相約在當下

1976年，我二十歲，女兒兩歲大，當時我的婚姻問題已經逐漸浮現。我痛恨當時的工作。有朋友建議我去做瑜伽，好減輕壓力、鬆弛身心。

上完第一堂瑜伽課後，我頓時感到前所未有的平靜，精神更集中，也更放鬆。我覺得心胸開闊、無邊無際、輕鬆愉快。瑜伽教室感覺有點像母體子宮般。薰香、柔和的照明、絨毛地毯（畢竟當時是七〇年代），還有印度音樂，合起來打造出可以讓我沈澱身心、卸除武裝的空間。瑜伽老師是美麗的嬉皮女郎，兼具大地之母和性感女神之美。我確信，已找到人間天堂。

我開始每週至少上兩次瑜伽課，而且通常都超過兩次。下午四點下班後，我搭開往住宅區的火車去上課。下課後，我會搭第七號列車回到皇后區法拉盛（Flushing）我當時的住家。這樣才過了幾週，我就發現，雖然瑜伽課後感覺有如置身天堂般幸福，可是等到我在法拉盛站下火車後，卻立刻又回到自己平日所處的地獄。事實上，在瑜伽課所體驗到的幸福，和我其餘時間的日常生活相比，簡直有天壤之別。即使我在家練瑜伽和呼吸法後，仍舊會感到，一旦沒「做瑜伽」，練瑜伽時的祥和感就會消失無蹤。

 ## 發現「禪者的初心」

大約在此時，我有天逛住家附近的一家書局，無意間發現鈴木俊隆（Shunryu Suzuki）①禪師的《禪者的初心》（*Zen Mind, Beginner's Mind*）②。高中時，我讀過一些佛教相關書籍，大部分是亞倫・瓦特（Alan Watts）③、鈴木

大拙和克里斯瑪斯・韓佛瑞（Christmas Humphreys）④等人的作品，書中的直接、簡明，以及幾近科學、實證的論點，實在令我懾服。

原本熱衷自然科學、以無神論者自居的我，開始對佛教產生了好感。作為一種宗教，佛教是非一神論的、心理層面作用微妙，而且沒有教條式的說教，令人耳目一新。尤其令我懾服的，是佛陀曾告訴追隨者，除非他們能夠親自驗證，否則就不要輕易接受師長（包括他自己）所說的話，也不要輕信從任何經典所讀到的內容。相反地，佛陀建議他們練習某些「有用的方法」，並且親眼觀察這些方法究竟有沒有效。如果他們的發現和智者所教導的一致，如果這麼做能通往解除痛苦的和諧生活，那麼他們就應該接受此為真理，並遵循這方式過活。若他們發現佛陀所開示的修行能減輕痛苦，就應該繼續實行。相反地，若發現某個行為只會導致傷害和不幸，就應該揚棄那種行為。

不過，要一直等到我發現《禪者的初心》之後，才真正打動了我，開始修習佛法。該書封底有鈴木禪師開朗、率真、溫暖而誠實的面容，內頁則洋溢清楚明白的文字。我最初研習佛法，是從日本曹洞宗⑤入門。我先聽講道、佛學演講，之後開始坐禪修行，我在禪堂所學，逐漸使我經歷微妙的轉變，如今回頭看來，這真是奇蹟式的轉化。

可是，當時我也發現自己的處境有點難堪。在我研修和練瑜伽的道場裡，我對佛法的濃厚興趣讓同學們感到不解，因為「那些悶悶不樂的佛教徒滿口都是苦」，至於那些「法」的兄弟姊妹，對我練瑜伽也不以為然，他們把瑜伽士和瑜伽女看成是貪圖享樂者，滿腦子只想追求極樂，或其他類似的貶抑形容詞。

我明白為何學佛者和練瑜伽者會如此以偏概全地看待對方，而非看到全貌。但在我看來，二者不但能相輔相成，就更基本的層面而言，兩者間的差異其實並不大。

達到自身「融入」瑜伽的境界

十三年來，我只是學些皮毛而已。直到另一段感情又告吹，備受痛苦折磨的我再度重拾瑜伽和佛法的修習。六年過後，我取得瑜伽教師及瑜伽治療師資格，同年，我正式皈依越南籍的一行禪師，並受五戒。

正念瑜伽

1995年，我開始認識更多和我一樣在「做瑜伽」的佛教修行者，而當時在瑜伽界裡，同樣也有很多人想從佛教裡尋求禪修教法和修行啓發。不過，在我看來，大多數人對修行的看法都有缺失，並未發現瑜伽與佛法其實能融合爲一，反而把兩者拆開來看，或是認爲瑜伽只是練禪修「眞工夫」的準備工作而已，要不就是認爲，禪修只著重於心，和修練身體的瑜伽毫無關係。

當然，這當中的問題在於，一般人往往誤解了瑜伽的眞諦。在西方，瑜伽被認爲是瑜伽課程所傳授的體位法，但體位法其實只是瑜伽傳統的一部分，說來諷刺，它甚至僅占一小部分而已！有些應當不至於產生這種誤解的團體，甚至還推波助瀾。

我最近收到一家知名大型瑜伽中心寄來的手冊，該中心推出的課程包括了「瑜伽與禪」及「瑜伽與禪修」。把課程稱做「瑜伽與禪」並不算錯，因爲兩者各爲不同的文化傳統（雖然我是把坐禪解釋爲佛教瑜伽的一支），不過，刻意把瑜伽和禪修區分開來，仍有誤解瑜伽之嫌。

在課程簡介中，瑜伽被形容成單純的體位法，可以「伸展和強健身體」，而禪定的覺知則能「提升瑜伽修行」。我認爲，從我直接的親身體驗和研究來看，如果光練瑜伽，卻缺乏禪定的覺知，可能就只算是粗淺地鍛鍊身體而已，根本稱不上是眞正在練瑜伽。我還可以大膽地說，事實上，瑜伽練到最後根本就不再是「練瑜伽」，而是達到自身「成爲」、「融入」瑜伽的境界，若不然，則是自身無法成爲瑜伽。

簡而言之，我將在〈第一章〉闡述瑜伽和佛法發展的部分歷史脈絡，但現在我想先指出兩個重點。第一，我認爲佛法修行就是瑜伽的一種形式或文化傳統，包含在範圍更廣的印度瑜伽傳統之中。第二，我要提出結合佛法禪修和瑜伽體位法的修行。

瑜伽字根意指「結合或連結」

首先，讓我們先了解瑜伽（梵文爲yoga）這個詞。它和很多梵文字一樣，涵意豐富。瑜伽源自字根yuj，意指「結合或連結」。事實上，英文的yoke（結合），就是出自瑜伽的梵文。而從瑜伽這個字的用法，不難了解它和上述兩個

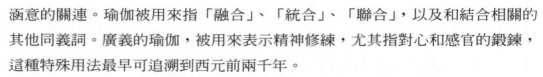

涵意的關連。瑜伽被用來指「融合」、「統合」、「聯合」，以及和結合相關的其他同義詞。廣義的瑜伽，被用來表示精神修練，尤其指對心和感官的鍛鍊，這種特殊用法最早可追溯到西元前兩千年。

光是透過字源學，我們就可以假設，瑜伽不僅是想達成結合的精神修練，瑜伽本身正是結合的境界，這點自然又導向另一個更明顯、或許也更基本的問題：究竟是哪些事物需要透過瑜伽來相互結合，又是什麼事物非結合不可呢？

根據一些最早的瑜伽典籍所述，這些事物指的是有覺察力的主體，和心所緣的客體，二者結合成一體。主體和客體（顯而易見）的結合，瑜伽典籍稱之爲三摩地（samadhi）的境界，字面意義是「結合或並置」。深入探索這個解釋，我們將會發現，瑜伽或三摩地的最終境界就是超越（自以爲眞的）主體與客體的區隔。

因此，瑜伽便同時是超越自我的技術和境界。超越自我的不同解釋，以及完成超越自我的不同修練技術，形成了許許多多不同的瑜伽學派、系統和形式，全都納入廣義的瑜伽傳統中。

我在上一段之所以把「顯而易見」和「自以爲眞的」放在括號中，是爲了彰顯我個人對瑜伽和三摩地的特殊見解。有些思惟學派把瑜伽看做是自我「眞實的」自在合一，脫離終極實相。還有一些學派則把自我和萬法視爲幻相（maya）。也有人堅信，根本沒有需要達成的眞實結合，因爲主客體的區別原本也只是假象而已，只有瑜伽能喚醒我們恆久的眞實本性。

當然，所謂眞實的本性被賦予許多不同的名稱，其中包括明顯矛盾的說法。例如它所指的「我」（Atman）和「梵」（Brahman）⑥爲同一體。「我」指的是超脫心靈和感官範疇的「超越的本我」，而「梵」則指「浩瀚宇宙」，可理解爲「絕對」。還有一種說法是，眞實本性就是代表萬物「眞實、不變、恆久」本性的佛性（buddhata）⑦，佛性又可理解爲與空性（梵文shunyata）⑧同義，空性是指「空無」或「虛空」。值得玩味的是，佛性據稱也同樣超越一切概念與想像。

透過上述廣義的解釋，我們可以把瑜伽視爲在印度發展了至少五千多年的靈修教法與技巧的通稱。從這個角度來看，佛陀的教法可以理所當然地稱之爲「瑜伽」。佛陀開示，錯誤地認同自以爲眞的自我，是一切苦痛的根源，唯有透

過各式修行，才能使我們超越自以為是真相的主、客體區隔，進而終止痛苦，達到涅槃（梵文nirvana，巴利文nibbana）。

在此要指出，歷史淵源和印度佛教源頭較接近的上座部與藏傳佛教，往往稱修行者為「瑜伽士」和「瑜伽女」（男性與女性瑜伽修行者），但其實，所有修習「禪」（Zen）或其他佛教修法的人，都可視為瑜伽修行者。

瑜伽可視為一種哲學

當我們檢視瑜伽狹義的解釋時，卻引發混淆，因為狹義的瑜伽係指六大正統傳統或「哲學」系統之一⑨。「哲學」是我從梵文darshana轉譯而來，這個字真正的意思是「直觀或洞見」。這道出了一個事實，那就是印度所謂的瑜伽，並非只是一味在理智上追求，而是更強調對真理的直接體悟。被視為正統「觀點」的六大哲學系統，全都是依據古印度吠陀經典文獻⑩而樹立權威。

因此，當我們把瑜伽視為一種哲學來談時，也等於是在引述可正式稱之為古典瑜伽的說法，這是由帕坦伽利大師在西元2世紀左右所著《瑜伽經》（*Yoga Sutra*）提出的。（有些學者辯稱，年代應該更早，約西元前200年左右。）古典瑜伽也可稱為八支功法（ashtanga）瑜伽或王（raja）瑜伽⑪。

值得玩味的是，雖然大多數瑜伽形式（包括前古典與後古典派⑫）都偏向「不二」（non-dualist）⑬思惟，但帕坦伽利的古典瑜伽卻結合了數論哲學（Samkhya Darshana）⑭學派的二元論，同樣也是二元論。帕坦伽利認為，心靈（purusha）和自然或物質（prakriti）⑮必須有斬釘截鐵的分野。在這個系統中，似乎有無數的心靈，而《瑜伽經》的基本教法與實踐就是，修行者必須能從超越的心靈及一切「非我」（anatman）中體悟「離」（viveka），「非我」還包括心理與生理的本體，因為它們屬於物質界。（在此必須指出，帕坦伽利對「非我」的用法，和佛教典籍的用法不太一樣。）

吊詭的是，瑜伽成了使瑜伽女和現象界或相對現實界隔離、脫離的方法，直到她終於找回真實的自我為止。事實上，《瑜伽經》的論者曾說（聽來很像禪宗公案，這樣說有點誤導作用），「瑜伽就是脫離」——結合就是分離！

無論我們個人是否選擇嚴守帕坦伽利的形而上思想體系，這種體悟或「離」

的過程，其實就連「不二」的瑜伽、吠檀多（Vedanta）⑯或佛教等學派都會使用。因此，就算對信奉「不二」之法的佛教徒來說，研究帕坦伽利二元論的《瑜伽經》也可能獲益良多。此外，許多吠檀多或密教傳統的論者宣稱，帕坦伽利只是提供一個修行和教法的典範，而非獨立存在的實體論。

彈性的解釋、容許矛盾和吊詭的存在，是所有瑜伽教法共有的重要元素。

體位法是正念的禪修

走筆至此，你可能會開始納悶，瑜伽姿勢究竟如何切入本書主題？正如我先前提過的，在瑜伽修行的大部分歷史中，我們現今已知及練習的瑜伽姿勢，其實大多扮演無足輕重的角色，甚至根本未被提及。即使是《瑜伽經》，一百九十五條箴言中也只有三條和體位法有關，其中描述了體位法是穩定而自在的，若能放鬆地練習，則能使人克服「兩極化的對比事物」，如熱與冷、痛苦與愉悅等。

由這段和其他早期文獻可以發現，上文所提到的體位法是指禪修的坐姿而言。對帕坦伽利而言，體位法有助於收攝感知根，能發展深度專注力，進而導向禪定。事實上，asana這個字的原意就是「坐」，最早是指瑜伽士所坐之物。因此，無論何時，只要你一開始靜坐禪修，實際上也就等於是在練瑜伽！

隨著時代演進，再加上密教教法的影響——身體不再被視為達到覺醒的障礙，而成為有助於覺醒發生的媒介——就這樣發展出一種新形式的瑜伽，強調運用身體，使它更趨完美，好為自覺奠定基礎。這種哈達（hatha）瑜伽後來演變出無數姿勢，在西方世界蔚為風潮。（哈達瑜伽字意為「強力瑜伽」，因為它強調鍛鍊，加上強有力的修行方式，而且著重在喚醒母性生命能量（kundalini-shakti）⑰，此能量據說蟄伏盤據在脊椎底部。）

不過，打從最初就有聖者提出警告，反對過分強調姿勢而忽略禪修，因為這可能使人更加認同身體，導致傲慢自負、忌妒和挫折感。不幸的是，這種過度偏重體位法修練的傾向，早在傳到西方之前，就已經使一些聖者不得不發出警語，如同《金翅鳥往世書》（Garuda-Purana，西元10世紀作品，作者不詳）寫道：「做姿勢的技巧無法提升瑜伽的境界，雖然它們也被稱為基本要素，但

全都會減緩一個人的進步。」

　　時至今日，在美國和西方國家中，大家都太常把瑜伽簡化為體位法。大部分瑜伽課程即使加入禪修，所占份量也是少得可憐，更別說是提到從事體位法修行背後的來龍去脈了。我剛開始研習瑜伽時，並未接受真正的禪修指導。雖然一般都把體位法看作是禪修的準備工夫，可是我們似乎從未真正進入禪修的階段。

　　佛陀開示，我們應在四種姿勢或「威儀」中培養禪定的覺知，四威儀涵蓋生命一切活動，包括行、住、坐、臥。至於我們的做法，應是在一切行為及一切現象生起之際，保持正念的覺知，也就是活在「永恆的當下」，保持一行禪師所說的「與生命相約」（our appointment with life），這約定永遠存在於當下。

　　佛陀在兩部主要論述《入出息念經》（*Anapanasati Sutta*）和《念處經》（*Satipatthana Sutta*）⑱中，詳述正念禪修的指導。在〈第二部·第六章〉中，我會介紹這些經典，指出其相互支持佐證之處，以及我們該如何藉由佛陀指引的特定練習，把體位法當成正念的禪修來練習。

　　當我們依本書〈第三部〉所述練習瑜伽體位法，就能得到能轉化、療傷止痛的洞察力，使我們能自局限、毀滅性的思想和行為模式中解脫自在。佛陀確信，練習觀呼吸能使我們在修習四念處⑲時有所成就，若持續培養、不斷練習，就能安住於七覺支⑳中，這些覺支會進而滋長理解力，使心完全解脫。

　　不過，別輕易相信佛陀（或我）所說的話，不妨親自修習，親身體會！

菩 提 智 慧

瑜伽學派

　　瑜伽的淵源可以追溯到《吠陀》（Vedas）。這套印度最古老的文獻，被虔誠的印度教徒尊奉為天啓的聖典。《吠陀》最早可追溯到西元前4世紀，這套文獻容或有各種不同的解釋，但本身卻被視為是永恆、自存且無可置辯的。

　　從這些最早的淵源起，修行瑜伽的目標就著重在鍛鍊內省工夫，或致力於超越自我意識的禪修修行。起初，這種禪修修行把重點放在舉行獻祭儀式，等到《奧義書》（Upanishads）①興起後，瑜伽奧義書的修行②經過了好幾世紀的演變，禪修修行開始轉向內心，而獻祭則改為象徵性、內在的儀式，而非外顯或表象化。

廣義的瑜伽傳統

　　諷刺的是，瑜伽的原意雖然是「統合」，但瑜伽傳統卻一點也不統一。打從最早開始，就有許許多多的瑜伽學派和方法。甚至在同一個學派內，在教法上往往也各有不同的觀點和修行方式。有時，不同的教法甚至相互矛盾。因此，當我們提到瑜伽時，也同時涵蓋了許許多多的瑜伽派別和定位，甚至包含了明顯不同的目標，雖然所有派別都自稱其目標均為解脫。其實原本也應當如此，因為受到吸引來做瑜伽的人，本來也是各自擁有不同的個性、偏好和身分。佛陀也以曾說有八萬四千法門著稱，這些法門皆能助人達到解脫。

　　雖然瑜伽傳統內部相當分歧，但所有修行法至少在同一件事看法相同，那就是，看來彷彿的世界並非就一定是真正的世界，而我們真的需要「超越自我」，超越有局限的人格、對事情的反應以及狹隘的習慣性模式，才能覺醒，發現事實真相。至於各學派和傳統間的差異在於，達成這種超越或覺醒的方式各自不同，而它們對超越或覺醒的詮釋也不一。

　　在我看來，廣義的瑜伽傳統包括佛陀、耆那③（Jaina，這是耆那教修行者的正式稱呼）和聖者大雄（Mahavira）的教法，以及印度教在文化領域所採用的各種不同瑜伽修行方法，在這當中，有幾種主要瑜伽形式占有重要地位，即虔敬瑜伽（bhakti yoga）④、業行瑜伽（karma yoga）、知識瑜伽（jnana yoga）⑤、王瑜伽

（raja yoga）⑥、頌咒瑜伽（mantra yoga）和密教瑜伽（tantra yoga）。此外，還有哈達瑜伽（hatha yoga）、昆達里尼瑜伽（kundalini yoga）⑦和賴耶瑜伽（laya yoga）⑧，雖然一般都把這三種當成各自獨立的學派，但三者其實密切關連；這三種瑜伽還可視為受到密教瑜伽的影響，或甚至是衍生自密教瑜伽。

虔敬瑜伽常被稱為「虔敬之道」，其修行者最常透過個人的觀點來詮釋「超越的絕對」。部分修行者堅守二元論的方式，偏向於把「神性」視為「它者」（Other）。其他人則透過不斷破除有確切的自我個性的幻象，尋求達到神人合一，直到「神性」被理解為唯一存在的真實為止。這種修行之道據說適合那些感情較豐富的人，主要修行方式是吟唱虔敬的歌曲，稱為kirtan。

業行瑜伽是行動的瑜伽，尤其指那些受某些內在態度驅策所做出的行為，這態度即「無私的服務」，本身是一種心理行為。（karma這個字的意思就是「行動」。）業行瑜伽的修行法就是行動，獻身於自己責無旁貸的行動，而完全不考慮後果如何。這種無私的行動很接近道教提倡的「無為而為」，在〈薄伽梵歌〉（*Bhagavad Gita*）⑨中，黑天（Krishna）⑩更是高度讚揚這種行為。事實上，這種心靈的姿勢就是業行瑜伽基本的體位法修行。

知識瑜伽幾乎已經成為吠檀多派（Vedanta）的同義字，吠檀多派是印度「不二」之法的傳統，尋求透過分辨真實與非真的區別而達到體悟，據稱是運用心來超越心。舉一個現代例子來說，偉大的聖者拉瑪那‧馬哈希（Ramana Maharshi）⑪教導弟子練習不斷自問：「我是誰？」這個技巧類似臨濟禪宗利用公案的修行。

王瑜伽專指帕坦伽利的瑜伽系統。最早是用來區分強調禪定的帕坦伽利八支功法和年代較晚的「哈達瑜伽」。我會在本書稍後的篇幅中，詳細闡述這種瑜伽形式。

頌咒瑜伽是利用聲音的力量來影響意識。Mantra的密義是「保護心」使不受自身侵害之物，透過心專注在有力量的聲音上，引導人通往解脫。此學派最神聖的典籍曾提到十六「支」（limbs）修行法，其中包括虔誠、姿勢、禪定和三摩地。

密教瑜伽開始時是一種遍及全印度的運動。由於佛教和印度教傳統的瑜伽修行，逐漸產生厭世或否定生命的傾向，為了反對這類傾向，密教瑜伽於焉興起。雖說佛陀和《奧義書》的教法都是「不二」之法，但二元論的習慣性思考模式，卻導致人們否定世界而崇尚「絕對」。密教瑜伽的修行者自問，若果真只有一個「實

相」，那又何必費盡心力去了悟它呢？為何精神修行就非得像作戰一樣呢？我們為何就非得放棄身體和這個世界的愉悅，才能了悟「絕對」呢？

哈達瑜伽源自這種密教法，形成獨立的學派，著重於修練完美的身體，以便充分享受超越一切的覺悟的無上喜樂。覺悟被視為全身性的狀態，因此哈達瑜伽的修行體現了密教的理想狀態：出於圓滿體悟地入世，而非為求開悟而避世。雖然哈達瑜伽靈修的控制呼吸法（pranayama）和體位法，都應該放在上述覺悟的上下脈絡來看，不過，仍有些修行者會犧牲精神的提升，淪為受自我意識驅策的修練。

由於的確有些哈達瑜伽士落入自戀的陷阱無法自拔，導致哈達瑜伽遭到一些學者嗤之以鼻。不幸的是，受自我意識驅策的修行的確是很容易掉入的陷阱，在身體意識高漲的社會中尤其如此。不過，也不能因噎廢食地低估哈達瑜伽的益處。

哈達瑜伽的流派

哈達瑜伽是西方國家最受歡迎的瑜伽，它強調姿勢，在許多人心目中儼然成為瑜伽的同義字。哈達（hatha）的密義為：ha意指日，tha代表月。因此哈達瑜伽成了結合日與月的力量的瑜伽——亦即凡人皆具的陽剛與陰柔能量並濟的瑜伽。

受歡迎的瑜伽學派中，凡是有利用姿勢的瑜伽，皆可稱為哈達瑜伽的一種形式或者類別。艾因嘉瑜伽（Iyengar yoga）⑫是由印度B.K.S艾因嘉大師所創的哈達瑜伽的一支。強力瑜伽（power yoga）⑬、八支功法瑜伽（ashtanga yoga）、克里帕魯瑜伽（Kripalu yoga）⑭、阿努撒拉瑜伽（Anusara yoga）⑮、整體瑜伽（Integral yoga）⑯、希瓦南陀瑜伽（Sivananda yoga）⑰和許許多多的學派，其實都是哈達瑜伽的分支，只是方法互異罷了。強調遵循佛陀對正念教法的一種哈達瑜伽形式，自然可稱之為「正念瑜伽」（mindfulness yoga）或「佛陀瑜伽」（Buddha yoga）。

修習哈達瑜伽的益處很多，而且早已被廣泛論及。簡言之，體位法可針對身體各層面及系統產生作用，不但能強健身體，還可讓身體更有彈性，更加活動自如。體位法的修行據稱可淨化或潔淨身體、提高對身體有益的消化及排泄能力、平衡荷爾蒙分泌和穩定神經。加上專注的覺察力，可看透內心深處的情感和心理習性，有助於培養自我了解和轉化。

第一部

來龍去脈

第1章 佛陀的瑜伽

從考古學的發現，我們現在已逐漸了解印度河（Indus)與薩拉斯瓦蒂河（Sarasvati）流域文明。印薩兩河文明位於現今的印度次大陸西北部，早在西元前6500年就繁榮一時，並在西元前3100年和前1900年間進入成熟的全盛時期。這顯然是相當錯綜複雜的文明：技術相當進步，使用有輪的車、船，還有十進制的測量系統，計算重量的精確度相當驚人。此外，大多數的家庭設有浴室，並連接到公共下水道系統，磚砌的下水道還裝設了出入人孔。只有羅馬人有類似的系統，而且年代要晚了兩千多年。由於城鎮呈現整齊劃一的幾何式規劃，這促使專家推測，這個印度河文明可能是由保守的僧侶菁英階級所統治。（印薩兩河文明幅員廣大，甚至超過古蘇美、亞述和埃及文明幅員的總和，達三十幾萬平方哩，但各城鎮的規劃卻十分類似。）

吠陀文明孕育《奧義書》的問世

這個偉大文明遺留下來的文物，包括繪有各式人形的陶土浮雕，風格類似印度教晚期的作品，有可能顯示他們已經練習出我們今日稱之為瑜伽的雛型了。其中一塊浮雕，主題為一位男性神祇，四周有動物圍繞，被認為是濕婆神（Lord Shiva）的早期圖像，有萬獸之神之稱的濕婆神是瑜伽士的原型。當時人們顯然也崇拜一位偉大之母或大地女神，這從一個陶器上可以看出，上頭描繪一名女性，從她的子宮生出一棵樹。其他文物所描繪的形象，和男性、女性生

殖象徵有關，密教修行至今仍沿用類似象徵。他們視某些樹木及動物爲神聖的。其中有一種樹尤其重要，那就是畢缽羅樹（pipal），它在多年後被尊稱爲「菩提樹」，因爲悉達多・喬達摩（Siddhartha Gautama）就是在這種樹下靜坐而開悟成佛。

印薩文明的宗教和哲學教法經由口述記錄爲《吠陀》（Vedas 字意爲「知識」），至今，虔誠的印度教徒仍視之爲天啓聖典。最近的研究則顯示，《吠陀》最早可追溯到西元前第五至第四世紀間。

到了西元前1900年，偉大的薩拉斯瓦蒂河已乾涸，沿岸許多城市遭到廢棄。吠陀文明的中心東遷到肥沃的恆河沿岸。文明中心的崩潰及遷移，引發重大的社會變革，其中包括職業僧侶階級的興起。這些婆羅門（Brahmins）及他們評註《吠陀》的《梵書》（Brahmanas，婆羅門也以此自稱），促成了一種宗教的興起，這宗教被稱爲婆羅門教（Brahmanism）或許並不令人意外。

也許是企圖鞏固婆羅門自身在社會的優越地位，種姓制度逐漸演化而成，婆羅門僧侶和高官、宰輔大臣一樣，高居社會階級的最頂端。其次是刹帝利（Kshatriyas），包括統治階層和武士，其下是新興的商人階級：吠舍（Vaisyas）。最低下的階級則是首陀羅（Sudras），包含類似農奴的勞工。還有一群人身分甚至卑劣到被種姓制度排除在外，成爲「社會邊緣人」，稱爲「潘查摩」（Panchamas）①。

種姓制度和婆羅門益形特定及儀式化的祭祀法事，導致婆羅門信仰脫離社會底層大多數平民百姓的生活經驗。最早在西元前1500年至前1000年間，較上層階級開始擴充及發展婆羅門教的理念，從原本著重表象、以火祭甚至動物獻祭爲主的祭祀儀式系統，轉爲更形內化的精神信仰。這波運動促成了最早的《奧義書》（Upanishads）的問世。

梵文 upanishad 這個字原指「坐近」（如近侍老師），意指《奧義書》的教法是老師直接口耳傳授給弟子。雖然教法各有不同，但正如喬治・福爾斯坦在其傑作《瑜伽傳統》（The Yoga Tradition）中提到的，我們可從中看出四大密切相關的主題：（1）個人存在超越一切的核心：「我」（Atman），和存在本身超越一切的基礎：「梵」（Brahman），其實是相同的；（2）有時也稱爲「再生」（punar-janman）的輪迴原理，在較早期的《奧義書》則稱爲「再死」

（punar-mrityu）；（3）業的原理，意指「行爲」，包括一個人的行爲、動機和話語所具有的道德力量；業是一種道德因果關係的原理，因果報應類似現代科學的一種自然律法；（4）業力的法則並非宿命論：因爲透過出離和禪修等方式，就可以超越業力的牽引，終止輪迴。等到了撰寫於帕坦伽利的《瑜伽經》之後的《瑜伽奧義書》（*Yoga-Upanishads*）②時期，這時通往解脫的務實法門就成了瑜伽的同義詞，許多瑜伽奧義書甚至晚至西元十四至十五世紀才寫成。

等到佛陀誕生時——一般認爲佛陀是在西元前563年誕生，當時婆羅門僧侶階級已成爲僵化、腐敗、排他性很強的社群。例如，雖然最早的種姓階級並非世襲制，但等到佛陀誕生的時期，種姓制度已具有神聖不可侵犯的重要性與正當性。各階級被視爲能反映出宇宙的秩序，因此就變得永恆不變，一個人所屬的社會階級不再有上下變動的可能。位於社會階級金字塔底層的人，雖然無疑也渴望能得到心靈的指引，但婆羅門教卻禁止爲他們指點迷津，而且他們還被迫與社會地位較高的種姓階級完全隔開，如此一來，婆羅門信仰就完全脫離庶民的實際生活經驗。

在此同時，《奧義書》的理念陸續傳給廣大的知識分子。爲反制嚴守祭祀儀式的婆羅門教，雲遊苦行者隨之興起。有些雲遊者甚至是婆羅門出身，不論他們修行的方式是否合乎正統（遵循《吠陀》），均被稱爲paribbajakas，意指「雲遊者」。還有另一群爲數更多的修行者稱爲「沙門」（梵文shramanas，巴利文samanas），意指「發憤者」（勤息），成員來自各種姓，奉行各式各樣非正統的修行。

這些過著苦行生活的沙門，雲遊四海，以施捨維生，脫離家庭牽絆，只爲修行觀想，宣揚其理論，並透過自己與他人間的相互質問、辯論來進行探索。現在仍在印度流傳的耆那教最早就是由一群沙門所創。此外，還有另一個規模更大、在國際間更廣受歡迎的宗教，也同樣是由一群沙門開創，那就是佛教。

禪定之後尚未脫離感官輪迴之苦

悉達多‧喬達摩生於刹帝利階級，是國王之子，地位尊貴。雖享盡榮華富貴，希達多卻不滿足。他了解人生苦短，自己也無法免於老、病、死，這使得

他內心無法平靜。悉達多有天終於見到一位沙門，啓發他生起求道之心。看到那位沙門舉止如此穩定、平靜和詳和，年輕的王子心想：「或許他知道答案。或許這正是『道』。或許如此一來我就會找到令我飽受折磨的問題解答。」

受到這個洞見的激勵，悉達多決心出離，捨棄家庭和王宮的奢華生活，過著無家可言的雲遊生活，這就是所謂的「大出離」。這位菩薩（Bodhisattva，佛在覺悟前的修行次第爲菩薩）急切想尋求解脫，先是追隨沙門聖者阿羅邏迦蘭（Alara Kalama）③研習。悉達多求道心切，很快就完全掌握了阿羅邏宣揚的智慧教理，不過他並未滿足，繼續追問此教法所依據的禪定境界。悉達多得到的答案是，這是「空無的境界」，是透過瑜伽的專注力所達到的深度境界，此時心超越任何明顯可知的物體，安住在空無的「念頭」之中。很快地，悉達多就學會如何進入這種禪定境界。

阿羅邏提出和悉達多共同領導教團的建議，但悉達多婉拒了，他覺得自己雖已達到微細的內在平靜，卻並沒有達到所追求的開悟，他尚未終止痛苦：「我心想：『這教法並沒有導向愛盡、無欲、止息、寂靜、知識、覺悟和涅槃，而只是達到空無的基底。我對此教法並不滿足，決心離開，繼續求道。』」

喬達摩尋訪另一位老師鬱陀羅羅摩子（Uddaka Ramaputta）④，結果這位老師也同樣令他失望，不過，他從鬱陀羅處學到更高深的瑜伽境界，達到「非想非非想處定」⑤。他後來描述這種狀態：

即使修行者到達非想非非想處定，就能從色界和無色界解脫，可是仍有遺留之物——那就是從境界脫離出來的人，是「非想非非想處」的觀察者。只要還有這麼個「觀察者」，或稱之爲「靈魂者」殘存下來，雖然修行者可能暫時解脫苦難的循環，觀察者仍可能是再生的種子。一旦情況有所改變，再生很容易就會發生。這正是我現在出定起身後所發生的情況。不論先前我的安止定（absorption）⑥有多深，不久後又會陷入感官世界。再生的基本原因和條件尚未止滅！仍未到達完全的解脫，仍需尋求覺悟！

無論這類禪定的結果，使意識狀態如何昇華、如何微妙，這些狀態仍不是

涅槃，原因至少有兩個。悉達多發現自己出定之後，仍會受限於貪、瞋、痴的束縛。他尚未受禪定經驗永久轉化，也沒有得到持久的祥和。但涅槃原本的定義就不該是短暫的，而是要永恆不變。

他也質疑，這種用人為方式來轉變的意識狀態怎可和「無生、無為、無起」的涅槃相提並論？他很清楚，自己其實是刻意創造出這個禪定經驗，透過純熟的瑜伽技巧，才製造出這種轉化的意識狀態。

讀到佛陀所說的這番話後，很多人可能不免要下結論，認為佛陀求教於這兩位老師的經驗，導致他排斥瑜伽和瑜伽的修行法，而兩位老師顯然分屬於數論瑜伽（Samkhya yoga）和《奧義書》式的思潮。事實上，佛陀反倒是把這些禪定狀態及瑜伽法門納入了自己的教法中，而且終其一生持續運用這些瑜伽技巧。然而，從上一段引文來看，他無法接受老師對他所體驗到的禪定經驗的形而上詮釋。他一生教化的特徵，便是正直、誠實，以及對形而上教條抱持懷疑的態度，這些在在都不允許他輕易接受未親自驗證的解說。因此，我們雖然了解佛陀可能排斥傳統瑜伽的形而上思想，但從他致力於直接證悟毫不動搖的決心可看出，他仍可說是印度最偉大的瑜伽修行者。

當我初次讀到佛陀對受到的教導覺得不滿足，就立刻發現這和我自己的經驗也很類似——「瑜伽修行」後，我感到異常平靜、祥和，可是要不了多久，又會落入貪、瞋之苦，渴求、憤怒之痛。我成為瑜伽老師後，發現有很多學生似乎也有類似經驗，他們剛下課時沈浸於極樂之中，可是一旦又「陷入感官世界」，就發覺自己又回復到平日焦慮的生活——從極度喜樂變成極度壓力。因此，問題又浮現了，我們該如何終止這顯然無止盡的循環、永無休止的情感和心理上大起大落的雲霄飛車？不論是在我們日常生活中，或是自己的瑜伽修行中，都不難看出「輪迴」的過程，「生與死」的循環週而復始、每時每刻都在發生！該如何對治呢？

涅槃之境對人類來說再自然不過了

悉達多告別鬱陀羅後，踏上苦行之路。一些隱居森林的行腳僧認為，苦行可耗盡一切惡業，導向解脫。悉達多修了將近六年的極端苦行後，他發現自己

近乎死亡，但卻未接近所尋求的解脫。此外，雖然他嚴持苦行，形容枯槁的軀體卻亟需照料，而且他發現自己仍飽受貪、瞋的折磨。事實上，這類苦行似乎加深了他對身體的迷戀，正如厭食症患者一樣，心頭總是纏繞著原欲否定的身體。

他開始捫心自問，是否有其他方式可行。思索之際，突然回想起九歲的童年經歷，當時他自然而然地進入禪定。那是慶祝春耕的祭典，年幼的悉達多望著牛隻在烈日下辛苦地拖著犁，而犁在翻動土壤時，把蟲子都切斷了，蟲兒扭曲蠕動著，然後鳥俯衝下來用喙銜走蟲子。男孩慈悲的種子在心中受到滋潤，坐在蒲桃樹蔭下，「遠離感官欲望和不善的事物」，就此進入並安住於初禪中，同時「在與世隔絕而生起的喜樂中」思考、探索著。

多年之後，悉達多回想起這段往事，心想：「這是否可能是覺悟之道？」然後內心深處立刻浮現答案：「對！這一定就是覺悟之道！」

這對我們大家來說真是大好消息：我們不必苦苦折磨自己才能得到解脫，因為涅槃對人類來說，原本就是再自然不過且根深蒂固的。悉達多早在尚未接受禪修教導的孩童時期，就能夠自發地體驗到近乎涅槃的經驗。

離苦得樂的解決之道就在己身

現在，請閉上雙眼，回想自己小時候所信仰的宗教。這並非指你所接受的宗教信仰，而是比任何宗教起源都更早的宗教，那是浩瀚的天與美妙的大地真正融合為一的境界。或許是當你躺著仰望白雲之際；或許是痴迷地看著浪潮拍岸的景致；又或許是仔細端詳著葉脈。我還記得，從前每次下雨，我都會專注凝望一個雨滴沿著窗玻璃滑落的奇妙，或是另一次，我觀察一隻甲蟲繞過一株草莓樹，我是如此地專注，以至於甲蟲的觀點似乎成了我自己的觀點。

你還記得行走在充滿奇蹟的世界的感覺嗎？你是否記得，遨遊在純然愉悅的世界中，心中的喜悅完全不因貪、瞋所污染的感覺？那個世界究竟到哪兒去了？所有的瑜伽學派，包括佛陀的瑜伽，往往被稱為「回歸之道」，回到我們真正的家，而我們終將發現，我們未曾真正失去那個家。

佛陀從兒時經歷的回憶中看出，藉由修習慈悲與體諒的瑜伽，能培育出我們早就擁有的內在潛能，這些潛能可引導我們邁向 ceto-vimutti⑦，這個巴利文

意指「心解脫」，它通常被當做「覺悟」的同義詞。我們可以修習這種能讓心從受限和習慣性反應中解脫的瑜伽，讓心不再偏離當下的生命經驗。

我們不但可以，更必須如此做，而且要「從」人類的天性做起，既不反抗它，也不企圖壓抑它。佛陀的修行，成為一種鍛鍊培養健全心態的修行，這心態如他在蒲桃樹下進入自發性禪定所體驗到的平等慈悲心。他發現，要培養兒時體驗的那種純粹喜悅，根本無須過度擔心，因為這喜悅並未遭到貪求和執著所污染。他已經看出，這個他覺悟後將稱之為「中道」的必要性，也就是介於放逸和苦行之間的中庸之道。

為了從人類天性著手，悉達多發展出培養「正念」（梵文 smriti，巴利文 sati）的特殊技巧。培養正念，必須公正無私、不帶批判地時時刻刻觀察身、心兩方面的行為。悉達多只是觀察自己的身體——姿勢、動態、各個部位、感受和無常；他也觀察自己的感覺和感情、不斷起伏不定的意識，以及自身感官、認知和念頭與外在世界的關連。

悉達多結合了從瑜伽老師那兒學來的專注力，運用在觀察自我身心，以便更充分覺察身心的運作與受制約的方式。目的有二：一是希望能充分而正面地運用身心，其次是完全排除自己對身心該如何運作的先入為主觀念；更重要的是，要完全排除自己對身心運作限制他與世界關係的「毫無覺知」。是苦驅使他踏上求道之路，他確信，離苦得樂的解決之道就在己身，或套用他自己的話來說，就「在這一噚之軀中」。值得玩味的是，佛陀瑜伽的開端，種下了一千年後泛印度密教瑜伽興盛的種子：在佛陀瑜伽之後、密教瑜伽之前的過渡期間，許多佛教和印度教瑜伽的修行者，也都陷入了自以為身體並非解脫的利器，而是得到自由的障礙這一迷思。

修習正念也讓佛陀更敏銳地覺察到：苦（梵文 duhkha，利文巴 dukkha）的普遍存在，以及貪、瞋、痴的行為使人苦上加苦。他觀察自己的心理狀態，既不認同它們，也不任由自己屈服於想要表現它們的迫切需要；同樣重要的是，他也不壓抑它們，相反地，他只如實了知它們——他十分清楚，「萬物」皆無常。一切都變動不停，不斷變化。沒有事物能永久留存，不論是他貪戀的任何事物，或是禪悅，都不例外。

我們不難看出，佛陀的正念禪修比我們可能更熟悉的其他禪修方式，如頌

咒或觀想等，都更有「分析性」。不過，佛陀所教導的過程絕對不只是推理而已。正念禪修並非論證的思想，而是如我所一再強調的，是一種瑜伽方法，可讓人擁有更明確、更直接而立即的「親身」體悟。這是經由推斷過程所得不到的。

透過正念的修行，佛陀培養出更純熟的心態，稱爲「四無量心」⑧，是他參照名爲「四梵住」（Brahma Viharas）⑨的古老瑜伽教法而創。首先，是鼓勵培養廣博的慈心（梵文maitri，巴利文metta），心中無恨，並將慈心推廣及於這個世界、及於全宇宙的眾生，不論可見或不可見，不論大或小。第二，是滋養悲心（karuna），心中無禪觀者本人及受苦眾生的區別。第三，是培養喜心（mudita），看到他人有好運道會起歡喜心，而不會滿腦子只想到自己。第四是捨心（梵文upeksha，巴利文upekkha），捨棄以自我爲中心，不會依他人或他物對己身的利弊得失而起愛憎，而犯了物化他人或他物的偏差。捨心並非漠不關心或冷漠，而是以平等心看待萬物，不起好惡的分別心。

在日常生活中實踐四聖諦

佛陀的覺悟成道，在各式各樣的論述以不同的觀點描述過。年代最爲古老的敘述，全都用相當清醒的心理辭彙來描述佛陀的覺悟，其中大部分往往提到四種「禪那」（巴利文jhanas，梵文dhyanas）的境界，最後以得到「苦」、「集」、「滅」與止苦之「道」的知識告終。

如同在巴利文經典中所記錄的，套用佛陀自己的話來說，他「把自己的心導向、驅向」於禪修的各種對象，包括過去生的回憶、業力的運作、對苦與苦的成因的了解，以及如何終止苦之道。依據巴利典籍所述，佛陀的覺悟歷經三次「守夜」（約九小時），但這個說法可能只是虛構的濃縮時程，更有可能是延續了好幾天，或甚至是他放棄苦行後歷時好幾週才完成的。

雖然在巴利經典中，佛陀曾簡潔地描述了覺悟的經過，但後人卻將覺悟描述成另一回事，而以超越眞理的神祕經驗含混帶過。不幸的是，很多現代作者也把佛陀的覺悟描寫成彷彿電光石火般在刹那間完成，雖然洞察力乍現的確有發生，但卻不符合佛陀有關完全覺悟的描述。

佛陀的開悟至少歷經九小時。他提出警告說，這「進步是漸進的，並非突

然、自發性的理解。」此外，覺悟顯然是以理性爲引導，如偈頌體的方式敘述，重複了三回：「我把心導向於了解……」。悉達多把心導向更深入了解《奧義書》關於輪迴（佛陀稱之爲「再生」，不同於傳統婆羅門教的觀點）與業的教法。他的四聖諦（我將在第二章探討）是以《吠陀》的古印度醫學系統《阿輸吠陀》（*Ayurveda*）爲基礎，此藥典至今仍在流傳使用，在西方世界也日益廣受歡迎。

佛陀從未宣稱他的教法都是自創的。對他的前三項聖諦，北印度的大部分沙門或奉持《奧義書》的聖者都不會有異議。至於第四聖諦：道諦，佛陀提出這是古人修行過的道，後來爲人所遺忘，他只是重新將它發掘出來而已。他表示，他只是「如實地」洞悉萬物的原貌：這並非只是理論或哲學概念而已，道存在於實相中。若果眞有「電光石火」的了悟，或許應是頓悟了四聖諦之間的相互關連，以及它們體現的一個方法：若能「付諸實行」就能導向解脫。

至於佛陀的描述，爲何會被曲解成對某種超越眞理的神祕經驗，答案或許可以從佛陀的教法後來變成宗教的歷史演進中找到。佛陀本身並非「佛教徒」——最早追隨他的弟子也不是。佛陀發現了「法」（而非發明或創造「法」的人），之後他便傳授「法」，弟子則是「法」的修行者。佛陀圓寂後，隨著時代的演變，宗教性的解釋便蓋過了基本教法和指引。原本複雜的義理被簡化爲整合的教理，這種現象時常發生。外界所強調的重點，並沒有放在環環相扣、複雜的眞理，也就是佛陀所教的探求及修行之道，卻轉向單一的「絕對眞理」，這可能是由於受到《吠陀》及《奧義書》教法的影響所致。就這樣，原本以救贖爲目標的教法和修行法，便淪爲形而上的知識論或信仰體系。

當然，佛陀的覺悟並非單純只是分析性或理性的，它也包括極度存在主義的以及心理的層面。分析性過程的「原來如此」的體驗，還伴隨著直覺性洞見的「不可思議」的體驗。正如現代內觀大師葛印卡（**S.N. Goenka**）⑩指出，佛陀直接體驗到物質的無實質性（無我），而這點是直到今日量子物理學家才發現的宇宙現象。佛陀經由此一內觀洞見得到解脫，而物理學家卻只會往外界找答案、量化實相，停留在知識層面的了解，而沒有把所學內化爲直接體悟的經驗，因而仍舊無法脫離苦海。

佛陀常說，「法」是無法只透過推理就能了解的，無論多仔細也沒辦法。

「法」只有在直接體驗時，才會顯露它真正的意義，而這只可能透過瑜伽修行，而且要在道德情境之內才能辦到。我們將會看到，四聖諦在邏輯上是完全成立的，不過，單只把它們當成信仰或真實的論點，則無法令人信服。為了讓它們真正使人信服、使人轉化及療癒，就必須把它們融入日常生活才行。它們必須「付諸行動」才行！

實踐四聖諦時，我們不可把它們當成教條或信條而一味接受，也不必把它們納入信奉的宗教中（雖然信奉佛教並無不可），而是要內化它們，把它們當成「法」的修行，把它們當成我們「生活」的一部分。簡言之，在第一聖諦中，佛陀要我們正視「苦」，而不要迴避它。我們必須親自見到，我們究竟是如何受苦，而非試圖否認它或轉移注意力，我們必須敞開心胸去體驗並了解苦。

有關第二聖諦的「集」，也就是苦的成因，我們必須體認到，苦之因和苦本身並非兩回事。當我們了解到，苦之因和受苦本身無法分離時，就會促使我們想放下苦之因，而在放下當中，我們接觸到超越時間的層次，也就是常常提到的「空」，但就空而言，或許多說不如少說。第三聖諦是要體悟到這放下的行為，也就是苦之滅。

我們之中許多人——或許是大部分人或甚至所有人——都曾經了悟到「滅」的感受，這個經驗通常是自發性的。甚至那些從未聽過佛陀或「法」的人，也曾觸及滅的範疇。這種經驗就像撥雲見日或電光石火般，而且很多人把它和覺悟混為一談。不過，第四聖諦「道」——即佛陀開悟後所過的生活，則顯示出我們需要「培養」道。覺醒並非在遙遠的未來——某個來生——需要達成的目標，覺醒或覺悟不能具象化，因為它並非事物而是一個過程，這個過程本身就是「道」，「道」最終和我們的日常生活根本不可分割、息息相關。如一行禪師嘗言：「覺悟就是了悟某件事物。」

好幾世紀以來，有關覺悟究竟是近或遠、是瞬間而成或漸進而成、是唾手可得或努力付出才能獲得，論者一直爭辯不休，不論是佛教界或吠檀多派瑜伽修行者都是如此。在我看來，對一個代表最高深的「不二」之法的教法，這種二元論非此即彼的爭辯令我頗為困惑。或許可以借用龍樹菩薩（Nagarjuna）⑪的話來說，答案其實是兩者皆對，但兩者也皆錯。我們不妨深思鈴木俊隆禪師精闢的評論：「每個人都是完美的……而大家稍微改進一些也無妨。」

第2章 四聖諦的瑜伽修行

佛陀覺醒後，曾考慮不要把徹悟的體驗傳授他人，他知道自己所發現的「法」，「十分深奧、難以理解、難以發現……僅經由推理是無法達到的，十分微妙」，受執著所縛的人很難了解緣起之法①。根據傳統典籍記載，梵天（Brahma Sahampati，娑婆世界主）請求佛陀為世人轉法輪。不過，較晚期的典籍則強調佛陀當時左右為難、內心交戰的困境。最後，佛陀決定，雖然傳授「法」可能不容易，而大部分人也難以了解他的教法，但總有些人會因為心裡很苦而必須去尋找解脫生死大事之道，就在這些人當中，至少有幾個人會了解。

他最先想到可以說法的人，便是兩位瑜伽老師，可是他們都已經辭世了。之後他便決心向當初在波羅奈（Benares）一起六年苦行修道的五比丘說法。當年五比丘是因為看到佛陀開始飲食、愛護身體，以為他耽於欲樂而離開他的。正因如此，當他們看到佛陀靠近，便不太高興，大家私底下決定不要向他致敬。

不過，一等佛陀抵達，他們便不由自主地起身，為他安排座位，取了水、腳凳和毛巾，向佛陀鞠躬致敬。他們全都受到佛陀散發的光芒和祥和所感動。不過，即使如此，他們聽到佛陀宣稱，自從放棄苦行，靜坐菩提樹下後，已經到達「無死的境界，徹底證悟成道」後，仍覺得這事難以相信。最後，佛陀為了排除他們的疑慮，便問他們，自己是否曾說謊過。五比丘不得不承認，他們從未發現他說謊，於是同意聆聽佛陀說法。

第
2
章

四
聖
諦
的
瑜
伽
修
行

51

 ## 佛陀初轉法輪——四聖諦

佛陀所說之語，便是我們今日已知經典中最著名的《初轉法輪經》（*The First Turning of the Wheel of Dharma*）。在這段論述中，佛陀稱自己的教法為介於極端的感官縱欲和苦行之間的中道。他稱此修行之道為「八正道」，包括正見（了解）、正思惟（意圖、決心、目標、想望、動機）、正語、正業（行為）、正命、正精進、正念（覺知）、正定（禪定、隨觀）。

之後佛陀便開始一一列舉其中心教法，其中各佛教學派不分差異全都一致同意的教法，便是四聖諦。如同我稍早提過的，這些聖諦是以《吠陀》為基礎的《阿輸吠陀》診斷模式為基礎，也就是共分四部分的處方，包括：（1）診斷；（2）病因；（3）預後；（4）處方。

首先，佛陀診斷出名為「苦」（dukkha）的「疾病」；然後，必須釐清病因「集」（samudaya）；一旦診斷完成後，醫師就必須提供患者預後的情形，而佛陀在此就人類處境提供正面預後，那就是「滅」（nirodha），所以苦是可以緩解的。最後，醫師會開一道處方，在此佛陀提供八正道（梵文marga，巴利文magga）的處方。讓我們深入探討，看看這些聖諦與瑜伽修行有何關連。

 ## 第一聖諦——苦

第一聖諦是苦的存在。梵文dukkha最常翻譯成「苦」。據信佛陀曾說：「有生皆苦」，我們得知這點可能會感到有點沮喪。不過，讓我們仔細探究這個字的原意，以及它在佛陀時代的用法。Dukkha指「壞的」或「錯誤的空間」，是用來描述輪軸歪斜了，偏離輪心。偏離中心就是處在壞的空間。如果那個輪子是車輪，可以想見車子行進間該會多麼顛簸、多麼偏離方向。如果這個輪子是陶藝家的轆轤，一定很難塑造出美麗又具平衡感形狀的器物。現在，我們回頭看看自己的生命和所處的社會樣貌，可能可以體會佛陀所言甚是！如果我們肯誠實面對自己，就一定會承認，大部分人有太多時候感覺生活失去重心、脫軌，而且都有點不滿足。受苦是個沈重的字眼，而且對大多數人來說，受苦似乎不一定是普遍存在的現象。如果從dukkha意指生活不平衡的狀態來理解，也

就是說，我們的生活方式、人際關係與環境發生了脫序現象，那麼dukkha的存在就很難加以否認了。當然，dukkha也適用於我們一般所認為的苦。

苦可能展現在身體的不平衡。小至吃了不適合的食物而輕微腹痛，劇烈如牙痛或是斷了腿、冬夜的刺骨寒冷、癌症或心臟疾病的刻骨折磨等，全都是苦。苦也可能是心理的不平衡，展現在憂鬱、生氣、寂寞等痛苦。苦也可以是「求不得苦」或「怨憎會苦」。苦也可能展現在厭煩、疏離、苦悶、窮極無聊或不滿足等情緒方面，每當我們不必為事情煩心，這些情緒似乎立刻會浮現。

在《正念瑜伽》後段的篇幅裡，我還會討論到，苦也能改以對修行的自我評斷及批評的形式出現，使我們渴望把前彎姿勢做得更徹底，或是渴望像班上某個女學員一樣，把倒立姿勢做得更久一點。或者，苦也可能顯現在害怕做後彎動作，或者是在做某個姿勢一不小心失去平衡而感到惱火。體位法修行最棒的優點之一，就是提供我們很多感受到苦的機緣，因為第一聖諦的修行，就是先要了解苦究竟在哪裡：無論是在我們的身體、人際關係、行為或生命，還有就是我們受苦的方式有何特別之處。當我們致力於修第一聖諦時，就已經開始辨認我們受到的局限，體會我們行為和思想的習慣性模式。

佛陀開示，有了苦，卻沒有認出它，或渾然不覺苦的存在，是更糟糕的情況，是比苦本身還要更糟的苦。就像好醫生一樣，我們必須辨認自己的苦，必須知道究竟是哪裡受桎梏、困住了。大部分時候，每當苦一出現，我們就企圖否定它，或是用某種娛樂和消遣來掩飾它，或是強把它推開。瑜伽的方式，則是用善意和不侵犯的平和心態，去看出、辨認和承認苦的存在。我們必須與苦共存，尊重它。往往，我們連自己有苦都覺得很羞恥，反而使自己苦上加苦。佛陀把苦列為聖諦之一，是有原因的。正是因為我們有了苦，我們才能敞開心胸接受苦，如此即可開始真正的覺醒。一旦認出苦來，我們就需要深入了解它的真實本性，了解苦的原因。我們能了解箇中原委，就已經踏上轉化之路了。

第二聖諦——集

第二聖諦是使苦生起的起源（集）。對於佛陀的教法，一個相當常見的解釋就是，貪求是一切痛苦的起因。貪往往被列為各種煩惱（梵文kleshas，巴利

文kilesas）之冠，其他還包括瞋、懼、慢、痴等諸多煩惱。第二聖諦鼓勵我們盡力去釐清生活經驗中致苦之因。在《正見經》（*Sammaditthi Sutta*）②中，佛陀要求世人深入了解自己的苦，以便看出究竟是哪些食物（四食③）助長了苦，並使之與日俱增。

第一種食（段食），或許也是最顯而易見的「食」，就是可以吃的食物。我在後面章節將會提到瑜伽的飲食，在這裡我只想強調，有些食物的確更能維持身心自在健康，我們需要知道這究竟是指哪幾類食物。第二種食（觸食），包括各種不同的感官印象。我們透過六種感覺器官（即眼、耳、鼻、舌、身、意六根）接收到各種感官印象，這些印象隨之成爲我們意識的食物。第三種食（思食），包括意志、意圖或意願，是我們一切行動的基礎。我們必須了解自己的動機和意志力，甚至包括修行瑜伽、禪修和正念的意志力，才能明瞭自己的意志力究竟是驅策我們走向解脫與快樂之路，還是朝向痛苦。比方說，如果我們修行體位法的動機是想「做最好的」，可能就會冒著過度練習、使自己受傷的危險，此外還可能助長自傲和自我本位的思想。

第四種食（識食）則是意識。我們的意識包括自己過去的一切行爲，加上祖先和社會過去行爲的總結。我們的意識創造了我們的身心及所處的世界。如《法句經》（*Dhammapada*）④中所述：

> 我們的生命是由心所塑造成形；一切行爲都是由心所導引而來，由心所創造出來。苦會跟隨不善巧的心念而來，正如牛車輪子會跟隨在拉車的牛之後一樣。我們的生命是由心所塑造成形；一切行爲都是由心所導引而來，由心所創造出來。快樂跟隨善巧的心念而來，如影隨形。

第二聖諦帶給我們的考驗，是明瞭我們的苦和致苦的食物。我們不能光只在智力上了解，還要親自去明瞭，只有當我們停止攝取會滋養苦的食物後，才有可能達到解脫。看清苦，並眞正了解脫離苦海之道，我們就可培養出放下苦因的強烈意願。當我們看出，某個特定的思考模式、行爲或食物會導致自己受苦，就像知道手持熱燙的撥火鐵棍定會被燙得發痛，那麼我們就會立刻放下那個思考模式、行爲或食物，而且就像我們把火熱的撥火鐵棍扔掉一樣，毫不後

悔，內心毫無衝突。

有了覺察力，我們的行為就會帶有解脫的力量和創造力。一旦失去正念，我們就會受限於制約及習慣性反應，而這種受限的反應，會使我們束縛在受苦的循環中難以自拔。透過體位法練習，我們開始發現自己的習慣性反應。當我們更深入地做某個伸展姿勢時，感覺會變得更強烈，也正因為這些感覺異於以往，我們可能會發現自己開始緊繃肌肉、屏住呼吸，起了反感而繃緊了心。或者，我們也可能開始看出，自己是如何很快就執著著愉悅的感覺，試圖延長它們，即使感覺消失了，也會努力想再找回它們。這些習慣性下意識反應，都是苦的起因，在我們的修行中，我們可以學習如何放下它們。

 ## 第三聖諦——滅

第三聖諦（滅）闡述超越或終止苦確有其可能。很顯然，光是「相信」這點對我們並沒有實質的幫助。光是一味地相信這項真理（或其他聖諦），就好比是把醫生開的藥擱在架子上，而不去實際服用它一樣！第三聖諦是要考驗我們能不能「實踐」苦之滅。

開始修行第三聖諦時，我們的第一步應是去理解，止滅或控制痛苦和快樂的確可能辦到，前提是我們必須學會在它們出現的當下就立即認出它們來，並且要能享受在生命中原已擁有的寶貴禮物。一行禪師提醒我們，第三聖諦教導我們的，就是光是痴痴地受苦是不夠的，我們必須深入了解自己的現況，看出已經存在的快樂的條件，然後試著去滋長這些條件。

雖然佛陀把苦的真理列為第一聖諦，但他的中心思想卻是「現法樂住」⑤的真理，此真理可在第三聖諦發現。快樂「是」可行的，透過那些能帶來喜悅與祥和的事物，我們體悟到，即使只是坐著、行走、洗碗，甚至簡單如呼吸，都是值得慶祝的奇蹟；但這並不代表我們可以逃離令人不悅的事物，以便去擁抱使自己愉悅的事物。我們必須效法佛陀的典範來修行，直接面對自己的苦。

這導向更深入的第三聖諦修行：我們面對苦，卻不對它起分別心。若我們想推開它，光是排斥就足以深化它。相反地，面對並擁抱我們的苦，使我們得以了悟，苦與樂並非兩回事。我們的喜悅成了真正的喜悅，而非僅為對瞬息萬

變的環境所起的制約反應而已。

在我們的體位法修行中，可以嚐到放下苦的解脫，重新與當下的喜樂搭上線：單只是發現自己還活著、在當下自在呼吸的喜樂。當我們終於能放下並接納苦，而非浪費精力去試圖壓抑、否認和逃離它之後，我們就能真正體會到油然而生的喜樂。快樂地安住於萬事萬物的原貌，包括了無排拒地安住在當下，同時敞開心胸接受自己的恐懼、悲傷和評斷，不因這些事煩惱而加重自己的負擔。我們得以擁抱每時每刻的生命經驗，不與自己為敵，因為，排斥當下就等於是與自己為敵。這是無條件接受和不排斥的修行。

第四聖諦──道

第四聖諦（道）是對於苦予以極務實且建設性的回應。一旦我們了悟這條道路對我們真實有用，就大可依此「修行」。一旦我們觸及從苦解脫的喜悅，就可以繼續培養、滋長這種自由和喜悅。在我看來，我自己的「法」的修行，並不是像鋼琴家一樣按照音階練琴，而是像醫生行醫或律師執法一樣，他們的修行是一種職業（vocation）。我們的瑜伽與「法」的修行，也可以是我們的職業。英文vocation指「發出聲音」讓世界聆聽，把我們的修行也看作是如此，何其美妙。獻身於這種修行，就是讓世界傾聽我們的聲音，真實地宣揚我們看待生命的價值觀和意志力，因此才說，我們的修行就是我們的生命。

當我們探究四聖諦時，就會發現，正如佛陀所開示的：「無論任何人見到了苦，也就同時見到了苦的集聚、苦之止滅，以及滅苦之道。無論任何人見到了苦的集聚，也就同時見到了苦、苦之止滅，以及滅苦之道。無論任何人見到了苦之止滅，也就同時見到了苦、苦之集聚，以及滅苦之道。無論任何人見到了滅苦之道，也就同時見到了苦、苦之集聚，以及苦之止滅。」

當我們深入探究其中一個聖諦，就會同時看到另外三個聖諦的存在。我們必須先有苦，才能見到道。如果我們逃避苦，就無疑也逃避了因苦而存在的道。佛陀說，就在我們了解苦如何形成的那一刻，就已經踏上了解脫之道。覺察力和解脫密切相關。曾有人說，在道上踏出第一步，就是成道的一步；而我們修行的方式，就是一步接一步、一刻接一刻，在每次呼吸間持續進行。

第 3 章　八正道

佛陀即將入滅，正躺臥之際，收了來到身邊的須跋陀羅（Subhadda）為最後一個弟子，須跋陀羅問佛陀，附近地區是否還有已經完全覺悟的明師，佛陀回答，老師有沒有完全開悟並不重要。「問題在於你自己想不想得到解脫，如果是的話，」佛陀繼續說：「就該修行八正道。無論在任何地方修行八正道，喜悅、祥和與洞見便在那裡。」從佛陀第一次說法一直到最後一次說法，八正道都是佛陀提供的離苦得樂之道。

七百年後，帕坦伽利試圖從諸多瑜伽教法中，創造出有條理系統的學派及修行法，當時或許也受到了印度盛行的佛教所影響，他撰寫出《瑜伽經》，並把其中最主要的修行法編撰成「八支功法瑜伽」（Ashtanga yoga）。《瑜伽經》可發現的另一種瑜伽是「行動瑜伽」（Kriya yoga），包含了三種禁欲的苦修（tapas）、自修（svadhyaya）及敬神（ishvara-pranidhana）。

佛陀的八正道

出於概念和教法的目的，佛陀的八正道據稱包含戒律（shila，道德倫理）、三摩地（samadhi，專注力或禪定）及般若（prajna，智慧）等三大部分的訓練。在此應指出，這三部分並非階梯式的修行法，並不是先從合乎道德倫理的行為起步，就能發展出正定和禪定技巧，最後導向展現洞察力和智慧。三者就像三腳凳的三支椅腳一樣，為了讓凳子發揮正常功能，三支腳缺一不可，

一樣重要。

不過，八正道倒是有可能該從智慧入門，雖然這個說法可能會出乎許多人意料之外。我有位老師曾把「道」比喻成八線道的超級高速公路。技術好的駕駛會善用所有線道，永遠同時觀照所有線道，並在必要時改換線道。同樣地，在沒啥目標需要去達成的大前提下，在修行之道上轉換的動作，就是從正見出發，並不斷回到正見。我們需要先養成「相對的正見」──也就是覺察到的確有人能轉化痛苦，能區分有益和無益的根源，然後才能真正開始這趟旅行──等我們走過這條道路後，就要發展出絕對的正見，也就是體悟到，「一切見」皆是「惡見」。從絕對實相的「觀點」來看，正見就是無見！雖然這說法表面上看似矛盾，但卻真的很有連貫性，前後一致！

❖ 八正道第一支──正見

在我們進入聖道八個分支的概述之前，我想先提一下「正見」中的「正」字。巴利文的samma（梵文samyak）意指「同樣的」或「相等的」，引申為完全、完美和健全；因此samma翻譯而來的「正」，並不是「錯誤」、「壞」或「邪惡」的相反詞。

我們換另一種角度來看samma這個字，它意指「純熟的」、「合乎時宜」的，可以推論為「有效的」或「合乎現實的」。如果你想從布魯克林去曼哈頓，有很多路線均可到達。有些路線可能比較直接，但只要能帶領你到達目的地，無論哪一條都是「正確」的路線。不過，如果你想從布魯克林去曼哈頓，可是卻往東走，那麼無論你走哪條路，都絕對到不了。往東的道路並不一定是壞的或邪惡的（這個論點倒是會讓部分紐約人有話要說），但它們絕非能帶領你抵達目的地的正確道路。

因此，在精神修行之初，我們還真的需要有一點智慧才行。「正見」之所以被列為第一支的原因是，我們先要見到事物的原貌。我們必須遠離對實相的僵化看法，因這看法只會助長個人的意見和信念，能遠離才能「真正地」見到事物的原貌。正見又稱為「正確的了解」，也就是對四聖諦有深入的了解。正見包括能看見我們如何受苦、我們的生命如何脫離常軌，並看出我們的確能有所為，好改變現況。有時正見又稱為「一切諸佛之母」，意指它能使我們脫離

一切狹窄或壓抑的概念化觀點。

❖ 八正道第二支──正思惟

第二支是「正思惟」（有時也譯成「正目標」或「正決心」），亦即檢驗的修行──檢驗我們的意圖、思惟、習慣，及決心朝向降低我們自己及眾生受苦或受傷害的方向邁進。正思惟從正見而生，兩者相互協調一致。很顯然地，若你了解自身苦的根源何在，就可以激發正確的意圖去掙脫苦的束縛。如果我們有了自己是真正獨立、單一個體的見解，那麼我們的思惟和行動就會依循此見解而起，然而這個見解和真實情況並不符合，因此我們只會為自己和周遭的人帶來更多的苦。正思惟能反映出對萬物相互依存的了解，正思惟和正見一致而協調。

正念
瑜伽

正念瑜伽的練習

有四個和正思惟相關的練習，我們可以運用在瑜伽體位法修行。

你確定嗎？

錯誤的認知是導致苦的主因之一。在修行時，我們可以問自己，我們的認知是否都能正確、如實地反映出實相，或是這些認知其實是基於錯誤的認知、意見和不善巧的思惟。使我們無法做好某個特定體位法的原因，究竟真的是生理受限，還是因為我們對自己的能力有錯誤的認知？舉例來說，最近我有個學生在練習摩利支天母A式（Marichyasana A，一種雙手在背後互握的姿勢），改做不必束手的修正姿勢，那是我用來教那些身體較不靈活的學生的。當我走過去，想協助她做完整的姿勢時，她笑了起來。她不知道自己雙手能在背後互握，以至於連試都沒試過！

相反地，幾乎在每堂課上，我也會看到「太過自信」的學生，硬是扭曲身體勉強做某個體位法姿勢，不斷推擠、喘氣不已，還渾然不知這樣做會有多危險。

我在做什麼？

如果我們能定時停下腳步，問自己這個問題，它就可能成為敲醒正念的警鐘，使我們立刻回到當下——此時此刻。在做瑜伽時，你的心可能常常會飄到過去或未來——昨晚朋友說的話，或是上完瑜伽課後上哪兒吃午餐。你也有可能陷入所做姿勢的想法中，以致於渾然不覺自己正在做些什麼。當我們發現自己未專注在當下，然後發覺自己在勉強做某個姿勢時，也可以練習這種覺察力。「我在做什麼？」能幫助我們不再左思右想，重新回到正思惟。

當我看到學生過分勉強地做姿勢時，就會簡簡單單地問他們一句：「你在做什麼？」我如此做的原因，是要讓他們有足夠空間和時間來檢視自己當下的行為及動機。暫停片刻後，他們往往就能了解，自己正念不夠，完全陷入自我的思想、觀點、期待與渴望之中，而沒有專注於身體當下究竟發生什麼狀況。

哈囉，習慣能量

我們行事的方式，及這方式如何反映在瑜伽修行中，是以我們的思考模式為基礎；大體來說，我們的思考模式是以習慣性能量為基礎，後者就是我們受制約的習慣性模式，支配著我們和自身及環境間的關係。我們的習慣是如此根深蒂固，即使令我們受苦，也似乎難以根除。當這些習慣出現時，只要注意到、打招呼、歡迎它們，而不要心生罪惡感，就能降低它們的掌控。如果我們是完美主義者，在練習時一發現自己有想批評苛求的衝動，「哈囉，習慣能量」就能讓我們脫離這種強迫行為的魔掌。

學生在做前彎到脊椎捲曲式時，我常會提醒他們，習慣性地把肩膀緊繃會讓手臂也隨之緊繃，變成抬離肩膀。我要他們保持眼睛張開，好看到自己緊繃著雙臂活像波里斯卡洛夫（Boris Karloff）在演「科學怪人」。之後他們就會「放鬆」，可是要不了多久雙手又不自覺地緊繃了。剛開始他們容易因此喪氣，而「哈囉，習慣能量」能讓他們學習接受事物當下的原貌，明白了這點，習慣性能量就會日漸減弱。

改用更友善的態度來面對我們的習慣性能量後，一些原本我們不自知的事物，就會成為我們的老師。不要排斥它們，要像見到老朋友一樣地歡迎它們，它們就會失去刺痛我們的能力。它們送給我們的是覺察力的大禮。

菩提心

菩提心就是深切渴望能培養出理解力，啟發我們致力於為眾生尋求解脫，這是正念生活修行的終極動力。我每天早上都把菩提心當作正思惟修行。準備做當天第一套拜日式時，我會把修行功德回向眾生，尤其是還沒有運氣及機緣去修行的人。

如果硬要否認學體位法、瑜伽修行的最初動機是想從中得到利益，那就太虛假了。不論這些益處是想放鬆身心、增加彈性、促進健康、提高專注力、培養耐心、排解壓力或是想開悟，最初練習瑜伽都是為了自利。之後我們才明白，終究不可能只為自己修行，因為我們和眾生都是「共存共榮」的。透過這種修行可以培養與眾生共存的洞見，把自己修行的果回向給一切生命。融合正見和正思惟，我們就可以更充分地活在當下，滋養解脫的種子，治癒痛苦的傷痕。

❖ 八正道第三支——正語

八正道接下來的三支和戒律有關，也就是構成五戒的道德修行，這將在稍後闡述。三支的第一支就是「正語」，傳統上涵蓋了不妄語、誹謗、傳播流言，或是沈溺於任何形式的惡口。就更積極的層面來看，正語也可以指有療癒力的靜默修行。正語應用在自己和他人的交流，這十分顯而易見，不過，若放之自己內在叨絮的聲音，就沒那麼明顯了。在修行時，要注意腦海中的各種聲音，它們會像棒球賽的體育播報員一樣，對你的修行喋喋不休地評論個沒完；有時候，內在喋喋不休的聲音甚至像貨真價實的夜總會一樣吵雜！你是不是時常發現腦中的聲音，既挑剔又刻薄地一再貶低自己、嘮叨著你身體的僵硬？或著，情況剛好相反，你內心的評論員倒是洋洋得意地自誇你倒立姿勢的美妙！不論如何，這仍只是窮極無聊的喋喋不休，而內在靜默的修行，正是帕坦伽利在《瑜伽經》中對瑜伽所下的定義。

❖ 八正道第四支——正業

「正業」當然是以正思惟或意圖為基礎。正業即是能預防或減低苦的行動。帕坦伽利嘗言，未生之苦必令其止。正業就是充分發揮菩提心的表現。

❖ 八正道第五支——正命

「正命」是不會傷害自身及他人的生活方式，包括我們可能參與的一切活動、娛樂或休閒等。我們的瑜伽體位法修行，必須將教法謹記於心。

❖ 八正道第六支——正精進

「正精進」（又稱正勤）就許多層面而言，都是實際的修行核心，也在三摩地（正定）的三個組成因子中居首。佛陀建議我們修四種最勝精進之道：
1. 未生之惡令不生。
2. 已生之惡令斷除。
3. 未生之善令起生。
4. 已生之善令增長。

這些修行之所以被視為「最勝」的原因，是因為它們最為艱難，但同時也最有益。修行這四種精進，除了需要有強大的決心或意圖外，還要擁有正見。若我們精進過度，導致身心均受苦，若我們愈來愈遠離那些我們所愛的人，或是用修行來逃避自己的苦，則我們並不算是在修行正精進。

❖ 八正道第七支──正念

和正精進有密切關連的是佛陀教法的中心要素：「正念」。梵文 smriti 和巴利文 sati 都可譯為正念，指「憶念」和「覺察」。我們精進的方法是，要記得去憶念！透過正念的修行，我們可以不斷熟悉自己對待不同心理狀態的方式，以及每時每刻和世界真正聯繫的方法。正念是指你注意到一切生起之物──不只是你希望能出現的事物──要無評判、全心全意地顧及生活經驗的所有層面。這個境界的確很難達成！我們將在下面幾章中更詳盡地加以探討。

❖ 八正道第八支──正定

八正道的最後一個層面，就是「正定」（right samadhi，sama+dhi，「完美／極致的洞察力」），最常譯成 right concentration，有時則是 right meditation。這是要培養心一境性①，集中而專注，平靜而放鬆。定有兩種：主動的和選擇性的。主動的定，心安住在當下所發生的任何情境，甚至安住在變化之中。它可以視為正念的深化，由禪定的正念進一步轉化為安止定（三摩地的另一種意義）的狀態。至於選擇性的定，就是選擇一個物體，然後排除他念，只鎖定在這個物體上。定的力量，能夠驅使我們放下所有分心的事物，不斷回到所注意的物體上。

佛陀提到了在瑜伽傳統裡，長久以來一直練習的安止定禪定修行──四個在色界、四個在無色界──是超越色的感知的境界。雖然這些安止定可能相當受用，可以增進喜悅和自在，但卻不是我們修行的目標。人們反而有可能一不小心就輕易執著於這些愉悅的狀態。我稍早曾提過，佛陀在參訪瑜伽老師時，曾進入第七和第八層三摩地（又稱第七禪和第八禪）②──「無所有處定」和「非想非非想處定」，可是卻發現這種體驗仍舊無法讓他達到完全解脫的目標。

若這也不是我們修行的目標，那麼真正的目標究竟是什麼？如同先前提過

的，某種程度的正見是十分要緊的第一步：若沒有正見，我們就永遠無法興起想修行的動機，就會脫離不了無明與妄想的束縛。正定之所以放在「道」的最後一支，是因爲它必須仰賴其他七個步驟的修行才能辦到。如果我們沒有正業、正精進和正念地過活，怎可能培養出有定力的心？而三者又是以前導的正見爲基礎。有了正定的果後，正見又會隨之生起。這就是爲何「道」經常被稱爲「回歸之道」的原因。

不過，當我們再次回到正見，就將是「絕對的」正見：從完全解脫的角度出發的「見」。

我們從正見開始著手，了解受苦和脫離苦海的可能性的確存在。我們從了解四聖諦開始，在觀照自我的修行中，我們體會到的眞理是：沒有單獨存在的自我、沒有苦，也沒有苦的滅。如同偉大的道元禪師③所言：「研究自我，就是忘記自我。忘記自我，就是覺悟（或親近）萬物。」此處的「萬物」就是一切事物的簡稱。

帕坦伽利的八支功法瑜伽

現在，讓我們把上述說法和帕坦伽利的八支功法比較一下。帕坦伽利的模式是同時兼修外在的行爲控制（yama）和內在的自律行爲（niyama）。這兩大分支構成古典瑜伽修行的倫理與道德基礎，不但涵蓋了我們與他人的關係，也包括了我們和自己的關係。雖然yama和niyama兩字都常譯成「控制」，不過，yama包含人際關係的協調，因此可以視爲道德訓練；至於niyama則涵蓋了我們內在的態度和精神的定位，因此可視爲諧調我們與終極實相的行爲規範。

❖ 八支功法第一支──外在的行爲控制（yama）

外在行爲控制包括下列「控制」：

1. Ahimsa：不傷害的行爲、思想和言論。這涵蓋了一切眾生，但切記，這也包括我們自己，要小心不要讓修行導致自己受到傷害，不論是生理、情緒或心理等層面。

2. Satya：眞誠，包括了佛陀所教的正語的一切層面：不妄語、不散播流

正念瑜伽

言、不誹謗、不惡口。在體位法修行中，這也意指眞誠地接受自己的能力和極限。

3. Asteya：不偷盜，意思是不取走不供人自由取用之物。

4. Brahmacarya：心不離梵，這裡所謂的「梵」，指「最高的」或「終極的」實相。它可以視爲與「法」、「道」，或猶太、基督教與回教的上帝旨意和諧一致地生活。Brahmacarya也有「梵行」的意思，這是指行爲符合僧侶的規定，或是模仿婆羅門的行爲，也就是無欲生活。因此，Brahmacarya也可以代表貞節，或是在性方面有負責任的態度，不剝削、強迫或侵犯他人。

5. Aparigraha：字面意義是「不執著」，也譯成「不貪心」或「無貪」。這個字雖常詮釋爲拒絕接受禮物，但更接近如實地坦然接受生命的禮物。這是種平靜，和內在自律行爲的samtosha（滿足）息息相關。

❖ 八支功法第二支──內在的自律行爲（niyama）

瑜伽修行者應有五種內在的自律行爲：

1. Shauca：通常譯成「清淨」，字面意義是「閃耀、發光」，也有「清潔」之意。它包括個人衛生習慣，或是用禪修覺察力來進行內在或心理洗滌。佛陀的四個最勝精進也是內在清淨的修行。

2. Samtosha：安住於平靜，不論在任何狀況下都保持自在的心境。佛陀據說曾回答一名詢問者，他一直安住於沒有瞋恚、欲望、貪求和沮喪失志的心境，這也就是安住於平靜。

3. Tapas：源自於tap，意指「燃燒、發光或發熱」。Tapas通常譯爲「苦行」，其實可能更接近「自我訓練」。佛陀曾指出，tapas的修行必須適中，切勿淪爲自虐，或疏於照顧自己。瑜伽的目的是尋求解除折磨和痛苦，而非助長它們。

4. Svadhyaya：衍生自sva+adhi+aya，合起來的意思是「一個人進入」，譯成「自修」。這包括了研讀和背誦典籍、修心養性和探索。此外，svadhyaya鼓勵鑽研塑造出當代文明的偉大思想，包括科學、藝術和政治等範疇。

5. Ishvara-pranidhana：「敬神」。Ishvara字面意義是「神」，在印度哲學中，不同的思想學派代表不同的意義。唯一不變的，就是它代表超越的實相。這種虔敬，可能是令許多佛教徒難以接受的癥結，但其實沒有必要把這個詞硬是以有神論的觀點來解釋。在帕坦伽利的《瑜伽經》中，神的觀念其實和西方人的神並不一樣。帕坦伽利並不是把神當成創造宇宙的天神，而僅是一種很特殊、和自我有點類似的超越性自我，它解除了我們對自己真實本質的無明。想要真正了解ishvara-pranidhana，就要把這一修行看成是激進而全然地開放自我，去接受比自己更偉大之物，它可概念化為上帝、女神、「法」、「道」、佛性、法身（實相的統合、真實的精髓）、空性（shunyata）、整個宇宙。就許多層面而言，這都是道元禪師開示所指：「研究自我就是忘記自我。忘記自我就是親近萬物。」

❖ 八支功法第三支──體位法（asana）

帕坦伽利八支功法的第三支就是asana（體位法）。這個字大多譯成「姿勢」，字面意義其實是「座」，最早是指瑜伽士所坐之物，它必須很牢固、不高也不低、平坦、潔淨，大致還滿舒適的。

在整部《瑜伽經》中，帕坦伽利只對體位法提到三個看法。他先是解釋體位法，說道：「體位法是安穩而舒適（或自在）的。」譯成自在或舒適的那個字是sukham，如同我們先前已了解的，它是苦的相反，被用來指稱「真實的」或是位於輪子中央的軸。帕坦伽利繼續在下一個箴言（有點容易混淆的是，帕坦伽利的箴言也各自被稱為「經典」）中提到，體位法除了「透過放鬆地精進」來達到穩定與自在，還運用了三摩鉢底（samapatti，等至），亦即「融合的認知」，也就是平衡地觀察身體與呼吸對體位法的反應。最後，他在下一條箴言中表示，從這個過程中，瑜伽士將體驗到「脫離正反對立的無痛苦境界」，所謂正反對立是像樂與苦、熱與冷等；如此培養出的安樂感受，可引導修行者達到更深層的自我了解。

從這裡我們可以看出，「體位法修行」先是取得舒適的座位，使生理的阻礙減至最低，以免妨礙了禪修。許多早期典籍所描述的體位法，原本是相當穩

定的姿勢，以便能延長禪坐時間。隨著時代演變，就逐漸發展出各式各樣的姿勢，據稱擁有療效，並以哈達瑜伽集大成。

❖ 八支功法第四支——呼吸控制（pranayama）

依據帕坦伽利的修行系統，一旦練就了體位法，我們就可以繼續修練下一支pranayama，帕坦伽利所下的定義是「呼吸控制」，包括「中斷入息或出息」。Pranayama字面意義是「擴充生命能量或呼吸」。光是採取放鬆但穩定的坐姿，就足以讓我們感受到呼吸模式也隨之有明顯變化。瑜伽的修行，涵蓋了找出那些阻礙能量運行、導致各種阻塞現象的不自覺呼吸模式，並且增長更有益健康的呼吸習慣。

如果把pranayama看成呼吸控制法，那麼這個方法並未包含在佛陀的瑜伽中。事實上，很多佛學老師都會主動勸弟子不要練習這個方法。不過，我個人的經驗倒是發現，有些呼吸控制的技巧對安定原本躍動不定的心幫助極大，不但能使我的注意力更集中專注，還能使原本不振或沈重的心恢復清明。不過，呼吸控制法的確有可能遭到誤用，我認為佛陀練習閉氣的負面經驗就強烈顯示有此可能性。當然，佛陀提供我們建立、培養正念的主要禪修法門：入出息念（anapanasati）④，也相對使呼吸控制法沒有存在的空間。因為，在覺知呼吸的修行中，並不會企圖強迫改變當下正在發生的狀況，也不會硬要創造出特定的經驗，而是訓練自己如實見到當下的狀況，而心則安住在平靜。

❖ 八支功法第五支——收攝感官（pratyahara）

古典瑜伽的第五支是pratyahara，常譯為「收攝感官」。這是指把放在一個對象上的感官知覺（眼、耳、鼻、舌、皮膚）收回；就像烏龜縮回四肢一樣，瑜伽士據稱也「把感官收攝回自身」。感官向內收攝後，據稱心也會隨之平靜下來。第五世紀的作者廣博（Vyasa）⑤在最早的評論《瑜伽經》的著作《論瑜伽》（*Yoga-Bhashya*）中寫道：「如同女王蜂安定下來後，蜂群也會隨之安定，同樣地，當意識受到控制後，感官也隨之控制下來。」這段的主要論點是，若瑜伽是融合為一的狀態，那麼，想透過禪定（瑜伽修行的精髓）來體驗融合，就必須先處理好可能會阻礙融合境界的一切可能障礙。

前面的第一到第五支都可以看作是對治瑜伽各種阻礙的法門。外在的行為控制（yama）和內在的自律行為（niyama）係處理可能會由良心所引發的阻礙。體位法減少來自身體的阻礙，方便我們能禪修良久。呼吸控制法讓我們能充滿能量，自由自在地呼吸，使我們的呼吸有助於培養穩定的心，「收攝感官」能駕馭我們的感官，使不至於往外奔馳，導致專注力隨之散逸。

❖ 八支功法第六支──專注力（dharana）

有了這些修行的前導為基礎，我們便可繼續培養第六支dharana，即專注力（dharana的字根和dharma與dharani一樣，也是dhri，意指「保持」或「維持」）。這是把注意力專注在一個對象上，以培養心一境性。Dharana是禪定的前導，可以專注在各式各樣的心的對象上，從呼吸到內心觀想（internalized visualization）或聲音都包括在內。

❖ 八支功法第七支──禪定（dhyana）

深化的專注力可以導引我們進入第七支dhyana──禪定，帕坦伽利所下的定義是「生起念頭的單一導向，導向所專注的單一對象。」單一導向意指心全神貫注在單一對象，決不受到外緣念頭的干擾。

（在此要加一段有趣的典故，梵文的dhyana和相對應的巴利文jhana，都是中文「禪」的根源，中國佛教禪宗強調禪修及直接頓悟，而非鑽研典籍的學術了解。禪最先傳到韓國和越南後，韓國人把禪念成son，越南人則念成thien。當禪傳到日本，發音變成zen。因此英文的Zen Buddhism字面意義就是「佛教禪宗」。）

❖ 八支功法第八支──三摩地（samadhi）

最後一支是三摩地（samadhi），帕坦伽利的解釋是：「心在認知上的安止定，彷彿連心的形色都被掏空，只反映出所禪修的對象。」也就是說，在這種狀態裡，主體與客體所感知到的分野已經消融殆盡。猶有甚者，瑜伽本身同時是企圖達到融合的精神努力以及融合狀態本身，因此三摩地實際上就是瑜伽的另一種定義。廣博的《論瑜伽》開宗明義寫道：「瑜伽即三摩地。」

正念
瑜伽

這也是道家詩人李白在詩⑥中所描述的境界：

眾鳥高飛盡，
孤雲獨去閒；
相看兩不厭，
祇有敬亭山。

帕坦伽利指出，前五支都是「外在的支部」，而要同時修行的後三支，則合稱自我控制（sanyama，「約束」或「自我控制」），常詮釋為「完美地掌控心靈」，屬於「內在的支部」。許多學瑜伽的學生都以為，三摩地是帕坦伽利瑜伽的最高成就，但其實他繼續指出，即使是被稱為內在支部的自我控制，仍是無種三摩地（nirbija-samadhi）的外在支部，無種三摩地較之安止定的三摩地是還更進一步的境界。對於這個言語難以形容的境界，帕坦伽利描述說：「心止滅後，再也沒有任何印象可言、完全開放、純然透明、沒有種子」。這種境界之所以被稱為「無種」，是因為排除了致苦之因——無明、我慢、貪欲、瞋恚與執持。

深入研究帕坦伽利的《瑜伽經》，揭露出它和佛教思惟有無數相似處。不論這是因為印度教和佛教幾乎在同時發展出瑜伽修行，還是如很多人所主張的，是因為《瑜伽經》受到佛教的直接影響，我們並不清楚。不過，如果帕坦伽利確實是在西元二世紀寫下《瑜伽經》，由於當時佛教的影響深遠，是有可能受到直接影響。

除此之外，佛陀的瑜伽和帕坦伽利的瑜伽就有很多明顯差異了。如我先前所述，兩者最大的不同是，帕坦伽利的瑜伽屬二元論，因此對帕坦伽利而言，最高層次的解脫就是孑然獨立（kaivalyam），而此境界只可能在瑜伽士的身體死亡後，丟棄了有限的身心，才有可能成就。瑜伽士把自己和大自然（prakriti）分割開來，然後住在純粹覺知或自我的超越狀態，成為許許多多的自我之一。

大多數傾向「不二」的吠檀多學派，都視「現世的解脫」（jivanmukti）為理想境界。另一個和「現世的解脫」類似、也用來描述解脫或覺悟的模式，就是自發三摩地（sahaja-samadhi）。Sahaja的意思是「自然的」或「自發的」，自

發三摩地據稱是悟出了不間斷、超越概念的三摩地，而同時仍從事著日常生活的外在活動。有人主張三摩地是抽離身體、進入類似恍惚出神的內在超越性意識的「石佛症候群」⑦，而有些密教和佛教流派為了挑戰這種三摩地的理念，這種吠檀多式的觀念於焉興起。自發三摩地把三摩地的專注覺知轉到身體和世界上。覺悟的聖人雖自由地活在人世間，卻絕不會失去對絕對實相界的覺知。佛陀自己所描述的經驗似乎也符合自發三摩地。

在生活中實踐五戒

　　最近，我參與了以「瑜伽修行的道德基礎」為主題的座談會。會中討論了外在的行為控制、內在的自律行為，以及道德與倫理的五戒，論點引發許多反彈，這和我過去參與或帶領的靜修所出現的情況一樣，很多人才一聽到建議他們「應該」以某種特殊方式生活時，往往立刻勃然大怒。如果我們仔細探討自己為何排斥瑜伽的道德教法，就會發現，我們所反彈的並非瑜伽訓練真正的主張，而是自己憑空想像、類似的戒律和行為控制，但它們絕非真正的戒律和行為控制。我們真正排斥的，其實是如「十誡」所示的道德規範傳統。在這些教法中，有些人「自以為感受到」專制獨斷，引發了現代人對權威所產生的典型反抗態度，那些曾有過不好經驗的人尤其如此，這些人身處的傳統，有著基於專斷的禁制令及動不動就以懲罰為手段的道德觀。由於有這種歷史背景，大家似乎對戒律就特別「敏感」。不過，在任何通往解脫的道路上，戒律、道德的重要性根本不可能予以高估。

　　只不過，修行的道德層面往往被忽視，甚至那些把瑜伽當作精神修行的人也不例外，或許這是因為很多人誤把「更高層的」三摩地經驗等同於真正「深層的」轉化。我曾聽喬治・福爾斯坦說過：「我們希望爬到屋頂（三摩地，甚或全然解脫），可是卻不想花時間打造梯子來使用，更不願意把地面整平好架設梯子！」他說「把地面整平」——也就是紮下基礎——占了精神修行的百分之八十，這比例一直到全然覺悟為止都是如此。當智慧生起，一切自發的行為都會自動變得「正確」。

　　深植於行為控制和戒律的戒的修行，讓我們自身及行為與「事物的原貌」

正念瑜伽

協調一致。「先行法（Dharma），後解脫」是值得謹記於心的絕佳座右銘。正業和正精進是修行的「功課」。運用教法就是修行，而修行必須伴隨著「離欲」（vairagya）——亦即平靜心、平等心和放下的修行，以維持平衡。如果修行未以離欲爲輔，我們就會冒著強化獨立存在之自我（或自我意識）的假象，而非打破這假象，而後者才是瑜伽的終極目標。

在正念瑜伽中，「道」的道德或倫理核心，包含了正語、正業和正命，合起來爲shila（戒），這個字常譯成「性情」或「行爲」。在修行的層面，另一個用到的字眼是shiksa，有「訓練」的引申義。「道」要求我們培養出正確或適合的精進力，以便發展出強烈的正念或專注力，兩者構成三摩地的心靈或修習層次。透過修行所得到的洞見顯現在正見或正確的了解，以及對智慧的正思惟。當然，當我們探究「道」的這三層分支時，就不難發現，這只不過是企圖在心理上分門別類罷了——或許是爲了更好記憶，讓教法更有條理——但真正的修行並非如此。「道」的不同分支或分類並不是修行過程的階段或步驟，它們是構成「法」之道的本體。這看似和上面道德教法是基礎的說法相矛盾，也就是上面的「先行法，後解脫」這句話，但實際上並無矛盾。

深植於五大外在行爲控制和五戒中的戒律，若非出於深刻理解（智慧）和定（三摩地）的果，那麼頂多是很膚淺而已。只有透過正念、精進和定，在生活中研習並持戒，才能培養出深刻且廣博的洞見（智慧）。那些已經達成某種層面或程度的智慧和洞察力的人，都能在行爲（shila的原意）中體現他們的理解力。

我們雖然知道要用道德教法爲修行打下紮實的基礎，但同時也要明白，等我們得到智慧後，並不是就可以隨意把「戒律的修行」拋諸腦後。達賴喇嘛曾說：「如果一位老師教導學生，覺悟者可超越戒律的範圍而生活，他的行爲並未受到戒律所『規範』，那麼這位老師的修行就不正確，因爲覺悟者的生活正是體現出合乎戒律的生活。」這些訓練並非只是前導的修行，也不是對修行目標的描述，而是修行法不可或缺的一部分。

人們聽到行爲控制和戒律之所以會有負面反應，是因爲他們把道德當成限制行爲的僵化法則。若我們習慣性的思考模式是，想要「去做」某些事的自由，而非「不去做」某些事的自由，受限時自然會想抗拒。我們一直被灌輸的

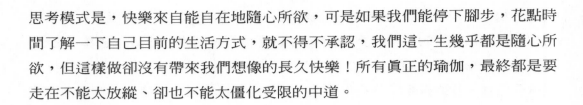

思考模式是，快樂來自能自在地隨心所欲，可是如果我們能停下腳步，花點時間了解一下自己目前的生活方式，就不得不承認，我們這一生幾乎都是隨心所欲，但這樣做卻沒有帶來我們想像的長久快樂！所有真正的瑜伽，最終都是要走在不能太放縱、卻也不能太僵化受限的中道。

正念五學處

我們這些受到一行禪師所啟發的人，會修行他所稱呼的五種正念訓練。每個戒律都不是以戒律所設限的行為開始，而是肇始於想培養某些正面特質的決心。

❖ 正念第一學處

由於體認到殘害生命所帶來的煩惱與痛苦，我發願長養慈悲心，並且學習各種方法來保護人類、動物、礦物與植物。在生活中，我絕不起殺生的念頭，也絕不殺生，不讓別人殺生，更不附和世界上任何殺生的行為。

❖ 正念第二學處

由於體認到剝削、偷盜、壓迫與社會的不公正所帶來的種種痛苦，我發願長養慈悲心，學習各種可能的方式，以謀求人類、動物、植物與礦物的福祉。

我發願修行布施法門，將時間、精力與財產奉獻給需要我的眾生。

我下定決心絕不偷盜，絕不占有應該屬於別人的東西。

我尊重別人的財產，不過，也將阻止任何為了個人私利，而將痛苦建築在別人身上，或加諸於地球其他物種的自私行為。

❖ 正念第三學處

由於體認到不正當的性行為所帶來的煩惱與痛苦，我發願培養責任心，學習各種方法來保護個人、配偶、家人、社會的安全與尊嚴。

我下定決心永不從事任何非出於愛與承諾的性行為，為了自己與他人

的幸福，我決心要尊重自己所許下的承諾，並且尊重別人的承諾。

我會盡自己最大的努力，保護孩童免於性侵害，並且防止配偶與家庭因不當的性行為而破裂。

❖ 正念第四學處

由於體認到煩惱與痛苦往往來自於缺乏正念的言談，以及未能傾聽別人的心聲，所以我發願要學習愛語與聆聽，並希望能因而帶給別人歡喜，解除他們心靈的痛苦。

我知道言語可以帶來快樂，也能製造痛苦，所以發願要學習如何誠實地說話，並希望我說的話，可以激發別人的信心、喜悅與希望。

我絕不散播不確定的消息，也不譴責不確定的事。為了避免可能造成的分歧與紛爭，或家庭、團體的破裂，我會重新調整自己的言語。

❖ 正念第五學處

我充分體認到，缺乏正念的消費行為與飲食習慣，會帶給我們許多煩惱與痛苦。所以我發願，為了保持身心健康，也為了自己、家人與社會，我要練習念念分明地飲食與消費。

我發願只吸收那些有助於身心祥和、幸福與快樂的事物。同時，這些事物也能造福我的家人與社會。

我下定決心絕不喝酒，也不接觸任何有毒的事物，例如不健康的電視節目、雜誌、書籍、影片與對話等等。我知道當這些物質傷害到身心時，我也愧對祖先、父母、社會與下一代。

為了自己與社會，我會努力養成適當的飲食習慣，轉化心中與社會所潛藏的暴力、恐懼與困惑，因為我已經明白適當的飲食習慣，對自己與社會的轉化有多麼重要。

這五種訓練體現出讓我們身心自在安頓的生活方式，不論就個別的學處，或是全部五種學處而言，都是如此。我們實踐戒律的原因，並非因為我們被告知必須這麼做，而是因為我們已經試過其他方法卻沒有效。我們可以明白，在

生活中實踐這些學處和行為規範的確有助於平靜、開放我們的心。我們不傷害自己和他人的原因，並不是因為犯下傷害的行為就會受懲罰，或是因為有人告訴我們那是錯誤的行為。我們不刻意犯下傷害的行為，是因為我們很清楚，如果做了，就一定會變得很激動——無論是出於自覺或不自覺。此外，身為致力於提升心和洞察力的修行者，盡全力去做有助於平靜自心的行為，對修行相當有益。若心之海動盪不定，就不可能覺察得很深入。

在生活中實踐戒律，其實是在訓練正念。戒律對我們來說，據稱就像是數千年一直服務著水手的北極星一樣重要，戒律能引導我們，在我們的生命旅程中指引方向——不過，光是追隨北極星，無法讓我們真正抵達目的地。戒律和行為規範只是地圖，而非我們行經的領域，每時每刻、一呼一吸間的生命經驗，才是我們的領域。

我們愈是持戒嚴謹，愈會發現戒律解脫的力量有多大。修行「法」的目的，是達到覺醒、解脫、自在。戒律讓我們能對實相覺醒，並選擇以最豐富、最有創造力的方式來回應生命。相反的方式則是毫無正念地做出反應，受自身的感情、感受、認知和心行（mental formation）⑧所制約。諷刺的是，我們居然把這種回應方式稱為自發的行動！事實上，如果我們一直不知道自己所回應的事物究竟為何，能自發行動的可能性微乎其微！

我個人持戒的經驗

我正式歸一行禪師受戒後不久，去一家英國餐廳用餐，店裡有供應「素食點心」。不過，我才吃了第一口，嚐到點心外皮有奶油的滋味，心裡馬上想到製作奶油的來源就是牛奶。我從很早以前就知道，商業化的乳品工業應為虐待動物負起責任，不過，一直到那時我才發自內心地深入思索這問題。我彷彿實地感受到奶油製作過程所引發的苦。我能覺察到，自己也牽連在全球無數生靈所受的難以形容的苦。

在當時，我仍偶爾會吃魚肉和畜禽肉類。但打從那時起，我就變成全素食者。我當然很早就聽說過素食的好處，像是對健康的好處、對環境有益，以及倫理上的考量。我甚至也同意素食的一些理由相當有價值。不過，持戒所引發的正念，才使我感受到消費動物產品也牽涉到苦，這時繼續吃肉變得比不吃肉還更令我痛苦。我不認為當個素食者有何特殊美德，大部分瑜伽學派都鼓勵吃素——我稍後會再闡述此點——我目前只想強調一點，那就是受了戒的人，不論正式或非正式地受戒，最終都應該尊重自己的修行，依據自己的洞察力、良心和信仰不斷精進。如果我當時任由自己因為堅持素食主義而變得自以為是，就真的是違背自己的修行。

最後，有關我自己受戒和持戒的經驗，我希望指出，我了解到戒律之間相互依存的關係。僅嚴持一種戒，就等於同時持所有戒。雖然修行者可以自行選擇想持的戒，但我發現，根本不可能排除自己沒選到的戒。

比方說，如果一個人受了第一條戒，可能以為避免殺生和保護其他生命相當容易辦到。可是正如我的經驗一樣，我們後來可能會發現，要嚴持這條戒律實在不太可能，因為燒開水也會殺生，我們所吃的蔬菜原本也有生命。我們雖然不是親手把蔬菜從土裡拔起來的人，卻仍舊脫不了干係。對大多數人來說，殺生的限度似乎就到此為止了。果真是如此嗎？一旦我們把持戒融入修行中（而不是只當成某種理想），就不難發現，也有可能透過卑鄙、惡毒的言語（第四條戒）殺害別人的心靈，還有可能透過不正確的飲食而殺害部分自身（第五條戒）。我們也可能透過不負責任的性行為來進行殺害毀滅的行為，此話一點

不假，而且不只是比喻而已，而是真正如此。的確，如果我們仔細研究其中一條戒律，就會發現其他四條的精神也融入其中。

　　所發的願是表明自己意願的陳述。意願會引發行為或業。發願的能量使我們能在修行的路上精進不退。你可以發願餵飽一個人，也可以發願餵飽一萬人，或許你沒有能力真的餵飽一萬人，但發願的意圖會提供我們繼續嘗試的能量。我就是用同樣的態度，發願依循五項正念學處來修行和生活。生命中的每一天，這修行都帶給我力量，使我盡己所能地過著光榮、梵行清淨的生活。戒律的作用好比敲響正念的警鐘，不時喚醒我，使我不至於在時而忙碌且困擾重重的生活中，陷入令人分心的事物。戒律拯救了我，使我不至於陷入無知、失念和無正念的束縛。我至今仍覺得，受五戒是此生中給自己的最大禮物。

正攝食

佛陀所開示的第一條戒律（ahimsa，不傷害）傳統上往往用「不殺生」或「救生」來表示，第五條戒則是「不飲酒或麻醉劑」或「避免使用酒或麻醉劑蒙蔽心」。由於戒律被視為指引方針，而非禁制令，如何持戒便形成各種不同的說法。

有些學派、老師或修行者把第一條戒解釋成應堅持吃素。有些人則表示，只要進食時能保持正念，食用動物肉類並無不可。有些人則說，適可而止地食用動物是符合中道的攝食法，反之則為苦行。

在非佛教的瑜伽傳統中，對吃素的偏好則較少歧見。事實上，以素食較受推崇，不過，有些密教修持者以吃肉為一項宗教儀式。廣義的瑜伽傳統對飲食有較多考慮及考量。例如，〈薄伽梵歌〉以極大篇幅討論各種飲食的性質。在這一部及大部分瑜伽典籍中，將食物區分為三種屬性（gunas，德）：悅性（sattva，純性，薩埵）、變性（rajas，活性，羅闍）和惰性（tamas，答摩）。

從屬性的上下脈絡來看，悅性指寂靜、平衡、清明與和諧的狀態。悅性可以比喻為，在無風的日子裡，水面清澈、能完全映照出影像、不會有漣漪或波浪的干擾。變性是活動或激動的狀態，同樣可以拿水打比方，但要改成多風的日子，因此水表吹起波瀾和漣漪，反映出的影像極為扭曲。而惰性則是呆滯、遲鈍、沈重的狀態。可以想像這水如今停滯了，表面堆積了一層浮渣和藻類，濃濁地幾乎無法反映出影像。然後，可以想像我們的心就像是這水，一切真正的瑜伽修行都是用來培養更寂靜、平靜、清明和真正能覺照反省的心，而非呈現變性、忙碌、扭曲的心的狀態，也非像惰性、遲鈍、沈重的心的狀態。

傳統的瑜伽教法是，既然發現食物有這些性質，因此要過瑜伽的生活方式就意味著要慎選食物（及一切修行法門），要選擇導向悅性的食物。瑜伽教法教導修行者，食物應有助於培養寂默的心，不應含毒素以免導致身體僵硬，消化吸收時，不應耗費過多精力。

悅性食物應很天然，最理想的是有機食物，此外也不應過度處理、不過份精緻、不添加過多香料。悅性食物包括了全穀類、豆類、新鮮核果和種子、新鮮蔬菜，以及比較好消化的牛奶和奶類製品，如印度料理常用到的柔軟、不加

鹽的帕尼爾起司（paneer）。這些食物都沒有添加著色劑或化學物。如果悅性食物在烹煮時添加很多香料，或是味道過酸、辣或鹹，就會轉為變性食物，反而會使身心焦躁不安。其他變性食物還包括剛宰殺不久的動物肉。一切收藏過久、不新鮮、過度烹煮的食物，或任何「剩餘的食物」，都被視為惰性食物，這包括了宰殺超過一兩天的動物肉。

除了食物本身的性質之外，瑜伽傳統也強調，進食的氣氛應愉悅、安靜、寂靜且通風良好。此外，食物應充分咀嚼，以幫助消化吸收營養素。緩緩進食和食量適中則重要到有這樣的說法：吃得太飽還不如不吃。飲水必須純淨、室溫（絕不能冰鎮），只能在進食前後飲用，避免在進食之際喝飲。

在佛教瑜伽傳統中，有些人認為肉食是合宜的，因為經典顯示佛陀本身就是個肉食者。有一種廣泛的說法，佛陀是因為吃了腐敗的豬肉而過世。如今大多數學者相信，那個轉譯為「豬肉」的詞語實則是個所有受格，應當作為「豬所喜愛的食物」或「豬的喜悅」，也就是說，那是一種蕈或松露，是豬極為喜好的食物。

還有許多人受到告知：佛陀說肉食是可以接受的，只要那動物不是因你而受宰。這是善辯的花言巧語！佛陀認可各種情況下的肉食，除非你懷疑那動物是因你而受宰？果真佛陀這麼陳述，不就意指除了宰殺動物的肉食供應者，即獵人、屠夫、漁夫之外，任何人都可以自由自在地吃肉？不殺生教法的表面瑕疵，不僅使得引發他人殺生者得受譴責，也含蓄暗示屠宰是佛陀所允許的；然而，巴利法規卻明確表述：屠宰是佛陀禁止的行業。

大乘佛教有些法師和弟子辯稱植物是有知覺的生命體，因此當個素食者不再是具有同情心或有德行的，而且還植基於有分別心的錯誤階級制度。我能說的就是，正念第一學處的確是鼓舞我們培養對各種生命的尊崇。沒錯，植物是有生命的！我必須進一步承認，當我煮水泡茶時，我真的覺知自己正在摧毀水中的無數生命。這麼說是因為植物也是活生生的，然而這對於是否當個素食者並無多大意義（所以我們可以轉頭去享受漢堡的滋味），充其量不過是一場全然愚昧的辯論罷了。

最後，關於素食主義的辯論，我們生活在西方社會也不能無視於可怕殘酷的工廠動物「食品」製造。這些動物生活的環境以及受屠宰的方式，讓牠們生

活在害怕痛苦之中。當我們吃了這些肉製品，也會全然纏陷在牠們的痛苦之中，置身在牠們惶恐的狀態裡。

第五戒律也同樣引發論述，有些法師和學派將這點詮釋爲完全禁酒和轉變心性的毒品，還有些則主張有條件的攝取，只要不變成酒鬼或心神恍惚。

第五戒律也可延伸至精神狀態的迷離，如同一行禪師在其第五學處所明確提及的。我們可以耽溺於電視、電影、書籍、電動遊戲、對談等，我們也可以藉由佛法經典區隔自己。重點是，我們應該避免任何會自我銷磨的事物，而這些事物可是時時刻刻生起的。

值得注意的是，第五戒律並未告知何種書籍、電影或食品對我們的身體或良知是有毒害的。我們要練習覺知力，好知道各類媒介對我們的影響，然後去挑選何者會提升心智的澄澈和諧，遠離使我們身心變得遲滯愚昧的。此時，我們得撿選那些悅性多於變性和惰性的媒介。

第二部

培養正念
憶念當下

第4章 什麼是正念？

培養正念及保持正念在佛教修行居極重要的地位，因此佛陀不但將正念列為八正道的倒數第二支，同時也在七覺支中居首位。我們稍後將會闡述此點。

梵文的 smriti（巴利文 sati）最常譯為「正念」，字面的意義是「憶念」（remembering）。我很喜歡向我的學生指出，「憶念」的另一個意涵和瑜伽同義，那就是「重新拼湊」（re-member）或「重新收集」（re-collect），意指把我們經驗中所有（看似）不相干的片段全都重新組成統合的整體。

當我們憶念時，會注意正在發生的狀況。正念永遠是在各種關係的背景脈絡之中生起——包括我們自身、和他人或他物。它並非如同我們所使用的某種技巧或利器，而是我們可以照顧和培養的天生固有的力量或能力。例如，當我們在街上看到朋友時，我們會認出她。我們無須刻意利用辨識能力才能「知道」看到的人就是她，辨認的行為是在當下的情境自然而然地生起。佛陀教導我們，我們的呼吸、姿勢、動作、感受、念頭和周遭所發生的現象，全都是這關係網絡的組成要素，我們就在這個網絡中培養正念，希望正念會自動自發地生起。透過修行，正念將會無時無刻、無所不在地存在。

佛陀在《入出息念經》和《念處經》這兩部早期經典，提供禪定的指導。在南傳佛教（上座部）傳統，這兩部經典被視為有關禪修的最重要經典。雖然在北傳佛教（大乘）傳統，這些典籍並不太為人熟知，但我希望這個情況日後可以逐漸改善。如一行禪師所寫：「如果我們了解這兩部經典的精粹，就會對

正念
瑜伽

大乘佛教的經典有更深刻的洞見及更寬廣的了解，這好比我們看過一棵樹的樹根和樹幹後，就能更深入地欣賞其樹葉和樹枝一樣。」該是讓這些教法回歸禪修傳統適當地位的時候了。我第一次經人引介去閱讀這些經典，就明顯看出它們對體位法的非凡價值，這些經典把體位法這種生理修習，從禪修的準備工夫提升爲眞實而深刻的禪修本身。

當下就是一切

「正念」的同義詞包括「覺知」和「作意」①。爲數可觀的書籍都曾以正念、覺知或「全然的注意」爲主題，其中部分把正念的義涵變得比其眞正意義還要複雜許多。事實上，你早已知道正念究竟爲何；問題是，你可能不相信自己眞的知道，或不相信它眞有這麼簡單！我當年還在宗教學院求學時，曾針對正念修行的基本佛教教法提出報告。我還記得，報告完後，有位同學跑來問我，「把事實告訴我，不可能那麼簡單，對不對？你們這些佛教徒故意隱瞞了些什麼？」

諷刺的是，困難之處在於，它的確「正是」如此簡單。不過，由於我們往往很渴望精神生活能有令人興奮、特殊的體驗，加上我們往往分辨不出何者爲簡單、何者才是容易，這使整個情況變得複雜起來──但那是我們自己（尤其是我們的心）把問題變複雜的。

據說，古代有一位學生問大禪師義處（Ichu）：「請幫我寫一些有大智慧的話語。」義處大師拿起毛筆，寫下「作意」。這名學生明顯失望了，又問：「難道才這樣而已嗎？」義處又寫下「作意，作意。」現在學生感到很困惑，甚至有點惱怒：「在我看來，既無深度，也不深奧。」爲了回應他，義處又寫道：「作意，作意，作意。」最後，失望的學生再問：「那『作意』這個詞究竟是什麼意思？」義處大師回答：「作意的意思就是作意。」

這就是爲何有人說作意並非技巧，也不是要達成的目標。你早已擁有正念的能力，而且經常修習它，只不過方式不同而已。根據佛教「心理層面的」教法──阿毗達磨（abhidharma）②所言，作意（manaskara）心所是普世存在的，意思是指我們永遠都把注意力放到「某件事物」上。不過，我們的作意可

能是「如理的」（yoniso）③，例如當我們全心全意，且「全然」作意於當下時；但它也有可能是「不如理的」（ayoniso），例如當我們作意在那些會使自己脫離全然專注於此時此地的事物時。

　　爲什麼教法要強調全然覺知當下的狀況呢？因爲「當下就是一切」！正如有神論者可能會說：「上帝存在於細節中。」或是如太山前泉禪師（Taizan Maezumi）④所說：「細節就是一切。」如果連當下都抓不住，就失去一切了。我們與生命相約⑤，時間永遠都定在當下。如果沒有把握住當下，就會錯失生命。這難道不是我們多數時候的感覺嗎？你不可能活在過去，往者已逝，你也不可能活在未來，未來還沒到。如果不把注意力放在此時此刻，你就會被當下消滅，失去生命，就在此時此地。

　　佛陀在《賢善一夜經》（*Bhaddekaratta Sutta*）⑥曾開示：

勿追尋過去，
勿迷失在未來；
過去已不復在，
未來尚未來臨。
仔細深觀生命的原貌
就在此時此地，
行者安住在
穩定與自在之中。
我們必須勤於今日。
等待明日就會太遲。
死亡出乎意料地來臨。
我們如何與之協議？
聖者稱呼知曉
如何安住在正念，
夜以繼日不停息的人
爲「知道獨善其身過活者」。

所謂「賢善一夜」的人，並非指在林間離群索居的僧侶，而是住在社會中卻不迷失於自我中心的念頭、欲望、投射和價值判斷的人。也請注意此處的穩定與自在等特質，令人聯想起帕坦伽利對體位法的定義也是穩定與自在。

正念——體現出「全然注意」的心質——就是觀察事物的原貌，不加以揀選，不比較、不評斷、不評價，也不把內心的投射或期望蓋住或添加在當下所發生的狀況。正念就是看到「原貌」的能力。有個用來形容這種心質的比喻，就是想像「覺知像天空」一樣。所有的念頭、感受和感覺——其實就是我們一切的經驗，包括身、心兩個層面——全都像是飄過天空的雲朵一樣。我們傾向於認同那些念頭、投射、貪與瞋的雲，卻忽略了天空。我們的修行是要培養「浩瀚如天空的心念」，任由一切變換不定的現象飄越過覺知，卻不至於被它們摧毀或糾纏。

修習（Bhavana，禪修或增長）就是去培養這種內在的心質，使成堅強、定靜、輕安、無所偏好、毫不干涉的覺知。所有用來教授禪定的技巧和練習，其實都是能協助增長這種無所不含、開放、廣闊之心的技巧。禪定的「狀態」並非刻意「做」出來的狀態，而是你所「處於」的狀態。起初，這種「簡單的」修行似乎很難辦到。我們不禁發現，似乎必須不斷提醒自己去記得才行！這並不容易，但時間久了之後，就會自然而然、毫不費力地逐漸培養出來了。

在剛開始需要花費極大的努力，而且我們的覺知會有諸多疏漏之處。等到最後，就像想要使技術精練純熟的情況一樣，好比學習樂器總會到達某個點，「是我在正念」的意識消失了，只剩下正念本身。正如鋼琴大師知道自己和彈琴的行為是不可分的——因為練琴和彈琴已合而為一，他的手指毫不費力、自在地彈奏著——我們也是如此，培養正念後，我們會開始更簡單、自在和自然地過生活，因為一切行為都源自於這毫不費力、廣闊的覺知。

修行就是「停止」和「觀看」

傳統上，佛教的禪修或修習據稱涵蓋兩個層面，備受強調並使佛教禪修獨立於其他形式禪修的，則是第二個層面。這兩大組成元素是「止」和「觀」。由於後者最常被強調，佛教禪修也就常被西方世界視為「觀」——洞察力或正

念禪修。不過，即使是禪宗的修行也包含了這兩個心理修習層次，雖然並未真正使用到這辭彙（但越南的傳統例外）。

Shamatha（止，巴利文samatha）字意是「安住於寧靜」，有時也被當做是「定」的同義詞，因為「定」或「心一境性」會導向寧靜、平靜及自在。一行禪師常把「止」解釋為「停止」，他提過有關一名男子與馬的故事：「馬快速奔馳著，看來好像騎馬的男子要去重要的地方。站在路旁的一名男子大喊：『你要去哪裡？』騎馬的男子回答說：『我不知道！問馬吧！』」這當然是在描述「我們的」情況，不斷「忙來忙去」的，我們的習慣性能量會帶著我們去體驗一次又一次的經驗。因此，我們的第一個修行就是學習如何停下來！為了能看得更清楚，我們必須先停下腳步，平靜自己的心──止住習慣性能量，停止失念，並停止不斷東奔西跑。

Vipashyana（觀，巴利文vipassana）最常譯成「獨特的洞察力」，或「清楚見到」萬物的真實本性。「觀」據稱是能導向覺醒、自在或解脫的洞察力。由此可見，佛陀的瑜伽之道的最後兩支：正念和正定，就是佛教禪修所意欲培養的兩大層面。我們甚至可以說，修行就是「停止」和「觀看」。

在修行中，禪修旨在培養這兩大性質，不過，視其強調正定或正念的不同，繼之而來的最終結果也有真正的差異。當我們禪修時，正念單純只覺察到將專注的對象，而正定則是把注意力穩定地放在選定的禪修對象上；正念也會注意到，定力和注意力何時動搖、渙散。

定具有排他性，會排除一切非它所注意的對象，只鎖定在禪修的對象上，無論那是咒語、視覺影像或呼吸。它的性質宛如強力集中的雷射光，這就是為何它會被稱為「心一境性」的原因。營造出不易受干擾的禪修環境，對於發展真正的深定會很有助益。深定的心理狀態就是瑜伽典籍所描述的「禪那」或「三摩地」（印度教和佛教瑜伽典籍皆有）。

不過，正如佛陀所見到的，這些高度專注的狀態若只為離苦，而非為了實踐發自內心真正觀慧的全然解脫，那麼這些狀態就有可能問題重重。雖然它們的確是極樂的狀態，卻仍是因緣和合而生的、無常的。如果我們執著，它們就會成為苦的來源。佛陀曾描述，他早年修行時，從深定出定後，一體驗到感官接觸，貪、瞋、痴的種子又再度開花。我們當然可以利用這些定境來好好休

息、平靜一下。但如此做的眞正原因，應是希望身心恢復後又能面對我們的苦、觀察它，並培養出解脫所需的深度的觀和慧。

正念具有包容性，不排除任何事物，它是毫無揀選、全然的作意。當你修習正定時，窗外突然響起汽車防盜警鈴聲，通常你會試著隔開聲音，重新回到禪修的對象。但如果是全然作意於修習正念，汽車防盜警鈴響起後，你僅會注意到這聲音——並不忘注意自己是否生起絲毫撌怒或煩心。正念觀察的是變化本身：汽車防盜警鈴音調的變化、聲音暫歇的寂靜，以及任何生起的相關念頭。

若說正定如雷射光，正念就如探照燈，會照亮任何見到之物。在兩者中，正念是較難培養的特質，因爲它既不起反應，也不做評斷。不論生起的是什麼，都僅只見到它並接受它，不妄加解釋、評估、評斷或排斥。正念是「不侵犯」的終極修行，它要求我們不要排斥生活經驗的任何層面——甚至包括那些情願忽視或否認的粗俗、難聞或令人厭惡的東西。正念要求我們如實接受自己的原貌、不要試圖改變、辯護或合理化，只要去看見——但不要沈溺在罪惡感中。對很多人來說，這可能很難辦到。但隨著我們繼續不斷地修習，將培養出佛教的兩大柱石——慈悲和智慧。

如上所述，禪修會同時運用正定和正念。若是定太強，你可能看似平靜、安寧，可是卻成了毫無感情的木頭人。相反地，若是缺少定所帶來的平靜與專注，過多的覺知也可能導致過於情緒化，類似那些苦於對周遭環境極度敏感的人，結果可能使人力不從心，疲累不堪。在禪修領域，這類高度敏感的特質，將無法引發極透徹的洞察力。

在所有佛教傳統中，當我們開始禪修時，往往先學到「止」，以培養定，使心平靜。許多初學者常感覺自己開始禪修後，卻「變得更糟」了，因爲每回一開始專注在老師建議的任何對象（最常見的是呼吸），他們就會發現，自己的心變得很活躍、浮動不定。

在佛教教法和《瑜伽奧義書》中，心會躁動不已的傾向稱爲「心猿」（monkey mind），頭一次眞正見到自己的心猿，可能令人倉皇失措。不過，如實見到心猿的原貌，可視爲修行的第一個果。

假若我們企圖單獨修習正念，卻不先培養某種程度的定力，那麼在你想看見所生起的究竟爲何的同時，一定免不了會陷入種種念頭中。例如，如果你突

然發現一股怒氣生起，卻缺乏定力做爲正念的基礎，很可能會開始思索自己究竟在氣「什麼」、生「誰」的氣，實際上反而會滋長怒氣，而非純粹只是見到、感受到怒氣，卻不陷入怒氣中、認同它，進而沈溺在其中無法自拔。一旦發展出某種程度的定力，就能轉而強調作意和正念。正念的果，能導向深刻地洞察實相，這就是與解脫同義的「心解脫」（ceto-vimutti）⑦。

菩 提 智 慧

汽車防盜警鈴之「法」

當時是為期八週的正念禪修班在傍晚進行最後一堂課，我才剛敲完鐘，開始禪坐。鐘聲還迴盪在空中，禪坐教室外就傳來汽車防盜警鈴聲。由於汽車防盜警鈴聲在布魯克林算是稀鬆平常的事，所以我只是觀察到這聲響，仍專注在呼吸上。

幾分鐘後，我心裡開始擔心學生的狀況，便開始心想：「這可好了！明明是最後一堂課，卻偏偏發生『這種事』。」時間一分一秒地過去，我的思緒變得愈來愈煩躁不安，擔心學生會得到很失望的經驗，可能產生挫折感。我們在課堂上從未禪坐超過二十分鐘，如今，就在課程的最後一天，我們終於要禪坐三十五分鐘，可是外頭的汽車防盜警鈴卻響個不停。

然後，突然間，我了解到自己在做什麼，原來我在心中已想像出各式各樣的場景，一直擔心學生的體驗如何。我並未把注意力放在此時此刻所發生的狀況，反而陷入困境。因此，我停止思緒，坐完剩下的二十分鐘，而且聽見汽車防盜警鈴聲的音調隨著電池快沒電而忽大忽小，這聲響並不連續，音調和音量不斷變化著。當我在觀察時，心也愈來愈平靜，全身感覺一片輕安。

距離禪坐結束還有三分鐘，那輛車的電池終於沒電，防盜警鈴聲霎時停止。一片死寂，隨著這聲響的停止，整個宇宙彷彿籠罩在靜止之中。心似乎開始翱翔、全然開放、接納，無物也無相。

我敲了鐘，表示禪坐結束，從學生處又學到一些事物。所有人都有類似的經驗。當防盜警鈴乍響，他們感覺有點惱火、煩躁。隨著聲響持續著，有些人開始體驗到真實的怒氣，開始想像各式各樣的情節：車主既可怕又可惡，而且行為偏差。他們開始編出整套故事，怪罪那個毫不顧慮他人的男子（值得玩味的是，他們全都假定車主是「男人」）。也有學生沈迷於自己的惱怒無法自拔，瞋心為自己的經驗火上加油，直到使自己受害、受苦，充滿無力感。

之後，大家分別在禪坐的一個時間點，赫然明白自己的所作所為，才開始把整件事情放下。他們表示，他們想起：「正念無須任何條件。我們只要對生起之物保持正念即可。」因此他們開始聽見那聲響，而不加以回應，他們也發現，那聲音並非存在於身外。他們也聽到了我所聽到的聲音，而且也和我一樣感覺輕安，就像一

名學生所說的,在「聲音與憤怒」①之間,感受到平靜和極度自在。他們嚐到了自在解脫的滋味,從自己的反應和制約中解脫了。他們大多對自己的發現感到驚訝,他們全都是初學者,原本以為一分神就是自己的錯。不只一位學生表示,他們從前絕不會相信自己居然能如此的沈靜和包容。事實上,這整個經驗似乎證實我在整個課程不斷提到的事實——放下我們受制約的反應、隨處自在,的確有可能辦到——居然有好幾個學生還半信半疑地以為是我在暗中佈局,刻意安排這次體驗的。

在此,我想追加說明,有些瑜伽士培養出深的定境,甚至不會聽到汽車防盜警鈴聲。他們的覺知極為專注、收斂,汽車防盜警鈴聲對他們來說根本就不存在。這種定境雖然令人印象深刻,不過瑜伽士一從座位起身定境就會終止。這種狹窄的覺知根本無法運用在日常生活,也無法幫助我們學習到如何在當下得到自在——伴隨著汽車防盜警鈴聲、吵雜的卡車聲、車水馬龍、稅務、帳單,以及各類事物。

第5章 開始正念禪修

有很多學生告訴我，他們已試過禪修，可是卻「無效」，或他們「實在辦不到」。當然，真正的問題在於他們對禪修有所誤解，而非他們本身真有什麼問題。

有很多學生只是不知道其實有許多禪修的方式，而這些方式背後都有眾多哲學與宗教的傳統，卻沒有人告訴過他們，更糟的是，有人告訴他們，他們當時接觸到的某種傳統或學派才是其中最優秀的，或唯一真實的教法。

由於很多禪學老師和作者都未指出這點，才會引發這種混亂的情況。原本專門針對特定傳統或學派所講述的言論，便被誤以為是泛指禪修的概括性說法。當學生又從某學派或傳統的代表性人物口中聽到不同的說法，又是出於以偏概全的口氣，於是備感困惑。然後，當他們再從不同傳統的代表人物口中聽到諸多類似言論，而這些人又都自稱所屬的特定修行法最為特殊、獨一無二時，學生們又更加困惑了。

某個學派可能主張在觀呼吸時要把注意力放在鼻孔，另一個學派可能是把注意力放在腹部或肚臍下方。有些學派主張應從數息下手，有些學派則強調應該「注意」自己的經驗，或加以「歸類」。還有些學派則表示，「絕對不要」數數字或命名。有些傳統強調誦咒，有些對此卻避而不談。

我不是在推銷特定的傳統或學派，而是想把焦點放在正念上——沒有任何傳統能聲稱擁有「正念」的專利。我曾修習日本、越南和韓國的禪宗傳統，也曾向中國禪師學習坐禪。我還曾修習葛印卡所倡導的內觀傳統，也接受過內觀

禪修中心（Insight Meditation Society）多位教師的教導。此外，雖然我本身並未正式修行過藏傳佛教，但仍從多位藏傳佛學老師處學到了寶貴的知識。我對所有教導我、指導我修行的師長皆心存感恩，但「法」的精髓本為一味，我希望能傳達出這一味，儘量明確地遠離派系立場。

佛陀教導我們，我們可以，也應該在行、住、坐、臥中修習正念。他還進一步開示，不論在「伸展四肢」或「彎身」之際，我們都應全然覺知，因此，修行哈達瑜伽體位法顯然可以正念禪修。不過，如果你還沒有禪坐的基礎，做三角式或戰士式等姿勢（詳見〈第三部〉），可能就比較難維持堅固、穩定和自在的覺察力。為了幫助沒有坐禪基礎的人，我提供以下的基礎指導。

坐禪

在佛教界，不難聽到有所謂「正規的修行」，以別於所謂「非正規的修行」。正規的修行，就是挪出一定的時間真正地去禪坐，可能還使用一些方法，例如誦咒、禮拜、鳴鐘、燃燭或獻供等。不過，正規修行的真正核心僅為靜坐，並決心每天進行，按時靜坐，持之以恆。我們靜坐的目的，是為了要培養正念的特質，以便全天都能保持覺知。或許可以說，「非正規的修行」就是指靜坐以外的餘生！

❖ 我該在何處靜坐

第一要務，是先要找到家裡最佳的靜坐地點，必須相當安靜，不會受他人所打擾。如果家裡有一行禪師所稱的「呼吸室」①，就太好了。但大部分人不太可能擁有專門用來禪修的房間，因此就算只是借用臥室的小角落來禪坐，也滿不錯的。我有個學生住在紐約市東村（East Village）一處極狹小的工作室，她就在床和梳妝台中間靜坐。她會從床下取出一個鞋盒，裡頭放了小蠟燭、檀香、香爐，還有一塊布，好蓋在鞋盒上充當香案。蠟燭和檀香有助於營造一個溫暖而令人嚮往的環境，對她的禪修相當有益。

最重要的是，你創造出一個獨特的小天地，一個每天修行可以投入的空間。最後，你一想到修行就會聯想到那處空間，這感覺強烈到能促使你想更快

地回到那裡修行。不論你把這個方法看成是巴夫洛夫式（Pavlovian）②的古典制約性反應，或是真正製造充滿能量的或神聖的空間，都對你的修行有所裨益，可以讓你每天樂意回到同一個地方禪坐。

❖ 我該在何時靜坐

先實驗一下，看哪種方式最適合你，然後訂下時程，下定決心按照這個時程來靜坐──但要小心別過於僵化、太拘泥於形式。如果你發現自己不但不期待靜坐修行，反而把它當成是負擔，或是「另一件待完成的事項」，就一定有哪個環節出問題了。雖然禪修是深刻心理的、關於存在的、從經驗出發的修行，其間可能出現許多棘手的「情況」，但整體經驗仍不應感覺像是例行公事或苦差事。

根據我多年來指導很多人禪坐的經驗，我可以這樣說，大部分修行者都覺得清晨剛起床是禪修的最佳時機。在這段時間，心還相當平靜，還沒有陷入紛至沓來的日常瑣事中。我認為從睡眠轉換為日間活動的期間，最適合用來禪修。我會先做些身體的修行，使身子不至於僵硬，同時讓呼吸和循環先「進入狀況」，然後就開始靜坐。如果出於某種原因而有打斷每天例行靜坐的可能，我因為知道稍晚之後會很難再找到時間靜坐，因此仍會把靜坐列為第一優先。

在晚上靜坐的潛在好處是，那時我們已離開了忙碌的工作環境，可以放下白天積聚的瑣事、卸下心裡的重擔。在晚上靜坐，是滋養靈魂的最佳良方！不過，有很多人發現，如果把靜坐時間定得太接近就寢時間，可能必須很努力才能保持清醒。你不妨依照自己的情況來決定。剛開始，可以試著在白天不同時段靜坐，看看哪個時段最能讓你持之以恆，進入深度、放鬆的禪修。

剛開始應該每天靜坐一次。到最後，你可能會發現自己渴望每天靜坐不只一次。不過要記得，不要強迫自己，要讓這個習慣自然地培養、發展。操之過急反而可能因為耗盡太多時間，而使你想全盤放棄。若能適度地練習，你將不難發現，在壓力較大的日子裡自己還會自動想禪修得久一點。

傳說聖雄甘地曾有段軼事，當他被告知將和三位世界領袖會面時，他回答：「那我今天早上禪坐的時間最好是平日的兩倍。」

❖ 我該靜坐多久

　　靜坐並無神奇的公式。大多數初學者都是從二十到三十分鐘坐起，但對有些人來說，五或十分鐘就已經相當有難度了。最需要謹記在心的是，正念的修行並非自虐的修行。雖然身、心兩個層面的不適必定會產生，但真正的「身體疼痛」卻是不必要的。有些人喜歡刻意考驗自己的耐力，看看自己能不能「忍得住」。在我看來，這只是想自我膨脹，和慈悲與智慧幾乎沾不上邊。

　　若想設定靜坐的時間，可以根據相關的兩點來看。首先，找出自己感覺舒服的靜坐時間，然後再加個幾分鐘，五分鐘也行，好拉長靜坐的「舒適範圍」，這可以幫助你優雅地與不適共同邁入另一種不同的關係，但切忌揠苗助長。其次，試著訂下確切的最低靜坐時間，並嚴格遵守。如果有些日子實在無法辦到，仍然要試著靜坐一會兒，即使幾分鐘也好。重要的是，每天要按時去靜坐。此外，雖然我不大願意補充以下這段話，但我最早的禪坐老師曾告訴過我：「如果你有天無法禪修，就讓自己錯過好了。」換句話說，如果因故無法靜坐，也不要把這變成心理負擔整天掛念著，太過苛責自己而產生罪惡感。等隔天再「靜坐」即可。

　　「務必」避免「即興式」的靜坐——想靜坐多久就隨意地靜坐多久。你應在靜坐前就和自己約定好，等一下究竟要靜坐多久，這個時間可當成最低標準。如果願意的話，你大可靜坐更久的時間。如果你決定隨心所欲，想靜坐多久就坐多久，那會很容易變得煩躁不安，或感覺無聊，導致禪坐時間因而削減，這樣只會更強化你習慣性的反應：執著愉悅的經驗並起瞋心，而把自認不愉悅的一切全都推開不要。為了實驗一下，並增加自我了解，也可試著隨心所欲地靜坐，大概試一星期左右——但別經常這樣做。

　　想計算禪修時間，可以用碼表或手錶計時，或把手錶放在眼角餘光可瞄到的地方。小心不要淪為光是注意看時間、不斷計算還剩下多少時間，只要短暫地察看時間，然後就重回禪修。試著不要太常察看時間。

❖ 該如何靜坐？

　　關於禪修，最重要的或許是該養成一個很穩定又舒適的姿勢。〈附錄四〉

附有各種禪坐姿勢的詳盡指導。注意，所有坐姿背部都要保持挺直。我該提醒大家，所謂「挺直」的背其實也有自然曲線——下背部會往內彎，上背部往外拱，而脖子處則又往內彎。

　　為了保持背部的自然曲線，我建議，無論你是坐在地上或椅子上，都可以用墊子或枕頭，好柔和地使骨盆（臀部前方）微微前傾下沈。枕頭有助於把臀部墊得比膝蓋高，這是很重要的。肩膀必須完全放鬆，肩胛骨平貼在上背部，不要往前聳肩，這有助於保持心臟部位敞開，呼吸就能更順暢、飽滿。

　　頭頂往上伸展，彷彿要伸向天空一般。你可以想像亞非婦女優雅地把重物平衡地頂在頭上的樣子。讓下巴微微往內收，好放鬆頸部後方的壓力，並保持喉嚨暢通。你可以想像有一道力量，從會陰部往上來到軀體中央，然後從頭頂射出。

　　眼睛可以閉上或微微張開，往下注視前方距離約零點五到一公尺的地面，或是任何你覺得最舒服的距離。不要瞪著，只要柔和地注視即可，彷彿你在望著前方或遠處地上的某個東西一樣。有些學派建議把眼睛完全張開，但這通常是在練習完眼睛半開方式後的下一階段練習。

　　有些傳統主張眼睛張開的原因是，和周遭環境保持聯繫並避免陷入昏沈或打妄想。有趣的是，另一些傳統主張閉眼的原因則是，避免你因周遭環境而分散注意力！我多年來一直張著眼睛打坐，但從未因此而注意力散漫，不過偶爾仍會昏沈，有時會看到光怪陸離的幻覺。因此我改依內觀傳統所鼓勵的靜坐閉眼的方式。結果，我閉眼時陷入昏沈的頻率並不比睜眼打坐時高，而且也不會受幻象所苦——倒是有時會發現自己開始散亂了。我從這段經驗學到的功課是，不論按照哪種方式打坐，有時我仍會陷入昏沈、打妄想，或是心散亂了，這就是心的本質。兩種方式不妨都試試看，看看哪種方式比較適合你。之後可以考慮偶爾考驗自己一下，練習對自己來說難度較高的那種方式。

　　雙手可以放在大腿上，或輕輕地靠在膝蓋上。你也可以擺放出自古以來流傳的手印。〈附錄四〉有描述部分手印。我個人最常用的一種是「禪定印」（dhyani mudra），又稱「宇宙印」（cosmic mudra）。打「禪定印」的方式，可把非慣用一手的手指放在慣用手手指上方，雙手手掌朝上，兩個拇指尖端則微微相觸。

正念
瑜伽

 ## 覺知我們的呼吸

之後，把覺知放在呼吸上。

入出息念就是覺知入息和出息。做幾次力道適中的深呼吸，然後用自然的韻律呼吸。這是單純只看好呼吸，和呼吸同在的修行。修習時，我們並非去想像呼吸進入體內並流經全身，也不是把呼吸想成各種不同的色彩，而是要讓自己去體驗呼吸的過程，不受任何我們自認「應該」呼吸的想法所左右。讓呼吸自然地來去。你要自行觀察，呼吸有時短淺，有時深長；有時柔和細微，有時又濃濁粗重。最重要的是，我們會發現呼吸會隨著時間而改變。

不同學派對於呼吸過程中該把注意力放在哪個部位，見解相當分歧。有些學派建議，該把覺察力集中在鼻孔部位，而不要隨著呼吸進入體內，把覺察力放在鼻孔處，就像電影院門口的收票員一樣——每次呼吸一來，就像「收票」一樣地接收它。觀察鼻孔處的各種感覺，或許還可以加上上嘴唇的感覺。

其他學派則建議，要把覺察力放在腹部，或日本人所稱的「丹田」——即肚臍往下約隔兩指寬處。「鼻孔擁護者」認為，把注意力放在鼻孔處，可以培養更精確、銳利的定。他們表示，腹部面積太廣，很難培養定。但「腹部擁護者」則說，專注於腹部，可以使我們的覺知離開頭部進入身體，可培養更廣闊的覺知。我的看法是：兩者皆對。

同樣地，我的建議是，你可以兩個方法都試試看，看看何者最適合你。不過，不要在同一次靜坐時混用兩種方法。可以先嘗試一種方法靜坐一、兩週，再試另一種方法一週左右，之後從中挑選一種，決定了就不要再換。凡是可以選擇不同方法來修行的情況，我的建議都一樣：千萬不要在一次靜坐中嘗試一種以上的方法。不論我們想進行何種探索，都不要有太多變數，以至於複雜到無法釐清之中的相互關連性。

大部分學派會建議採用數息來幫助發展定，但並非所有學派都如此主張。若你選擇數息，請千萬記住，重點並不在於真的「數到十」（或你自己採用的某個數字），而是「觀呼吸」。即使你能數到「十」，也不會得到什麼獎賞，只會回到「一」而已。數息只是一種方便，好協助你專注在呼吸上。

因此，當你吸氣時，要在心裡默數「一」；呼氣時，數「二」；下次吸氣

就數「三」，呼氣時，數「四」，依此類推，直到數到「十」為止。由於心的本質原本就十分活躍，因此你會發現自己數息之際也生起了念頭。事實上，即使發現自己居然在從「一」數到「二」時，就開始想到其他事情（也許是更想做的事），也沒什麼好大驚小怪的。每當這個現象發生時，只要「看到發生的一切」，然後就放下，再回到「一」。事實上，你可能會發現，自己在練習的頭幾週或頭幾個月，根本「從未」成功地數到「十」，這也沒什麼大不了的！只有你自己認為這是問題，它才會變成問題。

起初，你可能會發現，自己完全陷入驚人的故事情節中──在心中定期上演著一幕幕宛如巨片〈亂世佳人〉的豪華場景。當你注意到這個現象時，只要放下，再回到「一」。你也可能發現自己一直數到超過「十」之後，才慢半拍地發現自己早已喪失專注力。有些時候，你或許會在雜念增長前就立刻覺察到。這些念頭是輕輕閃現的散亂思緒，對禪修沒有好處。

我最早的禪修老師曾這麼解釋：你可以想像自己被指派站在紐約市公共交通總局的巴士總站，負責觀察民眾搭上通往一百四十哩外的阿爾巴尼（Albany）的巴士，你的工作原本只是站在當地，看著人們上下巴士，可是在這期間，你卻開始深陷其中，上了巴士，等到發現時，車子早已駛過一百一十哩外的金士頓（Kingston）。你只好下車，又回到紐約公車巴士站。日子一久，出這類差錯的次數愈來愈少，而且會更快就察覺自己出錯了。也許巴士都還沒駛離曼哈頓，你就發現自己毛病又犯了。之後，你可能才剛想踏上巴士，自己就立刻發現了。你的專注力變得更強，正念也一樣增進了，正念即發現自己專注力減退的心之特質。

如果你有段時間都能很快發現自己失去專注力，可是，某天卻一直坐到快到阿爾巴尼才恍然大悟，這時也別因此沮喪。修行並非線性漸進的過程，想要衡量自己的進步，端視自己與自身經驗的關係有否改進來衡量，而非依據經驗的內容變化來判斷。

比如，多年前我首次修行時，發現自己的心有時像是夜總會，有時卻又像寺院。說真的，其實是較常像夜總會，而較少像寺院。可是當我修行時，我很清楚自己比較喜歡心能像寺院一樣，而且覺得如果心像夜總會，我就失敗了。更糟的是，我會覺得自己是失敗者。到現在，雖然我也承認，自己在修行時心

念會比從前更常像寺院，但它像夜總會的頻率也不小。其間真正的變化是，我不再抗拒「夜總會的心」，卻也不執著於「寺院的心」。

禪修時，不但我們和心的關係會發生改變，和生活中生起的不同情境的關係也一樣會有變化。我日益增長的平靜心，是真正解脫自在的感受，這是我當初踏上修行之路時只敢夢想的。

如果你選擇不要數息，那就改在吸氣時，在心裡告訴自己「吸氣」；呼氣時，則改為「呼氣」。同樣地，當你一發現心散亂了，開始打妄想或起念頭，就注意到「起念頭」，然後放下，再回到「吸氣」和「呼氣」。「究竟起了什麼念頭根本不重要，只要注意到自己在『起念頭』即可」。在此我鼓勵你記住，如果心散亂了，也不代表「失敗」；事實上，當你發覺自己散亂的那一刻，正是正念乍現之時──這正是我們努力想修行、培養的！

就像是要鍛鍊出強健的二頭肌，不可能才做一次臂舉就能辦到，必須「重複」練習才行。想培養正念，也必須持之以恆。要知道，每次只要發現自己散漫了，就正是甦醒過來之時，你在當下是清醒的，因此不要和自己惱怒、沮喪或生氣。

事實上，當你注意到又在「起念頭」時，傾聽內在的聲音可能會有幫助，看看它聽起來是否像是在吶喊：「又起念頭啦！」或是帶有不耐煩且沮喪的特質。不論出現哪種念頭，只要用中立的內在聲音提醒自己又在「起念頭」，然後再回到「吸氣」和「呼氣」。從很多層面來看，我們其實是透過這種方式，練習不排拒、全然徹底接受自己及每時每刻。

這整個過程有時也稱為前導的修行，但勿以為那就單純只是「初學者的」練習，以為繼續修行就可以「畢業」，晉級到「進階的修行」。這種想法可能會是解脫的一大障礙。

實際上，我們永遠不會把觀呼吸拋在腦後，反而會繼續深入修行這個法門。踏上修道的第一步，就是成道。能帶領我們回到真正之家的這個道，就是我們最偉大的旅程。現在先停一下，回到自己身上，回到你的呼吸上。

第6章 經典介紹

巴利文經典最重要的兩部是《入出息念經》和《念處經》，其中包含了佛陀對實際禪修所開示的詳盡資訊和指導。

正念瑜伽是以《入出息念經》的「四念處」為基礎。在這部經典中，佛陀提供了十六種「練習」法門，運用有覺知的呼吸來喚醒及維持注意力，以便深入探查萬物的真實本質，並自妄想中解脫。

佛陀在《入出息念經》所提出的十六種練習法，可以區分為四組，每組均包含了四個練習。四組各與四念處之一相對應。第一組以「身」為基礎或建立正念所緣的對象；第二組則是「受」；第三組是「心」的活動；第四組則運用心的對象──「法」。

《入出息念經》的四念處

《入出息念經》只簡要地講述到四念處，因此若想修行四念處，可以考慮選讀《念處經》的部分章節來得到更多資訊。若想研讀整部經典，可在本書附錄找到參考資料。下面節錄了《入出息念經》的第二節，其中詳述了佛陀提出的十六種練習。

❖ 《入出息念經》第二節：

如何持續廣修、修習入出息念，才能讓修行有所成就，並得到大利益

正念瑜伽

呢？

應如此做：瑜伽士或瑜伽女①可往林中，或往樹下，或任何僻靜之處，結跏趺坐，端正身體，保持正念，並修習：「入息時，覺知這是入息，我入息；出息時，覺知這是出息，我出息。」

❖ 第一組（身）

1.「長入息時，覺知長入息；長出息時，覺知長出息。」行者應如此修習。

2.「短入息時，覺知短入息；短出息時，覺知短出息。」行者應如此修習。

3.「入息時，我覺知全身②；出息時，我覺知全身。」行者應如此修習。

4.「入息時，我令全身③平靜；出息時，我令全身平靜。」行者應如此修習。

❖ 第二組（受）

5.「入息時，我覺知喜悅的感受；出息時，我覺知喜悅的感受。」行者應如此修習。

6.「入息時，我覺知快樂的感受；出息時，我覺知快樂的感受。」行者應如此修習。

7.「入息時，我覺知心行；出息時，我覺知心行。」行者應如此修習。

8.「入息時，我平靜心行；出息時，我平靜心行。」行者應如此修習。

❖ 第三組（心）

9.「入息時，我覺知心；出息時，我覺知心。」行者應如此修習。

10.「入息時，令心愉悅；出息時，令心愉悅。」行者應如此修習。

11.「入息時，令心專注；出息時，令心專注。」行者應如此修習。

12.「入息時，令心解脫；出息時，令心解脫。」行者應如此修習。

❖ 第四組（法）

13.「入息時，覺知諸法無常的本質；出息時，覺知諸法無常的本質。」行者應如此修習。

14.「入息時，覺知執著的消失；出息時，覺知執著的消失。」行者應如此修習。

15.「入息時，觀察滅；出息時，觀察滅。」行者應如此修習。

16.「入息時，觀察放下；出息時，觀察放下。」行者應如此修習。

若按照這些指導持續廣修、修習入出息念，修行將有所成就，並得到大利益。

四念處的修行方法

在這部經的第三節，佛陀簡要地闡明四念處的修行，並開示修行的方法：

當行者在長或短的入息或出息時，覺知呼吸或全身，或覺知自己正使全身平靜安樂，他安住於身，觀察身體，精勤、正念、正知，超越此生一切的貪欲與憂惱④。這些入出息念的練習，屬於四念處中第一念處——身。

佛陀反覆解釋其他三個念處所包含的十二個練習：修行者安住於受，觀察感受；安住於心，觀察心識；安住於法，觀察諸法。修行者必須精勤、正念、正知自己所處的狀態，超越此生一切的貪欲與憂惱。

他在第三節開示我們，「若缺少入出息念，就不可能增長禪修的安定與智慧」，如果持續廣修、修習入出息念，一定能「圓滿成就四念處」。

進一步討論之前，我想先評論一些比較特別的用語，如「觀身在身」、「觀受在受」、「觀心在心」、「觀法在法」。佛陀要我們揚棄觀察的主體——我，和所觀察的對象——身、受、心、法，兩者之間的分野。我們並非站在身

體外部，也不是獨立的觀察者，而是就站在所觀察或隨觀⑤的對象之內，我們在此又再次討論到三摩地，在這種「觀禪」中，身與心、主體與對象，都合而為一了。

　　嚴格說來，即使這部經典的一些譯本，使用了「我知道」、「我覺知」、「我平靜」、「我專注」、「我解脫」和「我觀察」等字眼，但其實僅有純然的覺知會生起，而沒有體驗或行動的「我」。剛開始時，我們可能會從「我覺察到長呼吸」的念頭著手，但時間一久，就只剩下純然的覺知在體驗「呼吸」、「平靜」等經驗，只有純然的「覺知」，並沒有我們可以執著的獨立存在的「自我」或「我」。

　　佛陀教導我們，要對每一個念處——身、受、心和一切諸法，都保持清明、全然的覺知。我們必須放下對偏愛之物的執著，以及對厭惡之物的排斥，因為這兩種傾向都會局限我們的覺知。為了保持全然的覺醒，我們必須超越會制約自己的憂惱和貪欲，不要執著或排斥「此生」的任何層面。

由四念處導向七覺支

　　在《入出息念經》第四節，佛陀告訴我們，如果能繼續不間斷地廣修、修習四念處，就能導向「圓滿安住於七覺支」。

> 若行者能持續、不散亂地修習於身觀察身、於受觀察受、於心觀察心，以及於法觀察法，精勤、正念、正知，超越此生一切的貪欲與憂惱，保持不動的、堅定的、鎮靜的禪定穩固性，則行者將能成就第一覺支——念覺支。念覺支既已增長，它終將趨於圓滿。
>
> 若行者能安住於穩固的定，心不散亂，能審思諸法——一切心的對象，就能令第二覺支——擇法覺支，生起並增長。擇法覺支既已增長，它終將趨於圓滿。
>
> 若行者能觀察、審思諸法，持續、精勤、堅持、堅定，心不散亂，能令第三覺支——精進覺支，生起並增長。精進覺支既已增長，它終將趨於圓滿。

若行者已能定靜不動地安住在修習之流中，能令第四覺支——喜覺支，生起並增長。喜覺支既已增長，它終將趨於圓滿。

若行者能安住在喜悅的狀態，心不散亂，能使身心輕安。此時能令第五覺支——輕安覺支，生起並增長。輕安覺支既已增長，它終將趨於圓滿。

若行者身心輕安，則心易入於定中。此時能令第六覺支——定覺支，生起並增長。定覺支既已增長，它終將趨於圓滿。

若行者安住於甚深禪定中，能止息分別、比較。此時能令第七覺支——捨覺支，生起並增長。捨覺支既已增長，它終將趨於圓滿。

在本書〈第三部〉，我們將開始探討如何運用這些佛陀的教法來指引我們修習體位法。如果你目前還沒有禪坐的經驗，我再次誠心鼓勵你開始學。因為無論是在行動中或是修習我們的體位法，想要修行《入出息念經》的十六個練習，難度會比禪坐時來得更高。如果我們希望禪修能有效地轉化、治癒我們的生命，就必須把修行的處所從坐墊和瑜伽墊轉移到世間。

禪修使我們能掙脫導致我們恐懼、哀傷和不自在的枷鎖。我們在〈第三部〉的體位法練習中，將按照《入出息念經》的十六個練習來修行；我們必須謹記在心，每一個練習都密切相關。它們在經典中出現的次序先後，並非一定就是從易到難、從初級到進階。每個練習都是各自完整的修行，每個練習的「難」「易」度都相同。全部練習加總也可以視為單一的修行。前幾個練習強調止息或平靜，後面幾個練習則強調洞察力或深刻觀照；止息和觀照密不可分，缺一不可。正如一行禪師所言：「如果有了止息，深刻觀照的當下多多少少早已存在；若有深刻觀照，也自然會有止息。」

我們可以在一次修行或更長的期間內，只練一個特定的練習，或者也可以在一次修行中，修習一連串的練習。這意指我們可以把注意力放在四念處的一個念處，也可以一次就練習數個乃至於全部四念處。例如可以一邊練三角式（Trikanasana），一邊修習入出息念，以及自己繼續保持這個姿勢時，呼吸如何變化；或者也可以把注意力放在受（感受）；如此就等於同時修習前兩個念處。我們也可以藉由把注意力放在心行，來修第三個念處，例如保持這個姿勢

時，生起了哪些厭惡的感覺，或內心對自己的修行有什麼批評。最後，若我們的專注力很強，還可以觀察第四念處，看看能不能直接見到我們的念頭、感受和身體的無常、無我的本質。

如果我們能在體位法的修行（這裡指所有的體位法，包括行、住、坐、臥），培養這種洞察力，那麼它就將更自然地流入我們的生活中，不論是準備晚餐、倒垃圾、通勤上班、工作或玩樂時。若我們真能辦到，就會發現，我們正重新活出自己的生命，敞開心胸地迎接它，活在全然甦醒的心境，更自在、定靜、喜悅與快樂。我們將活在自在中。

第三部

正念瑜伽
的修行

第 7 章 觀身在身

入息時，覺知這是入息，我入息；
出息時，覺知這是出息，我出息。

長入息時，覺知長入息；
長出息時，覺知長出息。

短入息時，覺知短入息；
短出息時，覺知短出息。

入息時，我覺知全身；
出息時，我覺知全身。

入息時，我令全身平靜；
出息時，我令全身平靜。

佛陀在入出息念的修習中所提出的前四個練習，能幫助我們回歸到自己的身體，讓我們能深入觀照此身，學習照顧身體的最好方式。佛陀堅持，我們絕不能虐待或摧殘自己的身體。要記住，「不傷害」（ahimsa）是一切瑜伽修行的精髓。

把注意力放在呼吸上

前三個練習，是把注意力放在呼吸上。「短」或「長」是呼吸各種特質的統稱，一旦我們開始注意呼吸，可能就會發現這些特質。我們的呼吸可能有長、有短、均勻、不均勻、氣粗、平順、沈重或輕柔，我們只練習去觀察呼吸的原貌，不去操縱它。

用這種方式專注於呼吸後，我們將不難發現，呼吸和心其實密切相關。我們的心會反映在呼吸上，而呼吸也會影響心。在觀察呼吸的同時，我們也在觀察自己的心。此外，由於呼吸是身體功能的一部分，我們也會開始明白，觀察呼吸就是在觀察自己的身體。透過這個非常簡易的練習，我們已開始培養「瑜伽」——身、呼吸和心的融合。

請勿把這個修行和大部分瑜伽課程所教授的呼吸控制法混為一談。呼吸控制法的大部分形式都包括控制和操縱呼吸。入出息念就能達到這類呼吸控制的效果，只要保持自然呼吸，同時要完全把注意力放在呼吸上。

單是把注意力放在呼吸上就足以影響呼吸。覺察力就是有如此神奇的轉化力量；在你修習之初，僅只觀察呼吸如何出入身體，就可以明顯看出這種效果。要記得，這並不是自覺地控制或企圖改變自己呼吸的模式。當你留意時，就會發現自己呼吸的性質改變了，雖然這改變並不一定是線性式的，但時間久了之後，呼吸自然會變得更平靜，呼吸會變得更深、更和緩。

即使只是坐著觀察自己的呼吸，你都不難很快發現，呼吸其實不斷在變化當中。最明顯的是，呼吸方向的變化。先是入息，然後是出息。你可能會注意到，入息和出息間，以及出息和入息間，都有一小段空隙。空隙的長度可能不一，正如吸氣和呼氣的長度也各不相同。從一次呼吸到下一次呼吸之間，呼吸的深度可能有很大的變化。呼吸有可能先是很淺，然後突然來一個大大的、沈重的嘆息通過身體。這就像是岸邊的波浪一樣，有些波濤洶湧地拍打海岸，有些卻只是涓細拂岸。如果你覺得觀察呼吸很無聊，一定是不夠注意！

這種單純只辨識呼吸的方法，其實是我們所有練習的基礎。我們必須在修行之初就培養出免於反彈和侵犯的心。我們並不是強把自己的意願加在呼吸上，而是學著如何修習完全接受現況。

把全身納入禪修的對象

在第一組的第三個練習中，我們把覺知的範圍擴大，乃至於包含了全身。有很多修行者、老師和經典的註釋，都否認經文中的「全身」是指修行者的全身，這類看法可能是過分強調入於禪定的結果。他們堅稱這裡的「全身」是指「呼吸的」全身；甚至很多備受推崇的知名註釋，也教導我們專注鼻尖，而不要隨著呼吸進入身內。之所以如此主張，最常見的理由是，做為專注的對象，身體的範圍嫌太廣了。這些註釋把kaya（身體）這個字解釋成「呼吸身」（breath-body），而且告訴我們不要觀察整個色身，因為「整個」是用來涵蓋「每次呼吸的」前段、中段和後段。不過，修行者在修習前兩個練習時，就已經練習到覺知「呼吸身」了，不然，若不曾把注意力放在整次呼吸上，怎麼會曉得這是長呼吸，還是短呼吸呢？

《入出息念經》第一組的四個練習，和第一念處——身念處有關。當我們持續觀察呼吸時，從呼吸擴大到身體，是很自然的進展；如果我們真的很注意，就會發現其實「全身都在呼吸」！不論是《入出息念經》或《念處經》，都完全未提到要我們把注意力放在鼻尖，也未告訴我們不要專注於整個色身。

無論如何，在修行體位法時，不把全身納入禪修的對象實在愚蠢。如果我們專注全身，就會發現呼吸和身體確實密切相關。做任何一種前彎姿勢時，只要觀察自己的呼吸，就會發現，每次一呼吸，不只是腹部會突起，連整個背部都會隨著肋骨的擴張及緊縮而起伏。在做「合蹠式」時，吸氣會使腹股溝有伸展的感覺，而呼氣則會減少這些感覺。即使我們做「散盤」，觀照全身，也不難發現呼吸會使骨盆微微升起，使肩膀上下起伏，而頭部則像在湖面上下浮動的瓶塞一樣，吸氣時微微上揚，呼氣時又降至原位。不過，不要刻意為了想體驗這些感覺而刻意誇張地呼吸，只要密切注意當下真正的情況即可。這一切的變化都很微妙，即使是有人在旁邊看你，也很難察覺到。但這持續不斷的動態會永久發生。生命就是動態，呼吸也是動態，我們自己也會發現，即使是靜中也有動。隨著我們的覺察力愈來愈深入，我們也會發現，在動中一樣有靜。套用老子的一句話：「靜中靜，非真靜。動中靜，是為真靜。」①

慢步行禪

在討論第四個練習之前，我想先談談禪修的對象之一：身體的動態。在上座部傳統中，鼓勵我們行禪②時要把速度儘量放慢。某個宗派可能指導學員讓呼吸來決定腳步，使腿的運行和呼吸一致。吸氣時，先抬起腳後跟，然後是腳底，接著是大腳趾和腳心之間的部位，氣息持續時，把腳往前伸。然後，開始呼氣時，把腳放回地面，等待下一次吸氣，換另一腳用先前同樣方式移動。其他派別可能教人改在吸氣時抬起腳、伸出並踏地，然後在呼氣時，舉起另一腳、伸出並踏地。

還有一種速度更慢的方式是，吸氣時抬起右腳後跟，但腳趾仍觸地，一直等到呼氣時腳仍維持此姿勢。然後，下次吸氣時，抬起腳，往前伸，踏回地面。呼氣時，體重放到那隻腳上，完成這一步。

最後這個方法，比其他方法更複雜，需要更堅固的專注力才能辦到。重點是，單純地走路，每一步都是完整的一步。一行禪師有一首偈（gatha，供記誦的短詩）可以在行禪時用，踏出右腳時，默念「我已抵達」，踏出左腳時，默念「我已到家」。

爲何要如此大費周章？佛陀曾說，整個宇宙的生起、消逝持續不斷地在這「一彈之頃」發生。當我們放慢腳步，就可以更清楚地看出這個過程。

我也曾聽過幾位禪修老師大力抨擊這種修行法，認爲正念應該是在自然行進間培養，他們表示，慢步行禪太過「自覺」（self-conscious）了，偏離純然覺知的正軌，他們說，生活之道應該是單純地做自己正在做的事：「不要太過自覺，做就對了。」

我相當尊敬這些老師，但我的回答是，這些老師似乎忽略行禪這個特殊法門的重點和目的，他們的說法只對了一半。我們的確該在不同的速度行進時，保持正念，但正念「絕非」自我意識（self-consciousness）。一行禪師以提倡慢步行禪著稱，而我自己則和他的幾位男女僧眾弟子，在佛蒙特（Vermont）綠山佛法中心（Green Mountain Dharma Center）用「跑步」行禪。

當我們慢步行走，觀察生起的動作和感覺時，這時我們並不會比「做就對了」時還更有「自覺」。事實上，很多人表示，在慢步行禪時，腳和腿的感覺

實際上會消融，剩下的只有動作而已。在我看來，這正符合了禪宗教法所描述的「放下身心」。

我認為，那些排斥慢步行禪的老師是反應過度了，他們擔心這種修行可能會導致過度「自覺」，卻反而錯失我們可能學到的寶貴功課，而且修慢步行禪的人，畢竟仍然可以自行選擇跑、跳、蹦等任何方式，完全不受限。

同樣地，不要光聽我的或任何人的片面之詞，現在就做一個簡單的實驗，把右手往上舉高，照做就對了，然後，再把手放下。你「看」到什麼？你體驗到什麼？現在，再緩緩把右手往上舉高，整個過程至少要花三十秒，然後再把手同樣緩緩放下。不要多想或試圖分析，「照做就對了」──但速度要放得很慢。

現在，你注意到什麼？你這次「看到」什麼？你有沒有發現舉手之前的衝力？也就是使手動起來的複雜的心理、生理的刺痛感。你有沒有發現和感受到手臂的重量和體積？當手緩慢上舉或下垂時，你的心或呼吸的性質有沒有任何變化？有沒有引發心行，如無聊、惱怒、好奇或愉悅？一個簡單的動作，引發了整個宇宙生起、變化，並消逝，而我們通常對此完全視而不見。當我們只是「做正在做的事」，除非能從底部開始產生深刻真實的轉化，否則我們只是在重複一些制約的習慣行為而已。緩慢的活動使我們更看清這一點，並導向心解脫；它讓我們有足夠的時間和空間去發現這個身心生起的不斷受制約的過程。見到了受制約的情況後，我們就能開始自由選擇新歷程，不再盲目反應。

在我們的體位法修行中，我們將雙管齊下：一下很緩慢，一下又加快速度，儘量拓展我們體驗的範圍，以便真正培養出第二覺支──擇法覺支。兩種方法都一樣好，難度也相同；兩者都讓我們有機會覺醒。我們先要懂得合乎時宜地選用適當的方法，然後做就對了。

呼吸與身體本是一體

現在我們要探討入出息念的第四個練習。「令全身平靜」的練習其實無法刻意達成，而是自然而然發生的。修習時你將會發現，身心的平靜是由於你一直在修習觀察呼吸和身體後自然而然生起的。呼吸與身體終究本是一體；呼吸與身體原為一體。心並非獨立存在於身體或呼吸之外的東西，要記得，我們是

觀察「身在身」。大乘佛教如此詮釋：主體和客體（對象）皆是「空」；主體和客體並非兩個不同的個體，兩者所「空」是獨立、分開的存在。

單只修習覺知呼吸一段時間，如果沒啥特別壓力，可以練習短短幾分鐘就好，如果壓力較大，可以做十分、十五分、二十分鐘或更長的時間，之後你將發現平靜會生起。雖然這個練習的對象是令身體平靜，不過由於身、呼吸和心密不可分，因此平靜將同時從身、呼吸和心中生起。

有時候，若我們嘗試一個難度較高的體位法，呼吸會變得較緊繃、急促，我們的心也一樣，變得既害怕又排斥。如果不去注意，這種緊繃和緊縮會導致失衡、不穩定。同樣地，一注意到這個情況，我們可以單純地全神貫注在呼吸上，使得呼吸變得更平靜、深沈而平順；身心也會隨之放鬆下來，正在做的體位法就會美得像首詩，彷彿擁有自己的生命。我們或許無法達成體位法的「完美」形式，但卻稱得上是真正的瑜伽修行者。

身體的內部和外部都要觀察

在《入出息念經》中，佛陀提供了四個明顯和第一念處有關的練習。如果再參閱《念處經》有關身的部分，就會學習到如何增長我們「於身觀察身」的修行。

在《念處經》中，佛陀告訴我們，身體的內部和外部都要觀察。身為修行者，我們應當注意到身體的動作和姿勢：「不論身體有何種姿勢，都要清楚明白這個姿勢。」佛陀繼續具體說明我們應觀照一切行為，無論是「彎腰、站立、行走、坐著或躺著」，甚至提到了飲食、穿衣、排尿及排便等；因此我們可以假定，生活的一切行為全都包括在內，沒有遺漏。我們修行體位法時，對此應當謹記在心。

另一個修行第一念處的方法，就是掃瞄身體，注意每個小地方，從腳底開始一直往上，然後再從頭頂的頭髮開始往下掃瞄。還有一個一般較少推薦初學者嘗試的方法，就是把自己的身體觀想成屍體。當一個人做好心理準備後，這會是很強的禪修法，可在「攤屍式」時運用。若想得到這種禪修法的詳盡指導，可參考本章〈菩提智慧〉：這一噚之軀。（頁153）

我們融合了入出息念和體位法修行後，可以發現身體的動作如何對呼吸造成影響。當你伸展身體好做某個姿勢時，有沒有閉氣？呼吸是否變得更深？還是變得更淺？你做後仰姿勢時，呼吸變得更緩和，還是更急促？我們也會發現呼吸如何使身體動起來。比如，維持前彎姿勢時，我們會發現吸氣會把身體稍稍抬離原來的姿勢，呼氣則使我們的姿勢往下沈。單是持續地覺知呼吸，就能直接面對自己的習慣性模式、厭惡之感或貪婪之念。務必記得，當這類思緒生起時──一定會生起的──我們只去觀察它們，然後就放下，回到呼吸上。我的禪修老師金三宇禪師常說：「回到當下、現在、這裡。」

　　在每項體位法中，我們都可以花時間掃瞄身體，看看哪些部位有緊繃現象，哪裡強壯而穩定，哪裡較脆弱。我們可以觀察身體哪些部位很活躍，哪些部位較被動或感受敏銳。身體貼近地面或身體另一部位時，我們對身體表面的覺知更強。在很多姿勢裡，由於身體必須從一側扭轉、轉動到另一側，因此對身體內部的覺察力甚至都增加不少。

　　我有很多學生修行這個方法時，都表示對身體有更深的了解；他們感覺更能活在當下。保持呼吸自然、追隨呼吸在身體內的運行，並讓呼吸決定維持姿勢的時間，在在都增強了他們的專注力，使他們能更自在地融入所做的姿勢中。

　　也有人表示，他們把速度放慢之後，卻遭遇了一些挫折，因為他們「無法利用動作或姿勢來壓制雜念」。要不是練習放慢速度，以及強調保持呼吸自然，他們可能甚至還無法發現自己原來一直想用體位法練習來壓抑雜念呢！這點可能也算是慢動作修行的另一項優點。要記得，這裡所介紹的修行法，可不是用來壓抑念頭的，但反過來說，它也不可以令你更執著於這些雜念，或使你迷失而認同它們，或甚至陶醉在思緒裡無法脫身。

　　還有學生提到，他們已經發現，從前的自己原來那麼排斥活在當下，並終於發現身體有哪些部位有阻塞或抑制的情形，而且還「排斥」他們的經驗。一旦洞察這點，他們往往恍然大悟：接受而非排拒的態度，才能使他們更平靜與安樂。

　　佛陀說：「來，自己親眼去看！」

第一套姿勢

讓姿勢活在身體裡，而非強迫把身體擺成體位法的姿勢。

正念瑜伽的第一套姿勢，遵循《入出息念經》所述的第一念處，亦即與身念處相關的前四個練習。

我建議第一次做這些姿勢之前，先把整套姿勢都讀過一遍，好了解該如何透過「於身觀察身」來練習。內文所附照片，可以幫助讀者更熟悉體位法的各種形式。若你是瑜伽體位法練習的初學者，可能會想在頭一回練習先略過標示星號的體位法不做。

維持姿勢的時間和呼吸次數，都只是建議而已。讀者可以試著仔細計算呼吸次數來練習，以及這樣做要花多久時間。接著試採大概的時間。以每分鐘平均15次呼吸為基準，如果按照書中所建議的最少呼吸次數來練習，做完整套姿勢可能要花45分鐘到一個半小時左右。我教的瑜伽課，每堂課時數從75分鐘、95分鐘到115分鐘都有，不論時數長短，我都能不疾不徐帶完整套姿勢。

如果這種練習方式或體位法練習，對你來說有些生疏，我仍建議你練這套姿勢，直到對體位法練習更熟練且舒適自在。我建議大家養成天天練習的習慣，至少努力達到每週練兩到三次。

請記得，這個練習並非僅著重於「保持」靜態的姿勢，還包括下工夫去做好姿勢（這必須在努力和放鬆之間取得平衡），以及在變換姿勢之際保持正念。放下任何目標或想要有所得的貪婪，並了解體位法的練習，不但包含如何進入姿勢，也涵蓋退出姿勢的過程。

雖然文中大半對如何進入及退出姿勢列有解說，但一般的規則是，任何把身體往內收的動作，往往都要呼氣，如做前彎或扭轉身體等姿勢；若是把身體伸展開來，則改為吸氣，如把雙手高舉過頭，或如「蝗蟲式」般使身體後弓。

很多人可能把焦點鎖定在體位法精確的結構形式以及「完美的」身體或身

材上，但我卻較少強調體位法的詳細結構層面。相反地，我希望能鼓勵你——讀者兼修行者，把體位法當成自我學習的工具來練習。你的目標應該是讓姿勢活在的身體裡，而非強迫把你的身體擺成體位法的姿勢。我曾聽傑出的八支功法瑜伽老師大衛·史文生（David Swenson）說過：「別把你自己變成一個體位法姿勢。」

1. 攤屍式

3～5分鐘

開始時，雙腿打開，間隔12到18吋，腳趾朝外。雙手放在身體兩側，離身體數吋，手心朝上。首先，把注意力集中在身上任何你感覺到氣息通過之處。現在，忘記你自以爲對呼吸的一切認知，或過去關於正確呼吸方式所學到的，只注意氣息如何出入即可。記住，要放

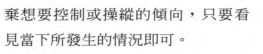

棄想要控制或操縱的傾向，只要看見當下所發生的情況即可。

有些人可能在腹部的起伏上感受到氣息；有些人則可能覺得，氣息大多展現在前胸的起伏，或肋骨的擴張和緊縮上；還有些人則可能在鼻孔尖端或喉嚨後方體會到氣息的感受。不論你在哪個部位感受到氣息，把注意力放在該處。

吸氣時，要知道是在吸氣；呼氣時，要知道是在呼氣。注意吸氣特有的感覺調性，以及呼氣特有的感覺調性。「感覺調性」，是指所體驗到的身體完整的感覺存在，是身體所感受到的「調性」。當你吸氣時，有擴張及緊張的微妙感覺，而呼氣則往往感覺到放鬆與收縮。之後，開始感受一下呼吸其他不同的特性。跟隨整個「呼吸身」，長呼吸時，知道是長呼吸，而短呼吸時，知道是短呼吸，不要試圖使呼吸均勻，只要呼吸並體驗即可。呼吸可能有長有短，有均勻有不均勻，有深有淺，有急促也有平順。只要留意呼吸，專注它，但不要企圖把呼吸變成某種特質。你專注呼吸時，留心任何自然發生的變化。

之後，依舊保持氣息自然出入，把注意力擴大到全身。你的身體是否產生緊繃的現象，腳或臀部彷彿因為仍想把自己撐起來而變得緊繃？一旦你發現這個情形後，緊繃是否紓解了？身體壓向地面時，感受身體的重量和體積。你能不能感受到腳趾和手指的尖端，卻不搖動它們？當你保持靜止和安靜時，你如何知道身體究竟在空間的何處？你是否感受到身體有堅硬、牢固的邊界，或是身體輪廓似乎模糊不清？

沿著身體背部感覺一下，看看哪些部位碰觸地面，又有哪些部位與地面有空隙，如膝蓋下方；還有哪些部位沒有碰觸地面呢？

避免心念飄忽不定，變成做白日夢，只要保持靜止，3到5分鐘內，注意自己的呼吸，然後緩緩地開始進入下一個姿勢。

2. 膝至胸式

身體每側進行45～60秒

我們從觀察呼吸和身體休息的狀態，改為觀察呼吸和身體活動的情形。同樣地，把一切你過去自認對自身活動的了解都拋諸腦後。想像自己是外星智慧體，才剛進入這個身體，正試探著第一次做動作。

現在，緩緩把右腳後跟沿著地面往臀部滑，當腳往臀部移動時，把膝蓋朝天花板彎曲。做這個姿勢時，注意腿和全身的感覺。當腳後跟移到臀部時，你能不能感覺到身體重量的分配或是骨盆重心是否有任何改變？腳後跟移到臀部後，慢慢把腿抬高離地，雙手抱膝，把膝蓋往前胸靠。

呼吸6到8次後，慢慢把腳放下到靠近臀部的地面，之後再把腳往外滑，使腿打直。注意你發覺能把腿的重量完全釋放到地面的那個定點，發現這個點之後，注意你的呼吸和全身上下的感覺調性是否出現任何變化。你是否屏住呼吸或緊繃身體？

換另一條腿重複同樣動作。

3. 散盤

2～5分鐘

盤腿而坐，雙腳放在膝蓋下方。注意自己習慣把哪隻小腿放在另一隻的下面。坐在坐骨前端（避免骨盆往後拱起導致下背部彎曲）。雙手放在臀部的兩側，頭頂往上抬高，脊椎骨也因此拉長了，感受坐骨往地下壓的感覺。身體往下壓時，感受在哪一個部位能察覺到身體的重量。

現在把雙手放在膝蓋上，閉上雙眼，敞開心胸體會「只是坐著」的感覺調性。然後，儘量往右傾斜，程度以不至於倒下為限，看看感覺調性有什麼變化。為了不讓自己倒下，你必須把哪些部位緊繃起來？重心又有何變化？這又對呼吸造成什麼影響？身體處在如此不穩定的平衡狀態中，呼吸不可能依舊保持深長、飽滿或放鬆。

之後，慢慢改成儘量往左傾，觀察身體移動之際，感覺調性的變化。隨著身體趨向中央，感覺就變得更放鬆，然後隨著身體偏向另一側，則轉為更緊繃而受局限。然後，再輕輕往身體兩側搖擺，擺動的幅度要愈來愈小，讓你呼吸的性質告訴你，中央究竟在哪裡。你的呼吸將會愈來愈放鬆、愈來愈平順，整體感覺也變得輕鬆自在。你可能會覺得，上背部和肩部的緊繃感消融了。不假外求，你自己的身體和呼吸就會引導你找到自己的中心。讓你的呼吸做你的老師。

4. 散盤前彎式

現在，從盤腿的上方往外伸展，把前額靠在手臂上（圖1-4）。如此彎坐時，注意在進行這個「前彎式」時，身體何處能感覺到呼吸？你有沒有感覺腹部壓迫著大腿？你能不能在背部感覺到呼吸？

圖1

圖2

圖3

圖4

或許你感覺到，肋骨隨著每一次呼吸而擴張或緊縮。注意自己有沒有把身體任何部位緊繃起來，再看看自己能不能把它放鬆。你有沒有發現，吸氣會使你的身體抬高一點，而呼氣則讓你回復到原來的「前彎式」？如果有的話，不要誇張地進行這個動作，但也不要刻意壓抑。讓呼吸使身體自由移動，並放鬆地融入移動的經驗中。

從這個姿勢起身時，把肚臍往脊椎處收縮，整個脊椎骨一節一節地往上捲起，直到你回復「散盤」為止。

換成另一隻小腿壓在底下，重複一樣的動作。注意這樣做是否可能感覺很特別。你非常有可能最先按照自己習慣的方式盤腿而坐，像

圖5

這樣簡單的改變，就足以顯示我們的行為如何受到制約。

〔修正式〕

如果你發現下背部彎曲，而頭和前臂也無法及地，可坐在一兩張瑜伽墊上，好把骨盆墊高，就可以從臀部往前傾，並把上半身靠在靠枕或幾張瑜伽墊上，好讓你能在脊椎伸展的狀態下歇息（圖5）。

5. 坐姿側伸式

把右手放在臀部旁，左手往上伸。慢慢把右手往外側滑，前臂貼地，身體往右彎曲。左側坐骨保持貼地，左手手指往外伸展，使左手臂盡可能與地面平行。若感覺舒適，把臉轉爲朝上看。如果左手臂擋住望向天花板的視線，試著把左手臂往耳朵方向收。

保持這個姿勢坐著，感受身體何處能體驗到呼吸。注意身體左側和右側的差異。吸氣，把左手手指往天花板伸展。呼氣，左手臂放鬆回到身側。

換另一側重複上述動作。

6. 貓式／牛式

重複6～10回，配合呼吸循環

雙手自肩部直線下垂，膝蓋位於臀部正下方。呼氣的同時，像發怒的貓一樣把背拱起，骨盆往後傾，夾緊雙腿中間的尾骨。頭部垂下，往後望著

圖1

骨盆（圖1）。吸著氣的同時，把骨盆往前傾，腹部朝地面下垂，頭頂和坐骨朝天花板方向伸，背部形成柔和的後弓線條。這時背部線條像牛背一樣（圖2）。

讓自然的呼吸決定動作持續的長度和韻律。開始移動時，先傾斜骨盆，讓這個動作所引發的動態流貫背部，如波浪在水中波動一般。注意呼吸的本體以及變換姿勢所出現的一切狀態。

圖2

7. 面朝下狗式

　　從「牛式」姿勢開始，先把腳趾內收，坐骨往上抬，再往後，雙腿打直，成為「面朝下狗式」（圖1）。維持坐骨抬高，不要想著非把腳後跟碰觸地面不可，但儘量使腳後跟靠近地面，又以不影響背部拉長為主。

　　保持這個姿勢呼吸時，把身體的重心換到不同腿上，動作要緩慢到足以能感受到身體緊繃和放鬆的變化。花額外力氣用單腳而非其他部位來撐起自己時，呼吸是否受到任何影響？之後，開始把身體的重量改放在愈來愈接近身體中央的位置，注意呼吸如何隨著愈來愈均勻和放鬆。

圖1

圖2

〔修正式〕

如果腿筋很緊繃，下背部就會拱起並壓縮。這時只要稍微彎曲膝蓋，直到你感覺背部拉長，下背部也回復自然的（朝內的）腰部曲線即可。如果雙腿腿背實在感覺很緊繃，除了可以彎曲膝蓋外，也可以試著把雙腳打開得比髖骨還寬一些（圖2）。

8. 弓箭步式

身體每側3～6次呼吸

從「面朝下狗式」開始，把右腳往前收到雙手之間，後面的腿保持打直，伸展腳後跟。注意彎曲的膝蓋不能比腳趾還前面，前腿膝蓋應和小腿呈垂直90度直角彎曲，大腿則幾乎和地面平行。用手指尖的力量撐起身子，肩膀往後縮，眼睛注視前方，心臟部位張開（圖1）。

在不至於使身體過度緊繃或僵硬的前提下，繼續使力透過腳後跟伸展，但前胸要維持抬起。讓呼吸在體內自由運行，如果氣息似乎變得緊縮，就要注意自己是不是太過緊繃在姿勢裡，讓呼吸引導你擺出更舒適的姿勢。

把右腿往後伸，回到「面朝下狗式」；然後換左腿重複做一回（圖2）。

從「弓箭步式」開始，把腿往前收，進入「下垂前彎式」。

〔修正式〕

如果臀部很緊繃，你可能會發現很難同時伸展後腿，並保持前腿

圖1

圖2

膝蓋90度彎曲。這時你可以把雙手
放在瑜伽磚上，甚至前腿的膝蓋不
要那麼彎曲，直到臀部感覺更開放
為止。前方的大腿朝地面壓，後腿
則儘量朝天花板抬高（圖3）。

圖3

9. 下垂前彎式

雙腳打開，維持拳頭大小（髖寬）間距，抬高坐骨，上半身軀幹往下懸垂。如果下背部感覺緊繃，就讓膝蓋柔軟彎曲些。雙臂交叉，在手肘處互扣，維持懸垂即可（圖1）。

在這個我們所做的第二個前彎姿勢中，可能會更容易感覺到呼吸在身體中運行的方式。吸氣時，能不能感覺到上半身也往上升了一點？而呼氣時，注意自己如何鬆弛回復到「前彎式」。身體彷彿浮在和緩的波浪表面擺動著。同樣地，不要誇大這種擺動，但也不要壓抑它；只要隨遇而安地體驗它。維持前垂姿勢時，你有可能更深入伸展的姿勢，但也可能不會，總之不要刻意做。

〔修正式〕

腿筋覺得太緊的人，會發現自

圖1

圖2

己的下背部拱起，最後也導致該處緊繃。這時可彎曲膝蓋來舒緩背部的緊繃，並靠大腿來支撐上半身，這個方式能穩定下背部和脊椎底部的薦骨，讓你能從臀關節處彎曲，而非從背部。保持坐骨抬高，同時雙腳往下壓（圖2）。

10. 脊椎捲曲式

20～40秒

放鬆手臂，讓它們自由擺盪，不要固定在任何特定位置（圖1）。膝蓋輕柔地彎曲，肚臍朝脊椎處往回收，而且是一節、一節脊椎骨地往上捲。看看自己這樣做時，能真正感覺到脊椎的少部分還是大部分。保持自然呼吸。

雙眼保持張開，如果你看見雙臂往腿部靠，或是遠離你、往外伸展，看看你能不能有意識地放鬆，把它們交給地心引力來決定。在「正念瑜伽」中，這個姿勢的主要功能，是幫助我們更熟悉自己的習慣性能量。我們容易在肩、頸和手臂處累積壓力，以至於習慣成自然而不自知。因此，試試看你能不能注意到壓力的出現，可從觀察雙手出現僵硬感而覺察到，每次只要發現這個情況，只要不斷讓自己放鬆下來即可。讓自己像布娃娃一樣，身

圖1

圖2

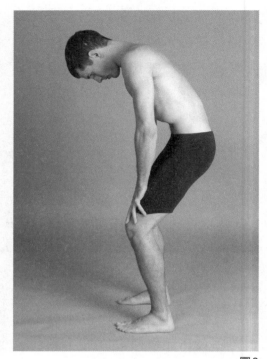

圖3

體朝上回捲時，不要抬高肩部，只要讓雙肩自然回捲歸位（圖2）。記住，頸部有七節頸椎，試試看你能不能感覺到每節頸椎一一抬高，並一層層疊回頭骨底部。

〔修正式〕

　　如果下背部感覺疼痛，即使彎曲膝蓋也無法減輕，就改成把雙手扶在大腿上，以增加支撐力（圖3）。

11. 山式／平衡站立式

站立，雙腳打開與髖部同寬，雙腿順著腳的中線（大約從第二根腳趾往上筆直延伸）保持平行。雙腿沿著中線平行站立，兩根大腳趾會比兩個腳後跟更接近一些。感受你的體重從雙腿一直下放到腳跟前方的地上，讓你的脊椎從骨盆挺升，前胸抬起，肩膀放鬆、微微往後（圖1）。

試試看你能不能感覺到脊椎的自然曲線，頸部微微往內曲，上背部微微拱起，而下背部則又輕柔地往內縮。下背部不要猛然垮下，前面的肋骨務必保持柔軟（圖2）。

現在，就像我們在「散盤」所練習的一樣，試著去找到我們的中心。閉上眼睛，試著保持身體打直，然後儘量往前傾，以不至於跌

第 7 章 觀身在身

圖1

圖2

倒的程度爲限。注意你身體的哪個部位，可能會爲了抵抗地心引力而必須緊繃。你的腳趾將真的是在「抓住地面」。注意脊椎原有的自然曲線會爲了避免跌倒而產生什麼變化。然後再注意你的呼吸，我敢猜測，你的呼吸應該不會很深沈、緩慢或極度擴張。

從這裡開始，再把身體往後傾，感覺一下這麼做會有多麼不穩。同樣地，注意自己的身體，以及爲了讓自己不至於跌倒而必須緊繃哪些部位。注意呼吸的性質，或許也可以開始注意心理空間的性質，可能也和你的呼吸一樣地緊縮、緊繃呢！往前、後傾斜，但移動的幅度愈來愈小，直到你能感覺到呼吸變得更深沈些、也更廣闊爲

止。注意你如何放鬆背部和肩膀所有主要的肌肉群，並輕鬆愉快地站直。同樣地，讓你的呼吸引導你，以身體的感覺調性爲師。

身體傾向左右兩側時，重複運用這種觀禪法。試著盡力保持身體筆直，儘量往右傾，看看身體的哪些部位會爲了避免跌倒而緊繃。注意你在哪裡能感覺到呼吸？其性質如何？身體再往左傾，看看你的體重如何從左腳往下沈，右腳和地面的接觸又有多麼不穩。你能不能感覺到，身體往一側傾斜時，必須往上朝天花板彎曲脊椎？之後，從左到右來回傾斜身體，傾斜的弧度要愈來愈小，讓穩定與自在的感覺調性，引導你找到身體的中心。

12. 牛月式

吸氣的同時，將雙手高舉過頭，合掌。呼氣，往左側彎，而臀部則往右靠（圖1）。保持這個姿勢呼吸時，看看你能不能在每次吸氣時，持續著往手指伸展，而呼氣時，能否把臀部更往另一側靠。

在這裡繼續呼吸，注意呼吸的性質，在哪個部位最能感受到呼吸，而身體左側和右側感受到的呼吸性質各有何差異。準備回復到直立站姿時，先吸氣，手指朝天花板往上伸。

換另一側重複相同動作。

〔修正式〕

如果肩部感覺緊繃，你可以在雙手間握著一個瑜伽磚，雙手壓住瑜伽磚往天花板高舉，同時緊緊壓住瑜伽磚。讓這個動作使你廣闊的背部肌肉能廣闊到極致。往側邊彎時，保持這種開闊程度（圖2）。

圖1

圖2

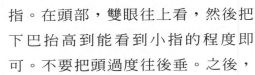

*13. 帆式

從「半月式」開始的姿勢做起，除拇指和食指外，所有手指均相互緊握，食指如教堂尖塔般朝上指。在頭部，雙眼往上看，然後把下巴抬高到能看到小指的程度即可。不要把頭過度往後垂。之後，持續把食指朝上伸，臀部往前傾，使心臟部位朝天空敞開。這是一種站立後曲的姿勢，但這個動作是朝上方伸展的，並從骨盆往前移，而不要想著往後下垂。這種方式可以避免下背部下垂。

保持呼吸，注意呼吸的性質、你的姿勢和平衡的性質，還有使力的性質。你有沒有緊繃的現象？如果有的話，放輕鬆一點。重點不在於你姿勢做得有多「極致」，而是你是否真正「深入」你所做的姿勢深度中。不要想著必須達到某種抽象的完美理念。

準備結束這個姿勢時，吸氣，食指指向正上方；呼氣，雙手放回身體兩側。

14. 「天鵝俯潛式」轉「站立前彎式」

　　吸氣，雙手高舉過頭。之後，呼氣，大腿往內收，從臀部開始往前彎身，重心放到兩腿後側，上半身往前彎曲。雙手往兩側外伸，呈至少45度角，儘量減少背部發生緊繃的可能性（圖1-3）。

　　做「站立前彎式」（圖4）持續至少4次呼吸，準備就緒後，換成「脊椎捲曲式」，再往上變為「山式」。在這套動作中，持續觀察你的呼吸，以及呼吸和身、心三者如何相互依存、交融。

〔修正式〕

　　如果腿筋或臀部緊繃，使你做「天鵝俯潛式」時無法保持背部平直，可依身體所需彎曲膝蓋，以紓解下背部的緊繃（圖5）。

圖1

圖2

圖3

圖4

圖5

15. 樹式

每條腿各做10～30次呼吸

從「山式」開始，把體重放到右腳上，左腳腳板放在右大腿內側。左腳和右大腿互相緊壓。雙手在胸前合十如向人致敬時的手勢（Anjali Mudra）。注視某個固定不動的東西會很有幫助，如你面前約五呎外地面上的某一點，或與視線平行的牆上一點（圖1）。

如果你覺得保持平衡有點困難，僅維持現在的姿勢，持續從腳往地下壓，並保持心臟部位抬高而開闊。如果你對自己的平衡感很有信心，可把雙手高舉過頭（圖2）。想要避免下背部垮下，可在心中假想腎臟部位「膨脹起來」，前面的肋骨保持柔軟，不要突出來。

保持這個姿勢站立時，要把注意力放在呼吸上。注意有沒有想憋氣的傾向，彷彿這樣就能幫你保持平衡似的。記住，穩定與自在是體位法的特徵，但這指的是「心」的穩定與自在，即使身體可能感覺不太穩定（不過，你也終將漸漸達到身體的穩定與自在）。注意你像樹一樣站立時，呼吸是否導致身體出現哪些動態。

圖1

準備結束這個姿勢時，把雙手往下放到心臟部位前，然後全神貫注，緩緩把左腳放回地面，回到「山式」。換另一腿站立，重複一回相同動作。

〔修正式1〕

如果覺得不太平穩，你可以試著把腳底改爲緊貼在膝蓋下方的小腿內側，或甚至把腳趾踩在地上，好加強平衡（圖3）。

〔修正式2〕

靠著牆練習看看。把右手貼放在牆壁上，利用牆壁來保持自身穩定（圖4）。試著把左手舉到頭上，如果這樣做感覺很好，試著把右手也舉到頭上。

圖2

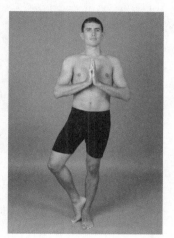

圖3

圖4

16. 屈膝橋式

仰躺，彎曲膝蓋，把腳掌挪近臀部，腳掌間的距離維持比臀寬還寬一點，腳趾稍稍往內彎。膝蓋位於腳踝正上方，小腿和地面垂直。雙手貼地，放在身體兩側。

雙腳用力往地下壓，骨盆往上抬高。試著不要靠背部把自己「撐」起來，主要靠雙腿來抬高。輕柔地往左右搖動，以便把雙肩墊在下面，好讓你能把雙手在背後互握，十指交纏。持續把雙腳往地下壓，同時雙手也一樣往地下壓，好把前胸抬高。保持腹股溝和腹部柔軟，

以避免把尾骨夾在雙腿間。把前胸朝下巴抬高，但不要把下巴朝前胸垂下，應該非常輕柔地讓頭部後方穩固地碰觸地面。

注意你在身體的哪些部位能感受到呼吸，以及當你保持姿勢時，呼吸的性質產生何種變化。要注意，即使保持原有姿勢，不再企圖抬高，你仍然必須在姿勢中持續「採取行動」，繼續從腳和手不斷向地面施壓。在瑜伽裡，行動和移動是不一樣的。為了保持這個姿勢、抵抗地心引力，你必須持續主動往

地下壓,雖然這樣並不會移動身體,雖然這可能看似靜止不動地維持姿勢,但你卻能親身感覺到,必須持續出力才能時時刻刻不間斷地創造出這個姿勢。

結束姿勢時,鬆開在背後緊握的雙手,並把骨盆放回地上。注意一旦自己放鬆一切力氣時,呼吸是否有任何變化。

17. 牛蝗蟲式

以下描述是針對練習「半蝗蟲式」的身體姿勢和動作。請按照三種變化式的說明來練習。

開始時,面朝下俯臥,腹部著地,雙腿併攏,雙手各放在身體兩側,手掌朝下貼地,從手指伸展。

吸氣,把右腿筆直抬高,再放下,膝蓋不要彎曲。一定要從臀部來抬高,而不是靠下背部來支撐。臀部和恥骨牢牢地往下壓地。一腿抬高時,同時也把雙肩抬高離地,而頭部和前胸也往上捲起離地(圖1)。試著不要硬生生地把前胸往上拉高,而是要像打開沙丁魚罐頭一

圖1

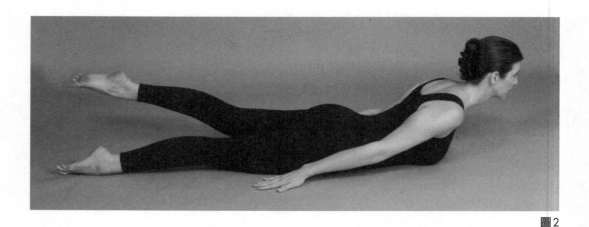

圖2

樣，蓋子是用回捲的方式打開，而不是筆直地往上拉。保持從頭頂往外伸展，不要突出下巴而導致頭部後垂。呼氣，回到開始時的姿勢。

換另一腿重複做一回（圖2）。

〔變化式1〕

依上述動作練習。吸氣往上抬，然後呼著氣放下，依次換腿練習，直到每條腿都做過6次為止。注意呼吸的長度，保持動作和呼吸一致，隨著呼吸做動作。注意你持續換腿練習時，呼吸是否出現任何變化。

〔變化式2〕

吸氣往上抬，之後呼氣、吸氣，再呼氣，回到開始時的姿勢。換腿輪流練習，每條腿各做4次。在「半蝗蟲式」中把腿抬高時，身體不要太僵硬，要保持呼吸自在地在體內運行，身體或許會隨著氣息而輕柔地浮動。不要刻意誇大你所體驗到的任何動態，但也不要壓抑它。只要讓呼吸引導你體驗這個經驗即可。

〔變化式3〕

吸氣，往上抬，然後呼氣、吸氣、呼氣、吸氣，然後再呼著氣把腿放下。換腿輪流練習，每條腿各做2次。練習這個姿勢時，請不要緊繃，如果讓呼吸在體內自由流動，身體就會更自在，並隨著呼吸起伏而上下波動。如果你企圖刻意把腿抬高，同時還保持不動，一定會導致緊繃，還有可能導致背部受傷。注意在後彎姿勢時，吸氣如何讓你更抬高而加大背部後彎的幅度，而呼氣則讓你稍微往下回降一點。當然，這和我們在前彎式呼吸時身體的反應剛好相反。

*18. 蝗蟲式

每個變化式進行4～10次呼吸

開始時，腹部朝下俯臥，雙腿併攏，雙手各放在身體兩側，手掌朝下貼地，從手指伸展出去。

〔變化式1〕

你吸氣的同時，把雙腿抬高，然後再放下，膝蓋打直不要彎曲。要從臀部來抬高腿，而不是靠下背部。臀部和恥骨牢牢貼地。腿抬高時，雙肩也同時離地，而頭、前胸也往上捲起離地，如上一個姿勢一樣。繼續從頭頂往外伸展，下巴不要突出以免導致頭部下垂。然後，從手指尖往外伸展，兩隻手掌離地

抬高，直到手臂與地面平行為止（圖1）。在此處呼吸，注意自己繼續在這個姿勢中呼吸時，可以在哪些部位感受到呼吸的來去、呼吸的性質和變化。同時注意一下，呼吸是否會引發身體的波動。當你準備放下時，只要呼氣，然後回復到開始的姿勢即可。

〔變化式2〕

和前述姿勢一樣，從俯臥開始，接著就把雙手往背後伸，十指交纏互握。恥骨、臀部、大腿和小腿上方緊貼地面，吸氣的同時，把

圖1

圖2

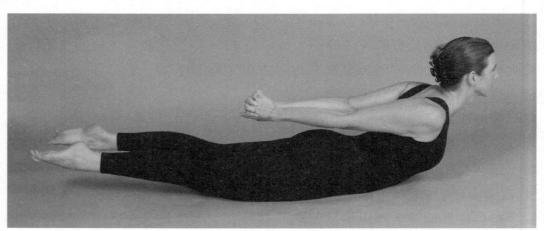

圖3

頭部、肩部和前胸往上捲起離地。
透過緊握的雙手往後伸展，雙手手
腕內側朝內相對，然後往上抬高，
離開背部（圖2）。看看這個動作是
否會使心臟部位成為注意力的焦
點，注意氣息是否滿溢胸腔；繼續
保持這個姿勢呼吸時，注意呼吸在
體內運行的情形，以及呼吸是否導
致身體產生浮動。

〔變化式3〕

　　以〔變化式2〕開始，但呼吸4
次後，就改從雙腳伸展，並把腿抬
高離地（圖3）。繼續在這個完全姿
勢中保持呼吸，讓呼吸引導你使
力。注意你感覺到呼吸的部位是否
和〔變化式2〕的部位一樣，還是在
其他部位感受到呼吸，呼吸的性質
又是如何持續變化。

19. 兒童式

15～30次呼吸

開始時，坐在小腿肚上，坐骨垂放在腳後跟上。兩根大腳趾應該會碰觸，兩個膝蓋則微微分開。從脊椎開始伸長，彷彿你是從骨盆開始往上抬，然後往前屈身，放鬆上半身靠在大腿上方。這時額頭放在地面，雙手放在腿部兩側（圖1）。只要調整一下兩個膝蓋的間距，就可以成功地把自己的體重往後放在腳後跟，而非頸部和頭部。

把自己完全釋放、融入這個姿勢中，保持自然呼吸。在身上哪些部位能感受到呼吸的流動？當你停留在這兒時，注意呼吸的性質是否

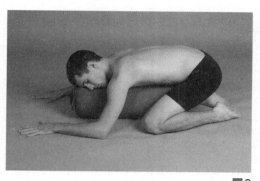

圖2

有任何變化。只要保持自然呼吸，就能讓你在「兒童式」中歇息，培養平靜感。要結束「兒童式」時，繼續讓坐骨垂放在腳後跟上，肚臍後收，回歸脊椎，往上捲起上身，回到開始時的姿勢。

〔修正式〕

如果臀部無法碰觸到腳後跟，而且感覺身體重量大部分是在上半身和頭部，這時可以把上半身靠在靠枕或幾張瑜伽墊上，這樣可以支撐上半身，使頭部保持和臀部一樣的高度（圖2）。

圖1

20. 杖式

坐著，雙腿併攏筆直往前伸。大腿背部、腿肚和腳後跟施力平均地壓地，從腳後跟往外伸展。抬高前胸，手掌放在臀部兩側往下壓地（圖1）。這個全身性的靜止收縮動作，會深刻影響到身體感受呼吸的部位以及呼吸的性質。自己感受一下，體內何處能感覺到呼吸。在這個極有爆發力、外表卻看不大出來的姿勢中，呼吸變得更寬廣還是收縮？身體和呼吸所發生的變化是否也反映在心的性質上？

〔修正式〕

腿筋感覺緊繃的人，會發現自己的下背部拱出來，導致坐在自己的尾骨上。這種和正確姿勢相反的身體曲線，會導致前胸下塌、呼吸短淺。為了幫助自己使坐骨貼地，並使背部維持自然曲線，試試坐在一兩張瑜伽墊上，這樣能讓你能拉長脊椎，腿部保持貼地（圖2）。前胸會感覺開闊而上揚，心思也能更機敏。

圖2

圖1

21. 單腳前彎式

身體每側進行10～30次呼吸

圖1

圖2

從「杖式」開始，右膝彎曲，右腳後跟儘量滑近右坐骨，右大腿朝側邊伸展。左腿打直，大腿下方、小腿肚和腳後跟均貼地，雙手往上伸，沿著脊椎骨往上抬升（圖1），然後在打直的左腿上方往前彎下（圖2）。任由坐骨往後舒張，距離打直的左腿腳後跟更遠一些。雙手握住小腿或腳板（圖3），藉由彎曲手臂，好讓打直左腿上方的軀幹

圖3

145

更能伸展（圖4）。

你是否在腹部感覺到呼吸，還是在更高的前胸？你能不能也感覺到呼吸通過背部？吸氣對你的姿勢造成何種影響？呼氣又是如何呢？當你保持這個前彎姿勢時，呼吸是否產生變化？

準備放鬆身體時，先把肩膀往回收，心臟部位敞開。吸氣，軀幹往上抬，雙手伸直延展。然後呼氣，放鬆回到開始的姿勢。

圖4

換身體另一側重複做一回。

〔修正式〕

如果你在做這個前彎姿勢時，是從下背部開始打彎，而不是從臀部，那麼可以改坐在一兩張瑜伽墊上，再把上半身沿著打直的腿彎曲延伸。如果你感覺骨盆開始往後拱，使得下背部拱起來，就停止再往前彎。可以把雙手輕輕壓在小腿上好做為支撐（圖5）。

圖5

22. 坐姿前彎式

　　從「杖式」開始，往前伸展，握住腳板或小腿（圖1）。保持腹股溝（大腿內側和骨盆連接的凹陷處，又稱鼠蹊部）柔軟，大腿微微往內側彎，坐骨往後移並分開。要多想想把上半身抬高往外伸展，並前傾到雙腿上方，而不是想著自己能把姿勢做得多徹底。背部會拱起，但要保持背部很均勻地拱起，而且時機是在從臀部開始前彎之後。利用手臂的力量，手肘朝上彎，肘關節朝外側伸展，用這些方

圖2

式來使前胸前傾到兩腿上方。先注視腳趾，等到下巴靠到小腿上後，就把視線內收，或者定在自己的「第三隻眼」①（圖2）。

　　當你全然沈浸在這個姿勢時，要保持專注在呼吸上。尤其是要讓自己在使力做姿勢，以及讓自己沈溺在姿勢這兩者之間取得平衡。佛陀曾拿彈琴做比喻，

圖1

琴弦的緊繃程度應恰到好處，才能彈出悅耳的音樂：「不可太緊，也不宜太鬆，音調要調到適中才行。」他闡述說：「要注意，如果竭盡心力過度，就會導致緊張，如果太鬆懈，就會導致怠惰。因此你要下定決心，採取中道而行，不讓自己努力過度或太過懈怠，要了解到，信仰、力量、定力和智慧，都是定靜、平和的中道之果。」

〔修正式〕

開始做這個姿勢時，我們希望能讓坐骨穩穩地貼到地面，而且上半身是從臀部開始彎曲前傾。如果你在做「杖式」時，無法保持下背部呈現自然曲線，而且覺得背部過度拱起，可以改坐在瑜伽墊或其他

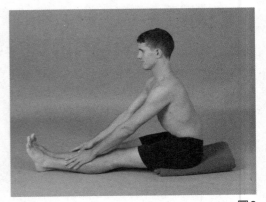

圖3

靠枕上（圖3）。

保持背部拉長，不要擔心自己能不能成功地把頭放在腿上，盡力做到自己的極限即可，並且讓拉力來自雙腿下方和臀部。

從這個前彎姿勢起身時，先吸氣，同時把心臟部位抬高，往外伸展；然後呼氣，放鬆，回到開始時的姿勢。

*23. 倒轉平板式

4～8次呼吸

從「杖式」開始，把兩手放在臀部後方的地面上，手指朝腳趾或相反的方向均可（你可能會想輪流這兩種方向，兩種各有優點）。吸氣，把骨盆往上朝天花板抬高，同時腳趾朝向地板。保持尾骨朝腳部伸展。要確保手腕位在雙肩的正下方，手臂打直。下巴可以靠在胸前，或把頭放鬆、往後仰，並靠上背部的肌肉撐住。做這個具有挑戰性的姿勢時，注意你能感受到呼吸的部位是哪裡，以及呼吸的性質如何，要避免憋氣或硬撐著做姿勢。把你的注意力集中在呼吸上，準備好了之後，呼氣，再回到開始時的姿勢。

24. 側躺的「脊椎扭轉式」

身體每側進行10～20次呼吸

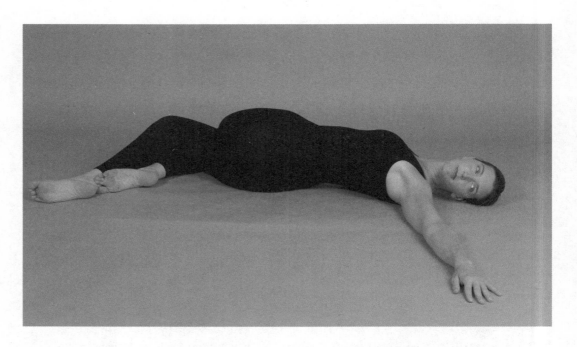

　　仰躺，兩腿彎曲，腳底貼地。左大腿舒適地跨在右大腿上，臀部往左移約4到5吋。呼氣，把膝蓋倒向右邊，扭動身體，使你完全靠在右臀外側上，骨盆和肩膀呈垂直，脊椎完全扭轉，但整段脊椎都毫不費力。你可以用右手使力，使兩腿下壓，左手則往左側伸出。左肩胛骨平貼地面，保持胸腔寬闊。在這個姿勢中休息時，你可以把右手也往右側伸出，眼睛往上或往左看均可。

　　注意扭轉姿勢會對呼吸造成什麼影響。你能否在躺著時感覺到身體內部？像這樣扭轉身體，會壓縮內臟器官，使我們更能覺察到身體內部的情形。在你呼氣和吸氣間，這些感覺有何變化？

　　當你準備結束姿勢時，從背部開始轉回身體，雙腳不再交叉，然後換另一側重複做一回。身體先躺在中央位置，然後別忘了把臀部往右移。

25. 攤屍式

雙腳打開，間距約12到18吋，腳趾朝兩側伸。臀部肌肉輕柔地往腳後跟垂下，肩胛骨先內收然後往下壓，使平貼地面。心臟部位保持開闊。兩隻手臂應該和上半身保持至少幾吋的距離，好營造出真正的開闊感。手掌朝上。

注意力集中在呼吸上。首先，注意在哪些部位最能感受到呼吸，接著注意呼吸的性質如何。了知氣息的入與出。一旦發現念頭、感覺、幻想、白日夢或影像出現了，只要立刻不帶自責地放下它們，回到呼吸上即可。

僅只這樣，就是這裡，就是現在，立刻放下，回到這裡即可。

如果你發現身上有緊繃感，看看能不能藉由呼氣來驅散它。看看自己能不能單純地體驗氣息的出與入。你真的能確定自己就是呼吸的人嗎？還是氣息兀自呼吸著？吸氣就像岸邊的波浪般湧入體內，而呼氣則宛如潮退。在這個過程中，你又在哪裡？

26. 禪坐

5～40分鐘

用任何腿部交叉的體位法禪坐（圖1-2）。找到身體的中心，伸展上半身，包括從臀部到腋下的身體側邊，這樣可以避免你為了拉長身軀而把前胸突出來，也可以提醒自己，你的身體原本是「圓柱形」。讓肩胛骨牢牢地支撐著上背部，而下背部則保持自然的腰椎曲線。

圖1

圖2

當瑜伽士吸入或呼出短息時，覺知其呼吸或全身，
或覺知自己正令全身平靜安樂，
這時行者安住於身，觀察身體，
精勤、正念、正知，超越此生一切的貪欲與憂惱。
這些入出息念的練習，屬於四念處的第一念處——身。

這一噚之軀

　　傳統智慧認為，是密教革命將身體的精神修行帶到前所未有的重要地位。這種傳統分析指出，密教運動發現身體並非精神修行與解脫的障礙，而是修行與覺醒的主要利器。

　　在印度教和佛教傳統中，許多主流的瑜伽修行的確在思想上變得出世、厭身，因而引發密教在西元6、7世紀的發展，不過當我們探查佛陀被記錄下來的最古老教法後卻發現，佛陀並不會視身體為障礙，反而是將之當成培養愛、慈悲與理解力的實驗室。

　　佛陀在《增一阿含經》（Anguttara Nikaya）中說：

> 想透過旅行去了解、發現或抵達宇宙遙遠的另一端，想找到一個沒有
> 生、老、死、消逝或再生的所在，是不可能的。但在此同時，我也要
> 告訴你們，只要尚未抵達宇宙的另一端，就不可能終止痛苦和壓力。
> 不過，就在這有感知和智力的一噚之軀內，我宣稱就有一個宇宙、宇
> 宙的起緣、宇宙的止滅，以及通往宇宙止滅的修行之道。

　　因此，如果我們想真正終止制約反應的循環「輪迴」──痛苦與不適的循環，導致瞋恚和反彈、壓力和不平衡──就必須往內看，而非我們以為令我們受苦的外在原因。

　　這裡所謂的「宇宙」就是反應的循環。我們在一秒鐘都會經歷無數次的「生、老、消逝與再生」；這是有關存在的傳統的、歷史的、或「相對的」真理，但我們若不試著去超越或脫離這相對的真理，就不會、也無法觸及無生無死的「終極」真理。我們必須先看透相對的真理。這是因為真理的這兩種層面，只有從傳統的角度來看才是兩種不同層面，就像左、右或上、下都只是相對的定義，它們其實不是兩回事，但也不是同一回事，再引述一行禪師的話來說，它們其實「相即相入」（inter-are）①。

　　雖然這種理解在大乘教法（尤其是古印度龍樹菩薩的教法）和密教中均極

為重要，而禪宗教法也有「輪迴即涅槃」的說法，但這種理解和洞見之花，是因為佛陀播下的種子與根——即上述經文所引述的佛陀教法，才得以盛開的。

除了禪修呼吸和身體的姿勢與動作之外，佛陀也在《入出息念經》中教導下面三種修行。

身體部位

行者禪修自身，從腳底往上，再從頭頂往下。

這個禪修是覺知身體所有部位，包括外在和內在。你以「攤屍式」平躺時，用呼吸做為穩定自己的錨，用覺察力貫穿全身。要真正的把覺察力注入腳趾，沿著腳板，上移到小腿。以正念覺知皮膚、肉、筋骨、肌肉和肌腱，也要覺知骨骼、骨髓、血液和淋巴。

往上移到大腿時，你的覺察力進入骨盆。對生殖器官、性體液、肛門、糞便、結腸、膀胱和尿液修行覺知。隨著覺察力往上移到上半身，持續覺知並接觸的對象是內臟器官，包括胃、腸、腎臟和肝臟。脂肪、黏液、膽汁、消化液、心臟、肺臟和神經也包括在覺知的對象內。

隨著覺察力移到了雙手，別忘了也把你的指甲、手臂上的汗毛，以及靜脈和動脈包含在內。覺察力轉移到頭部時，你觀照到舌、牙齒、唾液、鼻子、鼻竇、鼻涕、耳朵和耳垢、眼睛和淚液、腦部、頭髮。

光是讀到上面列舉的項目，你可能就已經發覺對某些身體部位有種不舒服、甚至厭惡的感覺。這個修行和其他教法不同之處在於，我們並非要刻意製造對身體的厭惡或反感，而是要更清楚明白身體的全部本質。觀看美麗模特兒的照片，然後思索她們的肝臟，或是在胃腸裡流動的消化液，正是能對治這短暫現象的執著和苦苦貪戀的解毒劑，而這些現象畢竟只是表象而已。

這個修行的部分目的，是要看出我們的偏好也是因緣和合而生。我們可能在觀想耳垢時起反感，而情願觀想頭髮，不過，一旦自己的頭髮纏在浴盆排水口，卻又令人有點反感，而我們在餐廳看到男女好看的頭髮，若是出現在我們的湯裡反而令

人作噁！練習對身體各部分保持正念的好處之一是，可以降低我們受制約的程度，也可以學習到，一旦解脫了強烈的厭惡或執著的束縛後，剩下的是什麼。

這個修行另一個最簡單的原因是，使自己學習和身體保持接觸。即使我們的文化相當偏重物質層面，但我們卻意外地和自己的身體極為疏遠，或者該說，正是由於偏重物質的文化，才使我們如此疏離身體。一些精神修行的傳統，甚至似乎把身體視為監牢或枷鎖──亦即懲罰的所在。藉由我們的覺察力流貫全身，和身體親密接觸，我們開始熟悉身體的原貌。

觀察身體各部位可能引發的另一個更微妙體悟就是，每個部位都有可能成為解脫與覺醒之門。你可以從只是觀察身體的一個部位的存在入門，例如你的手，隨著修行漸漸純熟，你將不難發現手部相互依存的本質，和手部相互依存的不只是其他部位，還包括了全宇宙。我曾聽一位科學家說過，海灘上的一粒沙可能意味著全宇宙，使人聯想起威廉·布雷克（William Blake）[2]所說的：「從一粒沙中見到全世界」。就這層體悟來說，詩人的靈視（vision）和科學家的知識，都清楚體現在覺悟的智慧與理解中。

身體與宇宙相互依存

更進一步地，無論行者的身體採取何種姿勢，他都要審視組成身體的元素。

這個觀想尤其能培養洞察力，了悟我們和其他事物間並無隔閡可言。佛陀指出，我們應了解，地、水、火、風等元素都存在於我們體內。「地」代表固體、實質和外形的原則；「水」代表物質的液態層面及凝聚的原則；「火」代表熱、熱能和轉化；「風」代表動態。有些經典呼應了古老的《吠陀》對五大元素的教法，加進「空」（space）的元素，它代表自然的「無實質性」層面，以及震動、創造的原則。

若修行者深入探查其身體，並觀想體內的「水」元素，則將看到血、汗、唾液、關節周圍的液體（潤滑液）、淚液、尿液等，以及流經體內每一個細胞的細胞液等具體例子。我們知道人體的確有百分之七十以上都是水；而體內的水和從雲層降下的雨水並無分別，而雲層中的水又是從全球各水域蒸發積聚而成；而形成水的

元素，又和充滿在虛空中的諸元素相同。

我們體內的元素，也和在宇宙各處所發現的元素一樣。我們人類其實真的可說是星塵。這就是為何在「正念五學處」中，要發願保護一切元素的「生命」。因為藉由保護元素使不至於毀壞，也等於是在保護自己。當我們自以為在「往外倒」掉垃圾時，可以自問，究竟哪裡才是「外」？

我們生活中的許多活動都會產生熱，我們攝取食物好釋放出足夠的能量以維持生命。而這一切都依賴我們周遭和體內的空氣，好讓我們持續進行交換。一切都不斷地活動中，不過，當我們觀察這種活動時，是否真的找得到或體驗得到一個「呼吸者」？或者，應該改口說呼吸正在發生才更正確？

當修行者以這種方式修行，並如實看出自己身體的相互依存的本質，就會開始理解生命並非獨立於身體之外。有了這個洞察力後，修行者就可以超越「自己等同於自己身體」的觀點，因為在他體內流動的生命，和在他體外流動的生命並無不同。有了這層理解後，就可以超越以為自我和非我之間有隔閡的錯誤觀點。

這裡所說的超越，並非拋下身體或某個領域以追尋更高的真實界，而是超越先前錯誤的觀點，使我們能進一步超脫有局限的生死概念。我們不需要去任何地方就能進入「無生無死」的境界。或許這個知解就是佛陀自稱的佛號Tathagata（如來）之所以有兩種意涵的原因，Tathagata可指「如來」，也可指「如去」③。

無常的身體：屍體腐爛的九想觀

乍看之下，禪修身體在死後腐爛似乎和「無生無死」的知解不合。不過，正由於相對真理和絕對真理相互依存，這個身體原本就會死的存在真理，也並不違背無生無死、無增無減的深層真理。我們只是要明白自己是從哪個角度來看而已。

第一次讀到這種禪修法時，你可能會感到不舒服，但這個練習的目的並非想令我們沮喪或對生命感到厭煩。相反地，這個禪修法的目的是要讓大家知道，我們得到的這美妙生命有多麼寶貴。見到無常後，就能刺激我們不要把生命浪費在迷惑和散亂之中；看到無常後，我們不再視一切為理所當然，因而會更尊重每時每刻的絕對性。當下即一切，而即使就在現在，當下仍不停變化中。

諷刺的是，對那些已經準備好的人——指解除大部分瞋念和貪心的人——這個禪修可能有助人解脫之效。若明白人類為了企圖否認我們所知唯一必定發生之事——人皆會死，而所遭受的痛苦和折磨、緊張和壓力，就會覺得這個說法講得通了。

這個禪修法若能修習得法，就能引導我們自在地生活，擺脫執著和瞋恚的束縛。若你選擇修習這個法門，一定要確定自己已準備妥當，一旦發現自己心情愈見沈重、沮喪或極不舒服，就要立刻暫停。和正念修行同樣重要的，是對自己的能力保持正念，並尊重自己的能力。畢竟，我們的能力和一切事物一樣，也是無常的，也會隨著時間而有所變化。

由佛陀所提出的禪修指導，反映出佛陀住世時人們處理屍體的方式。男女僧眾會前往納骨所，對各種不同腐敗階段的死屍行觀想。一行禪師建議，西方人可以運用西方傳統的意象來修習，如此做「攤屍式」平躺時，可以想像屍體躺在棺材裡。

由於很多人從未見過屍體——即使有往往也是整理打扮完好，彷彿要赴宴似地——因此可能會很難想像屍體自然腐朽的過程，而這一點更證明了，我們的文化是如此排斥去面對這個大自然最顯而易見的真理。若準備就緒，適時適量地修習這個法門，正是我們所需的良藥。

佛陀的禪修九想觀：

1. 屍體（我的屍體）腫脹、呈青瘀色、潰爛。

2. 屍體（我的屍體）爬滿了蟲蛆。烏鴉、老鷹、兀鷹和野狼正撕裂著以食用。

3. 只剩一副骷髏，上頭仍附著一些肉，還留有些許血液。

4. 只剩一副骷髏，上頭仍有一些血跡，但沒有肉了。

5. 只剩一副骷髏，不再有血跡。

6. 只剩一堆散亂的骨骸，有手骨、小腿骨、頭骨等。

7. 只剩一堆散亂的白骨。

8. 只剩一堆散亂的枯骨。

9. 骨頭已腐爛，只剩塵土。

第 **8** 章 觀受在受

入息時，我覺知喜悅的感受；
出息時，我覺知喜悅的感受。

入息時，我覺知快樂的感受；
出息時，我覺知快樂的感受。

入息時，我覺知心行；
出息時，我覺知心行。

入息時，我平靜心行；
出息時，我平靜心行。

第二組入出息念的練習，能幫助我們回到自己的感受中，讓我們能活得更喜悅、更快樂，並轉化我們所經歷的痛苦。很顯然，佛陀視喜悅及快樂的狀態為禪修覺知後自然會得到的果，而且它們還能刺激我們繼續探索。因此，第二組以探索「受」為主，而佛陀最先介紹的兩個就是喜悅和快樂。

 喜悅和快樂的感受

入出息念第四個練習及對身（第一念處）保持正念的果，就是「平靜身

行」，這使喜悅油然而生。入出息念的第五個練習，則引介對受（第二念處）保持正念，這使我們能更充分地覺知這喜悅，但卻不至於喜極忘形。開始在體位法中活動身體，擺脫平日遭受的壓力和困難，可能是相當喜悅的經驗。喜悅幫助我們重生、敞開心胸。試著想像一個活潑、喜悅的孩子，伸出雙手往天空高舉的模樣。把你的雙手往上高舉，手指併攏，再把雙手張開，來回做上幾次，如果可能的話，注意看看生理感覺有沒有什麼變化：從肩膀、上背部、前胸，也注意內心有沒有什麼變化。這是喜悅所能滋長的開闊感，若我們希望能對生命帶給我們的一切都保持著覺醒和覺知，那麼這種真誠的開闊感是不可或缺的。

不過，佛陀教導我們，光是喜悅仍然不夠，我們還必須超越喜悅，以得到快樂，這就是入出息念的第六個練習。快樂是譯自 sukha 這個字，你可能已經猜到了，sukha 就是 dukkha（苦）的相反詞。Sukha 是「好的空間」，輪軸安裝在中央，既平衡又和諧。這字有時也翻譯成「自在」或「舒適」。根據佛陀的說法，喜悅就像活潑的孩子一樣，有點興奮過度，而快樂則是滿足、飽足後的平靜。

佛陀舉了一個例子來解釋喜悅與快樂的不同：有個人困在沙漠中快要渴死了，突然間，他看到綠洲，樹叢中央有個水塘。他頓時感到喜悅、興奮，馬上跑到水塘邊，彎下身子，舀起清涼爽口的水。直到他喝下水的那一刻都十分喜悅，可是一等到水喝下了肚，解了渴之後，他就變得快樂了，原本刺激、興奮的喜悅感則已消失了。

快樂所帶來的祥和感生起後，接下來對「受」保持正念的兩個練習，則是把注意力轉到一切生起的感受上，身、心兩方面的感受都包括在內。心行（mental formations）一詞，包括所有感受（受）、感知（perceptions，想）和心理現象（mental phenomena，心所法）。不過，在四念處的修行中，第二念處所提到的心行主要是指感受。雖然感知也算相關，因為很多感受都受到感知所制約；不過，感知或者包括了想法、想像、推理等其餘心行，這些其實是第三念處的主要對象。隨著專注力加深，即使是面對難以處理的心行，我們都能保持正念，這使身心平靜得以生起。這時，身、呼吸和心都在祥和與平靜中融合為一。

感官生起的三種受

當我們把修習的範圍擴大到第二念處，即「於受觀察受」之後，就會發現，佛陀所說的「受」有特定意義。巴利文的 vedana 除了可以譯成感受（feelings）之外，還可譯成覺受（sensation），再加上下面引自《念處經》的經文，應已提供了足夠的線索，使我們能了解佛陀鼓勵我們觀察的「受」究竟指的是什麼：

> 當行者有樂受時，他覺知：「我正在經驗樂受。」
> 當行者有苦受時，他覺知：「我正在經驗苦受。」
> 每當行者經驗到不苦不樂受時，他覺知：「我正在經驗中性的感受。」

西方人常把「感受」（feeling）和「情感」（emotion）這兩個詞替換著使用，但在佛陀的用語裡，「感受」或「覺受」出現的時間比「情感」更早。第二念處探討的是「受」，而「情感」則比較屬於第三念處的範圍。當然，我們實際修習時不一定要劃分得這麼斬釘截鐵，仍會有很多重疊之處。佛陀的指導真正有用之處在於，它們有助於釐清我們在現階段的入出息念修行中，究竟應該先強調哪一點。

感受或覺受共分三種，分別是愉快的（樂）、不愉快的（苦）以及中性的（不苦不樂）。我們的感官接觸到世間，這些感受或覺受因而生起。覺知它們的存在極為重要，因為它們制約了我們的行為，以及我們如何看待自己與自我世間體驗兩者的關連。

見、聞、觸、嚐、嗅與知的各種「根門」（sense door）①，能持續和感官對象接觸，因而刺激一種感受或覺受的生起。問題在於，我們通常完全沒有覺察到這個感受，因為這感受是在轉瞬之間迅速生起。由於我們難以察覺到這個感受，因而導致一籮筐的情感、行為和反應陸陸續續生起——全都是被最初的那一個感受所引發、由於因緣和合而生。這就是為何放慢腳步會很有幫助的緣故。這整個自發反應的過程實在是太快了——幾乎可說是瞬間即發——使我們

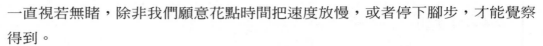

一直視若無睹，除非我們願意花點時間把速度放慢，或者停下腳步，才能覺察得到。

正如佛陀所指出的，我們的整個世界就是受到這些感受所制約。我們耗費大量精力，企圖創造、延長愉快的感受，並排除、消滅不愉快的感受，我們把自己封閉起來，完全忘記中性感受的存在。這種貪、瞋、痴是苦的三大根源，會污染我們的生命經驗（因此它們也被稱爲「三毒」）。培養對「受」保持正念非常重要，若我們失念，就會淪爲奴隸或機械人；那些感受會引發情緒、感情、覺知、理念和沈迷，導致不善的行爲及受苦。

例如，我喜歡吃巧克力，甚至可以說，有時還眞的挺「貪」吃巧克力的。不過，對吃巧克力的行爲保持正念後，我才發現，我貪的其實是巧克力碰到舌頭的感覺。這個小小的例子似乎平淡無奇，甚至俗不可耐，但事實上卻使我得到極深刻的體悟。巧克力碰到舌頭的愉快感其實稍縱即逝，等到吃第三、四口時，愉快感的強度大減，而且很快就摻雜了不滿足的不悅感，甚至常常完全被不悅感所取代。然後想要吃其他東西的貪念又出現了。有此覺察後，我於是決定，不該像過去一樣縱容自己去取得、大啖巧克力，巧克力不值得我耗費精力、金錢，承擔攝取高熱量的後果。

當然，這並不代表我往後就不能再沈迷於巧克力。眞正的意涵是，我以後只會把巧克力看成是會帶來愉快味覺的食物，它的意義就僅止於此。我可以少吃巧克力，而且還更滿足，因爲我不再想從巧克力身上得到它無力提供的東西（持續修行後，這些東西就包括任何無常的現象）。這是修行正念引發的另一種自在之味。

多年前有首西洋鄉村流行歌曲，歌名是「總在錯誤之處尋找愛」（Looking for Love in All the Wrong Places）。若缺乏正念，即使我們想尋求離苦得自在，也會容易誤入錯誤的地點和方法，而我們想藉以減少受苦的所有不善方法——毒品、性、金錢、權力、戰爭——全都源自於感受。因此，若能感受一生起就即刻發現，若能清楚明白它們的原貌，我們就可以自盲目反應中解脫，我們可以從貪、瞋、痴所引發的苦中解脫。若未覺察感受，我們將只會習慣性地生起反應。有了覺察力後，我們可以選擇回應的方式，可以用愛、慈悲和理解的方式來反應。

雜念紛飛的感受之河

　　入出息念第七和第八個練習，鼓勵我們對自己的心行保持正念，並且用正念令它們平靜。修行時，這意味著不但要覺察到感受的生起，也要覺察到自己是否對那個感受產生任何反應。例如，平躺在地上完全放鬆時，你可以保持正念，覺察這個經驗的愉悅感，也注意是否有想維持或延長這愉悅感的傾向。若躺著時的感受是中性的——既不特別愉快，也不會不愉快——你就可以覺察，心是否從「什麼事都沒發生」的狀態跑掉了，開始妄想紛飛，做白日夢，甚至陷入昏沈！假若躺著時，突然哪裡有點癢，你就注意著不愉快的感受，以及想止癢的強烈衝動。以「戰士第二式」（頁182）站立時，你可能察覺到，肩膀會不舒服，也別忘了注意你對這種感受的排斥和厭惡。你有沒有發現，這反應本身就是造成你不舒服的大部分原因？透過修行，你會愈來愈清楚，雖然感受有可能不舒服，甚至很痛苦，但使人苦惱和痛苦的大部分原因，卻是由於我們排斥去體驗這些感受。

　　面對不愉快的感受時，很容易就會想把自己和那種經驗一刀兩斷地隔離，但這個行為本身就會導致身心緊張；如此我們無異於與自己的感受為敵，想拼個你死我活。相反地，我們也可以深入這個感受，和它融合為一。這就是佛陀說「於受觀察受」的原因。我們並非站在感受的外部，而是在感受中呼吸，在感受中變得柔軟，我們知道，「自己就是感受」。根本沒有所謂的「和感受融合為一」的問題，因為在那當下，感受就是「我們自己」。不過，我們也要學著不要把這些感受視為「自我」。缺乏正念時，感受會滋生，引發一連串的心理反應，最後形成了一個強烈、銅牆鐵壁的自我意識。若有正念，感受就不再是一切。覺察力就足以改變整個情況，我們現在終於看出那些非個人因素的運作方式了。我們終於發現，這一切狀態其實並非真的是「我們」，而只是一些生起、不斷變形成其他事物並消逝的現象而已。正如一行禪師提過的「感受之河」（rivers of feelings）。

　　上瑜伽課時，以「戰士第二式」站立著，當下的「我是」肩膀的感受、是持續出入的深呼吸、是要我把姿勢再維持三次呼吸的老師的聲音、是我因為排斥遂脫口而出的輕微嘟噥聲、也是課堂上的背景音樂聲。下一刻，我又換成是

正念
瑜伽

其他事物了。「我」永遠是當下所發生的一切事物。

我希望你能了解，第二組的四個練習只是比先前所練習的更深入罷了。就某種層面而言，指導永遠是一樣的，但從另一個角度來看，其實每個指導都不一樣。正念的修行，只是去注意當下所發生的一切。一切，不排斥任何事物。在此我們又要引用一句座右銘：「接受一切，絕不執著。」而入出息念就是保持正念的肥料和利器。從最近一堂瑜伽課所發生的上述例子來看，正念有照顧到不愉快的感受，也有照顧到任何想逃避的傾向，還照顧到使我能繼續專注在感受而且更貼近深入它。這一切都是自發的結果，絕非刻意，我完全沒有想「做」任何事。

不過，我當然也曾暫時失去正念，使得雜念紛飛：「那女人真是虐待狂，她究竟要把我們留在這裡多久？我做不來這個姿勢。我『不要』做。」然後正念又生起，一切又平息了。入出息念的第七和第八個練習，是覺知心行和令心行平靜，兩者密切連貫。我並非硬把念頭從心裡趕走，實際的狀況似乎是，當我對念頭和呼吸保持正念之際，念頭就平息了。

當我回到感受時，只是把注意力放在上頭而已，並不會刻意想改變它。正如我先前提過的，當我們最先開始練習時，可能像是「我在注意」，但持續修行後，連這種自我意識也會被看透。「正定」意指毫無區隔。只有覺知本身，並沒有覺知的人！

在每次呼吸之間了知感受

有時學生會問我，為何有人「不想去感覺」。這顯示，他們並沒有真正了解佛陀的教法。我研讀經典的心得是，很顯然佛陀是擁有深刻感受的人。他會回想起停下腳步欣賞夕陽、抒發對夕陽之美的愉悅，或是回頭望著自知永遠不會再看到的村莊，這一切都很感人。但很明顯他並沒有陷入這些感受而無法自拔，它們並沒有令他受苦，因為他真正、深刻地了解這些感受的真實本質。

我甚至可以這樣說，除非我們對自己的感受保持正念，否則就「不算」真正體驗過感受。佛陀的瑜伽修行法鼓勵我們更深入這些感受。一般來說，我們在面對強烈感受時，傾向採取兩種策略：我們可能試圖壓抑它們，但也清楚這

種作法終將有害健康；或者，我們也可以表達這些感受，但最後大多不假思索地大肆發洩、瘋狂傾吐，反而為他人和自己帶來各式各樣的麻煩和痛苦。我們現在知道，光只發洩生起的任何衝動是無益健康的。佛陀提供我們第三種選擇，那就是純粹了知一切，只去「體驗」感受，不要試圖排除不愉快的感受，而要實際、真正去體驗去了解那感受。

如果我們真正能了解那個感受，以覺察力充分感受它，就可以避免使心以及我們和世界的關係受到制約。我們解脫的並非那些感受，而是它們所導致的制約。我們不再受它們所「驅策」。不這麼做的話，可能在我們還來不及覺察到最初的感受，就會飽受一連串包括思惟過程、投射、詮釋和想像等心理活動所侵襲、淹沒、擊倒我們，使散漫和愚痴葬送我們的生命。

雖然我已經花了很多時間和極大的篇幅來討論愉快和不愉快的感受，但事實上，一旦我們開始認真研究自己的經驗時，就會發現，其實大部分感受都是相當中性的。我們傾向於專注在「激起強烈反應的」愉快和不快的感受，而對絕大多數不好也不壞的感受卻視而不見！這當然是代表我們對自己生命的絕大部分持續視而不見，或茫然無知。如果那個感受沒有大到會迎頭將我們擊倒，我們就會繼續不知不覺下去。

有個學生告訴我，她的背痛真「要了她的命」。經由質疑及深入探索，我們兩個一起發現，痛苦的感受只限於她下背右邊腰椎約三吋見方大的地方而已，背部其他地方似無大礙；只不過，她對不快感的病態執著使她看不清真相。等我鼓勵她真正深入那個痛苦後，她告訴我，痛感根本就不是很具體或固定不變，而是不斷在變化。痛楚的四周邊界柔軟、散漫，感覺如潮汐般有起有落，性質幾乎不斷在改變。這並非低估、看輕她的痛苦，只是要點明，我們是如何病態地執著某個感受，然後立刻把它「具體化」，接下來就企圖從身上消滅或隔離它。這名學生愈來愈親近自己的感受後，開始能鬆懈對痛感的排斥，雖然疼痛並未完全消失，但至少她所受的苦已大幅減少了。

一行禪師指出，「中性的」感受其實可以成為使人日益喜悅和快樂的種子。他舉了一個例子，我們牙痛時，顯然很清楚如果沒有牙痛一定很愉快，可是當我們沒有牙痛時，卻沒有感受到「無牙痛」的喜悅。這個例子輕輕地提醒我們，快樂的條件無時不在，我們只需對它們保持正念即可。回到我們的呼

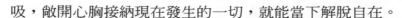

吸，敞開心胸接納現在發生的一切，就能當下解脫自在。

　　請記得，每一個體位法都可以從任何一個或全部四念處開始修習。例如，上一章的第一套瑜伽姿勢可專注在「受」。我希望自己設計的下一套姿勢，能讓大家有機會探索更強烈的感受，主要是經由把某些姿勢維持得更久的方式，不過，也加入了一些難度較高的姿勢。

　　這個修行的目的並非要折磨自己。要尊重自己的能力限度和生理狀況，但也別忘了用尊重和慈悲來考驗自己。讓感受當你的老師，讓你學習對呼吸、覺受和習慣性反應保持正念。但絕對不要硬撐。

　　我們修行是因為渴望達成一些目標：讓身體更有彈性、更放鬆；讓心更平靜，或離苦得樂。不承認這點，就不夠誠實了。不過，對這些目標最好的處理方式是，暫時擱置它，把注意力轉移到當下正發生的現況。就是從這個層面開始，我們踏上修行之路，開創自己的路，並走完全程，就在每時每刻、每次呼吸間。

正念
瑜伽

第二套姿勢

體位法的修行不但包括進入姿勢，也包括姿勢的結束。

正念瑜伽的第二套姿勢，對應《入出息念經》所描述的第二念處——受念處的第二組四個練習。

正如第一套姿勢的導言所述，我建議讀者在實地去做之前，先讀完整套練習，了解如何透過正念來修習「於受觀察受」。若你是瑜伽體位法的初學者，或只想練習短一點的串連姿勢，可以跳過那些打星號的體位法。

同樣地，維持姿勢的時間和呼吸次數都只是建議而已。以每分鐘平均呼吸15次為準，若按照建議的最少呼吸次數來算，做完整套姿勢可能要花45分鐘到一個半小時左右，時間長短的差別端視呼吸的頻率而定。

不斷練習這套姿勢，直到整個練習更熟悉、感覺更舒服為止。我建議讀者每天都練習，初學者至少也要每週兩到三次。不過，心裡不要設定目標或某種程度的執著，要知道，體位法的修行不但包括進入每個姿勢，也包括每個姿勢的結束。

1. 攤屍式

3～5分鐘

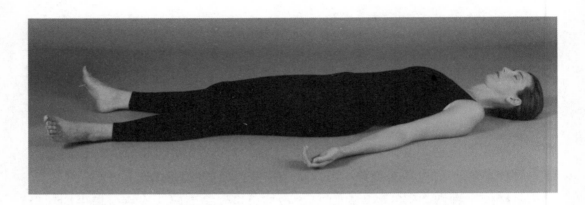

從「攤屍式」開始，雙腿打開，間隔12到18吋，腳趾朝外。雙手放在身體兩側，離身體至少數吋，手心朝上。

首先，把注意力集中在你感覺到氣息通過之處。現在，忘記你自以為對呼吸的一切認知，或過去所學到的關於正確呼吸方式，只注意氣息如何出入即可。記住，要放棄想要控制或操縱的傾向，只要親自看見當下所發生的情況即可。

有些人可能在腹部起伏上感受到氣息；有些人則可能覺得，氣息較多展現在前胸的起伏，或肋骨的擴張和緊縮；還有些人則可能在鼻孔處或喉嚨後方體會到氣息的感受。不論你在哪個部位感受到氣息，把你的注意力放在該處。

留心呼吸所引發的各種感受，吸氣時增添的微妙緊繃感，然後呼氣時又放鬆了。觀察身體的感受如何制約自己的心。這就是「感覺的調性」，包括身心等層面的經驗。一會兒後，讓自己的覺察力擴充到全身。保持開放，接納一切在你躺著時可能生起的任何感受。看看這感覺是愉快、不愉快，或是中性的。打從練習一開始，就要注意任何想執著愉悅經驗的傾向，且排斥可能不愉快的經驗，或是在沒有任何強烈感受時「心不在焉」。

2. 膝至胸式

我們從觀察呼吸和身體在休息時的狀態，改爲觀察呼吸和身體在活動時的情形。

現在，緩緩把右腳後跟沿著地面往臀部滑，當腳往臀部移動時，把膝蓋朝天花板彎曲。做這個姿勢時，注意腿和全身的感覺。當腳後跟移到臀部時，你能不能感覺到身體重量的分配？或是骨盆重心是否有任何改變？腳後跟移到臀部後，慢慢把腿抬高離地，雙手抱膝，把膝蓋往前胸靠。

呼吸6到8次後，慢慢把腳放下到靠近臀部的地面，之後再把腳往外滑，使腿打直。注意你發覺能把腿的重量完全釋放到地上的那個定點，發現這個點之後，注意你的呼吸和全身上下的感覺調性是否出現任何變化。你是否屏住呼吸或緊繃身體？

換另一條腿重複同樣動作。換腿做時如果感覺不一樣，看看你能否純粹只是注意到這個現象，而不添加任何評斷。

第8章 觀受在受

3. 蓮花預備式

每側45～60秒

把兩腳都抱到接近臀部處，兩腳間距同髖寬。把左腳交叉跨在右腳上，左腳踝上面的小腿外側靠在右大腿上，然後把右膝抱近胸前。左手從兩腿中間伸出，右手從右大腿外側環繞過來，並把雙手交握在右膝下方或膝蓋後方，視放在哪個位置會讓你的肩頸部更舒服而定。

你可能會感覺左臀外側有強烈的拉長感覺，至於程度則視你臀部的開闊度為主。繼續呼吸，注意在你感覺拉長時，是否有緊繃肌肉的傾向。試著放鬆緊繃，在這些感覺中繼續呼吸。不要強迫自己把動作加深，只要放下排拒感即可。注意當你停留在此處時，這些感覺是否產生變化。

換另一側重複做，同樣也要注意，從身體一側換到另一側後，是否發現任何差異。大部分人身體左右側都不對稱，因此換不同側來做時，會有不平衡的現象。看看你能不能只見到當下所發生的情況，而不要認為較有彈性或舒服的那一側比另一側做得「更好」。

4. 貓式／牛式

重複做6～10回，配合呼吸

雙手自肩部直線下垂，膝蓋位於臀部正下方。呼著氣的同時，像發怒的貓一樣把背拱起，骨盆往後傾，夾緊雙腿中間的尾骨。頭部垂下，往後望著你的骨盆（圖1）。吸著氣的同時，把你的骨盆往前傾，腹部朝地面下垂，

圖1

頭頂和坐骨朝天花板往上伸，背部形成柔和的後屈線條。這時你的背部擁有柔和的後屈形，呈現像牛背一樣的線條（圖2）。

讓你自然的呼吸決定動作持續的長度和韻律。開始動作時，先傾斜骨盆，讓這個動作所引發的動態流貫背部，如波浪在水中波動一般。注意呼吸的本體以及變換姿勢間所出現的一切狀態。你是否發現自己特別喜歡這個姿勢的某個動作勝過於其他動作？這是否會制約了你做這個姿勢的體驗？又或許你可能會發現自己在重複這個動作時，心不在焉地轉為「自動駕駛」狀態。做整個動作時，隨時專注在當下。

圖2

5. 面朝下狗式

15～30次呼吸

圖1

從「牛式」開始，把腳趾內收，坐骨往上、往後抬，雙腿打直，成為「面朝下狗式」。維持坐骨抬高，不要想著非把腳後跟碰觸地面不可，但要儘量使腳後跟貼近地面，以不至於影響背部的拉長為主（圖1）。

保持這個姿勢呼吸時，把身體的重量換到不同腿上，動作要緩慢到足以能感受到身體緊繃和放鬆的變化。花額外力氣用單腳而非其他部位來撐起自己時，呼吸是否受到任何影響？之後，開始把身體的重量放在愈接近身體中央的位置，注意呼吸如何隨著愈來愈均勻和放

鬆。停留在這個姿勢時，要隨時警覺各種感受是否產生任何變化。更重要的是，要看看自己能否持續保持警覺，能覺察到不同的感覺出現後身體的順勢回應或排拒反彈。

〔修正式〕

如果腿筋緊繃，下背部就會拱起，受到壓縮。這時只要彎曲膝蓋，直到你感覺背部拉長，下背部也回復自然的（朝內的）腰部曲線即可。如果雙腿的後側實在感覺很緊繃，除了可以彎曲膝蓋之外，你或許可以試試把雙腳打開得比髖寬還更寬一些（圖2）。

圖2

*6. 「弓箭步式」轉「站立弓箭步式」
（戰士第一式變化式）

每側進行10～20次呼吸

從「面朝下狗式」開始，把右腳往前收到雙手之間，後面的左腿保持打直。從後面的腳後跟往外延伸，注意右腳彎曲的膝蓋不能比腳趾還前面，膝蓋彎曲的程度應和小腿垂直成90度直角，大腿則與地面平行。用手指尖的力量搶起身子，肩膀往後仰，把心臟部位撐開，眼睛直視前方。

圖1

在不讓身體過度緊繃或僵硬的前提下，你能否繼續使力從後方腳後跟往外拉長，同時保持前胸抬起。讓呼吸在體內自由運行。從這裡開始，起身變成「站立弓箭步式」，這是「戰士第一式」的變化式。繼續主動地從後方的腳往外伸展，使尾骨下垂、遠離下背部，同時雙手往上伸。肩部不要朝耳朵的方向往上聳起，而是要從身體的兩側往上伸展（圖1）。

在此處呼吸時，注意有沒有出現什麼感覺。注意當你停留在這個姿勢愈久，感覺也變得愈強烈，而對這些感覺的排拒也一樣會增長。注意心可能也會想「往前傾」，脫離原有姿勢。繼續和呼吸保持聯繫，看看你能不能對各種感覺微笑以對。

結束「站立弓箭步式」，回到「面朝下狗式」。如果你夠警覺，可能會發現自己在此時執著於解脫的感覺。不過，保持「面朝下狗式」進行一兩次呼吸後，就要把左腳往前收，換左側來重複「弓箭步式」

圖2

圖3

及「站立弓箭步式」（圖2）。同樣
地，當你用「弓箭步式」站立時，
注意所有浮現的感覺。

　　當你又可以放鬆、回到「面朝
下狗式」時，再看看那種想執著於
解脫的感覺是否再度出現。享受解
脫並沒有錯，但如果現在改成繼續
做「面朝下狗式」共20次呼吸的
話，又會如何呢？你可能又會開始
期待趕快結束「面朝下狗式」，即使
那意味著又得回到「站立弓箭步
式」！這就是我們害自己不斷陷入

的「推我一把、拉我一把」顯然無
盡的輪迴。不過，若停留在感覺之
中，我們可以開始看出自己受制約
的情況，開始從中解脫。

　　從「面朝下狗式」，改為往前站
做「下垂前彎式」。

〔修正式〕

　　如果目前要你把雙手高舉過頭
難度太高的話，可以改把手輕輕壓
在前方腿的大腿上，好幫助把肩膀往
後挪，同時抬高、擴展前胸（圖3）。

7. 下垂前彎式

雙腳打開，維持拳頭大小（髖寬）間距，抬高坐骨，並把上半身往下垂。如果下背部感覺緊繃，就放柔軟些，讓膝蓋彎曲。雙臂交叉，相互在手肘處互扣，僅垂下即可（圖1）。

注意任何你可能感受到的鬆弛感。享受在這個姿勢中休息的機會，但也別忘了看看自己能不能既不會太過執著其中，也不會太過心不在焉。

〔修正式〕

腿筋覺得太緊的人，會發現自己的下背部拱起，導致該處緊繃。這時可彎曲膝蓋來舒緩背部的緊繃，並靠大腿來支撐上半身，這個方式能穩定下背部和脊椎底部的薦骨，讓你能從臀關節處彎曲，而非從背部。保持坐骨抬高，同時雙腳往下壓（圖2）。

圖1

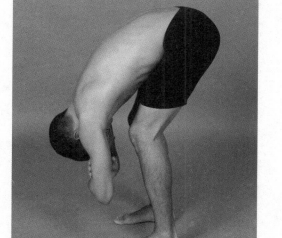

圖2

8. 脊椎捲曲式

20～45秒

放鬆手臂，讓它們自由擺盪，不要把它們固定在任何特定位置。膝蓋輕柔地彎曲，肚臍朝脊椎處往回收，而且是一節、一節脊椎骨地往上捲。看看你這樣做時，真正感覺到脊椎的少部分還是大部分。保持自然呼吸（圖1）。

雙眼保持張開，如果你看見雙臂往腿部靠，或是往外伸展，看看你能不能有意識地放鬆，把它們交給地心引力來決定。隨著你緩緩上揚到「山式」的同時（圖2），注意身體哪些部位感覺最明顯，再觀察你緩緩上揚時，這些感覺是否產生轉變、變化？

圖1

圖2

〔修正式〕

　　如果下背部感覺疼痛，即使彎曲膝蓋也無法減輕疼痛，就改為把雙手扶在大腿上，以增加支撐力（圖3）。

圖3

9. 山式／平衡站立式

2～5分鐘

　　站立，雙腳打開與髖部同寬，雙腿沿著腳的中線（大約從第二根腳趾往上筆直延伸）保持平行。雙腿沿著中線平行站立，兩根大腳趾會比兩個腳後跟更接近一些。感受你的體重從雙腿一直下垂到腳後跟前方的地上，讓你的脊椎從骨盆上升，前胸抬起，肩膀放鬆、並微微往後。

　　試看看你能不能感覺到脊椎的自然曲線。下背部不要猛然垮下，前面的肋骨保持柔軟。就像我們在第一套瑜伽串連姿勢所做的一樣，閉上雙眼，試著保持身體打直，然後儘量往前傾，以不至於前撲跌倒為限。注意在你為了不至於跌倒而緊繃肌肉時，身體所產生的各種感受。當你搖搖晃晃之際，你的呼吸

和心的性質如何？這就是感覺為何會被稱為身與心的「制約者」的完美例子，你可立即觀察到，強烈壓縮、緊繃的感覺，會導致呼吸和心變得緊張、緊縮。

往前、後傾斜，但移動的幅度愈來愈小，直到你能感覺到呼吸變得更深沈些、也更廣闊為止。注意你如何放鬆背部和肩膀所有主要的肌肉群，並輕鬆愉快地站直。同樣地，讓你的呼吸引導你，以身體的感覺調性為師。

你無須照鏡子，只要讓呼吸和身體的自在與穩定來引導你。如果呼吸和身體感覺自在定靜，你一定站得很直，一旦取得重心平衡，就繼續再站一會兒，然後注意感覺是否有變化。

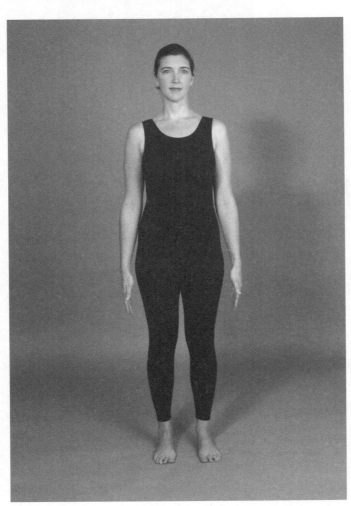

10. 三角式

身體每側各進行5～15次呼吸

雙手向身體兩側伸出，使與地面平行，然後把兩腳打開，直到足部位於手指尖端的正下方為止。左腳微微往內，右腳則完全往外開（和正前方呈90度垂直）。雙腿重重地往下壓，從脊椎底部開始往上伸展。

上半身向前腳上方彎曲，同時把身體的重量持續移到後方的腿上。下方的手臂往地下或小腿處下壓，同時拉長脊椎，闊胸，上方的手臂往上伸。

在此處呼吸，持續平順及均勻地掃描身體，持續覺知所有浮現的感覺，並且放下抗拒或執著。當你保持這個姿勢時，將會覺察到身體各個不同的區域。注意感覺浮現在不同部位時，自己的反應如何不同，而這些部位又分別以哪些感覺的性質為主呢？

準備起身時，要更使力往後方的腿壓，然後藉由前臂的力量抬起身體。

換另一側再做一回。持續保持警覺，看看心是否飛快地就想把身體兩側的表現做個比較，如果有的話，這顯示你並沒有完全把注意力放在「當下」。這時該重回呼吸及當下的感覺。

*11. 伸展側角式

身體每側各5～15次呼吸

開始時和「三角式」一樣，雙手向身體兩側伸出，手臂與地面平行，然後把腳打開，直到足部位於手指尖端的正下方為止。左腳微微往內，右腳則完全往外開（和正前方呈90度垂直）。雙腿重重地往下壓，從脊椎底部開始往上伸展。

現在，把前方的腿打彎，讓彎曲的膝蓋呈90度垂直，膝蓋位在腳踝的正上方。你的小腿應和地面垂直，大腿則趨於和地板平行。接下來，右手指尖伸長、碰觸右腳掌外側的地面，左手臂沿著左耳往外完全伸展（圖1）。

當你停留在此姿勢時，持續轉動膝蓋，使向外挪移，讓兩個膝蓋的間距擴大。把手掌緊貼右腳旁邊的地面，並旋轉上半身，彷彿想把前胸轉成朝向天空般。繼續停留在這個經驗上，不要試圖封閉感覺的任何層面。試著軟化、鬆弛舌頭，並使嘴角微微上揚。

從這個姿勢起身時，後面的腿及腳掌再度往地下壓，前臂往上伸，再收回，前面的腿打直。

換另一側重複做一回。

〔修正式〕

臀部緊繃時，把手觸地可能導致能量受

圖1

阻。想要放鬆臀部、讓雙腿和脊椎能整合，就把手肘靠在膝蓋上方的大腿上（圖2），或是墊個瑜伽磚（圖3）。

　　請勿讓自我意識來主導你的姿勢。如果把手觸地會導致臀部或脊椎彎曲，改做這個修正式能讓你體驗動作移動的方向，那是從站得很穩的雙腳一直往上延伸到脊椎，然後從上方臂膀再往外伸。

圖2

圖3

12. 戰士第一式

身體每側各進行5～15次呼吸

　　雙手往身體兩側伸出，像「伸展側角式」一樣，把雙腳打得很開。然後吸著氣，把雙手高舉過頭，雙腿著地。

　　接著，左腳往內側呈45度角轉動，右腳往外側呈90度角轉動。骨盆和前胸都往右轉，好讓你面朝右腿的方向。使左臀往前挪，而右臀

則往後挪。

　　現在，彎曲右腳，讓膝蓋呈90度彎曲，等彎曲的膝蓋來到腳踝正上方時就停止。尾骨輕輕下垂，避免下背部受到壓縮，但不要緊縮著臀部。

　　注意你體內的感覺，讓這些感覺引導你找到使力和順勢臣服的平衡點。不要想「保持住」這個姿勢，而是要看出，隨著你持續把雙腿下壓，兩手往上伸，以及持續覺知呼吸及所有感覺，這個姿勢其實是時時刻刻不斷創造出來的。

　　從這個體位法起身時，先把右腿打直，然後回轉到開始的姿勢。

　　換另一側重複再做一回。

13. 戰士第二式

身體每側各進行5～15次呼吸

　　「戰士第二式」開始的姿勢，和「三角式」、「伸展側角式」與「戰士第一式」的基礎姿勢一樣。接下來，左腳略微往身體內側轉，右腳往外側呈90度轉。右膝以90度彎曲時，後方的（左）腿往下壓，特別是外側的腳後跟。要確定彎曲的膝蓋是在腳踝的正上方，彎曲的幅度不要低於或高於與地面垂直的幅度。保持雙手與地面平行，轉頭，

使眼睛注視右手中指。尾骨像下錨一樣地往下垂，但不要捲縮或繃住臀部。

保持此姿勢時，觀察全身上下的各種感覺。若右大腿有灼熱感，就表示後面的腿向地下壓的力道不夠。支撐身體的主要是後腿，前腿著力比較少。肩膀很快地也會有感覺，開始覺得不舒服時，注意心是否很快就想切斷那些不適感。要放下這種「心理切除術」的傾向，我

們的修行是「非手術」的。軟化肌肉和能量的緊繃感，讓自己完全進入各種感覺中。不適感可能會增加也可能減少，但我們仍能維持穩定與自在的心。支撐著這個體位法練習的就是自在與穩定，而非想在姿勢上達到某種理想化的完美。

當你準備從這個體位法起身時，膝蓋彎曲的那條腿打直，轉體讓雙腳再度相互平行。換另一側重複做；做之前可以先放鬆雙手。

正念
瑜伽

14. 樹式

從「山式」開始，左腳腳底放在右大腿內側。左腳和右大腿互相緊壓。雙手在胸前合十如向人致敬的手勢（Anjali Mudra，圖1）。

如果你覺得保持平衡有點困難，僅維持現在的姿勢，持續從腳往地下壓，並保持心臟部位抬高而開闊。你對自己的平衡感很有信心，可把雙手高舉過頭（圖2）。想要避免下背部陷下，可在心中假想腎臟部位「膨脹起來」，前面的肋骨保持柔軟，不要突出來。

保持這個姿勢站立時，要把注意力放在呼吸上。注意有沒有想憋氣的傾向，彷彿這樣就能幫你保持平衡似地。記住，穩定與自在是體位法的特徵，但這指的是「心」的穩定與自在，即使身體可能感覺不太穩定。注意你像樹一樣站立時，呼吸是否導致身體出現哪些動態。持續覺察一切可能生起的感覺。

準備結束這個姿勢時，把雙手往下放到心臟部位前，然後全神貫注，緩緩把左腳放回地面，回到「山式」。當你結束「樹式」時，原

184

圖1

本站立的那條腿有可能還留有一些強烈的感受。注意想避免繼續有這些感覺的傾向，是否很快就出現了。利用呼吸做基礎，重新觀察、感覺一切生起的事物。感覺有何變化？

換另一腿站立，重複做一回。

〔修正式1〕

如果覺得不太穩，你可以把腳底改為緊貼在膝蓋下方的小腿內側，或甚至把腳趾踩在地上，好加強平衡（圖3）。

〔修正式2〕

靠著牆來練習，把右手放在牆上，利用牆來保持穩定（圖4）。試著把左手舉到頭上，如果這樣做感覺很好，試著把右手也舉到頭上。

圖2

圖3

圖4

15. 蝗蟲式

每個變化式進行4～10次呼吸

開始時，腹部朝下俯臥，雙腿併攏，雙手各放在身體兩側，手掌朝下貼地，從手指伸展出去。

〔變化式1〕

你吸氣的同時，把雙腿抬高，然後再放下，膝蓋打直不要彎曲。要從臀部來抬高腿，而不是靠下背部支撐。臀部和恥骨牢牢貼地。腿抬高時，雙肩也同時離地，而頭、前胸上方也往上捲曲離地。別只是單純地提起上胸部，想一想沙丁魚罐頭是如何打開的。繼續從頭頂往外伸展，不要突出下巴以免頭部下垂。然後，從手指尖往外伸展，兩隻手掌離地抬高，直到手臂與地面平行（圖1）。在此處呼吸，注意自己繼續在這個姿勢中呼吸時，可以在哪些部位感受到呼吸的來去、呼吸的性質和變化。也同時注意一下，呼吸是否會引發身體的波動。在做姿勢和放鬆時，都要注意是否有任何感覺出現，感覺又有何變化。當你準備放下時，只要呼氣，然後回復到開始的姿勢即可。

〔變化式2〕

和前述姿勢一樣，從俯臥開始。接著，把雙手往背後伸，十指交纏互握。恥骨、臀部、大腿和小

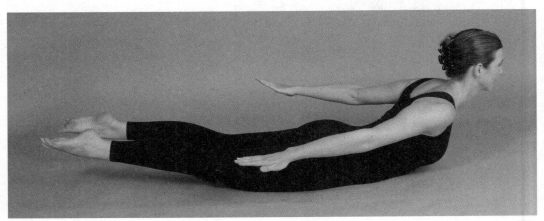

圖1

圖2

圖3

腿上方緊貼地面，然後吸著氣同時把頭部、肩部和前胸往上捲曲、離地。透過緊握的雙手往後伸展，雙手手腕內側相互朝內，兩個手腕往上抬高，離開背部（圖2）。看看這個動作是否會使心臟部位成為注意力的焦點，注意氣息是否滿溢胸腔。繼續保持這個姿勢呼吸，注意呼吸在體內運行的情形，以及呼吸是否導致身體產生浮動。

〔變化式3〕

以〔變化式2〕開始，但呼吸四次後，就改從雙腳伸展，並把腿抬高、離地（圖3）。繼續在這個完全姿勢中保持呼吸，讓呼吸引導你使力。同樣地，注意你體驗到的任何差異，但要保持心胸開闊、不要做價值判斷。注意到你有所偏愛也無妨，但要試著放下執著。

187

16. 眼鏡蛇式

6～12次呼吸，重複做1～3回

正念

瑜伽

開始時腹部朝下俯臥，雙腿併攏，從腳趾往外伸展。雙手放在身體兩側，手掌朝下放在中脊椎兩側。雙肩往後捲、下壓，闊胸，手掌往地下壓。手肘一定不能往外或往內垂，而要筆直地朝後。

持續把雙手往下壓，頭、肩與胸抬高離地，成為後彎姿勢。不要硬把上半身抬起來，而是先把上半身往上捲起，再往後，這樣可以避免下背部陷進去。

盡全力去做，但不要壓縮到脊椎，藉由伸直手臂來支撐住脊椎和前胸的抬高和擴張。若你伸直手臂時，肩膀往前捲起或往上朝耳朵聳起，則退出這個姿態，直到你能維持抬高及擴張的幅度。繼續往後屈身，雙腿要保持貼地。在此處呼吸，注意力跟隨著呼吸在全身上下遊走，對任何一個及所有可能浮現的感覺保持開放的態度。

從此處準備結束姿勢時，先把身體往回捲、回到地面，不要只使身體下垂落地，而是以拉長身體的方式。繼續躺幾分鐘，同時追隨著呼吸及所有感覺。

17. 弓式

腹部朝下俯臥，膝蓋彎曲，雙手握住腳踝，兩個膝蓋打開，間距髖寬。繼續保持呼吸，試著不要過度往前傾。你已經開始練習「弓箭式」了。

身體的前側放鬆。下背部保持敞開，讓尾骨微微朝下垂。

接著，吸氣，雙手握壓腳背，把大腿抬高離地。讓這個腿部的雙重動作幫助你把頭、肩與胸抬高離地。試著不要硬用雙手來拉抬。尊重你的身體和它的能力範圍。不這樣做，就是刻意忽略身體天生的智慧，任由自我意識來決定什麼對你最好。如果下背部感覺緊繃，就不要抬得太高，讓臀部和下背部間保持一點距離。

繼續在這個姿勢中呼吸時，注意各種感覺是否引發任何心行生起，看看你能不能靠有意識的呼吸來協助平靜這些感覺。準備好之後，呼氣，把身體放下。

18. 兒童式

15～30次呼吸

　　腹部朝下俯臥，接著把自己往上、往後推，使自己變成坐在腿肚，坐骨垂放到腳後跟上。兩根大腳趾應該會碰觸，兩個膝蓋則微微分開。從脊椎開始伸展，紓放上半身靠在大腿上。額頭放在地上，雙手放在腿部兩側。只要調整一下兩個膝蓋的間距，就可以成功把自己的體重放在腳後跟，而非頸部和頭部（圖1）。把自己完全釋放、融入這個姿勢中，保持自然呼吸。在身上哪些部位能感受到呼吸的流動？

　　保持在這個姿勢時，注意呼吸的變化，讓呼吸培養寧靜的心。心理狀態讓自己充分體驗各種感覺，但同時也別忘了注意你的心是否想停留在這個姿勢裡，或想遠離當下。準備好結束「兒童式」時，繼續讓坐骨垂放在腳後跟上，肚臍後收，回歸脊椎，上身回捲，準備進到下一個姿勢。

〔修正式〕

　　如果你的臀部無法碰觸到腳後跟，感覺身體重量大部分是在上半身和頭部，這時可以把上半身靠在靠枕或幾張瑜伽墊上，支撐著上半身，使你的頭部能保持和臀部一樣高（圖2）。

圖1

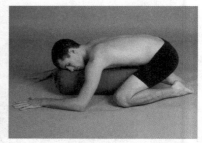

圖2

*19. 金剛式（變化式）

6～20次呼吸

從「兒童式」開始，膝蓋併攏，坐在腿肚上，兩個腳踝往內側互壓，腳趾踮在下方。想辦法讓兩個腳後跟位在坐骨的範圍內。脊椎強有力地從骨盆底部聳立。肩膀放鬆下垂在背部，胸膛開闊而挺起。

保持這個姿勢坐著時，膝蓋或腳踝可能會有感覺，但最可能的部位則是腳趾關節。留意感覺的性質如何。在不舒服的感覺中練習，但要尊重眞正的疼痛。通常，疼痛會帶有尖銳、劇痛的性質，爲了避免受傷，要格外當心痛感的出現。不過，也要誠實地觀察當下所發生的一切。在做此姿勢時，大部分的「疼痛」其實只是不舒服而已，雖然相當令人不快，但卻不大可能造成傷害。

注意反抗和厭惡感，讓你的呼吸帶你回到對各種感覺保持純粹的覺察力。放下幻想，僅觀看即可。若你發現有幾次呼吸可以完全沒有厭惡和排斥感，哪怕短短幾次也行，那時你是否體驗到不同的感覺？

從這裡開始放鬆，把壓在下方的雙腿抽出。

20. 合蹠式

坐著，兩腳腳底併攏，然後握住腳踝，把腳拉到距離褲襠4至6吋以內，兩腿開闊、下垂。不要刻意把膝蓋往地下壓，而是要施壓使兩個腳後跟和腳板外緣貼近，並使兩個膝蓋相互遠離（圖1）。用雙手協助把上半身從骨盆上抬起，然後自坐骨前方尖端往前傾，以使薦骨更低沈，而非圓圓地突出來。

從這裡開始，身軀自兩腿上方往外伸展，使成前彎姿勢。維持脊椎的長度不變，雖然中背部將會微彎（圖2）。

在此處休息，觀察持續呼吸期間，各種感覺的浮現與變化。

自此處起身時，身軀先是往上抬、往外伸，保持脊椎長度不變，然後放鬆回復挺直。

圖1

圖2

*21. 廣角前彎式

坐著，兩腿大幅度打開，膝蓋和腳趾朝正上方。手掌放在身後，輕柔地讓薦骨下沈，避免骨盆往後成後傾姿勢。腿背往地下壓，腳後跟保持貼地，同時從坐骨沿著腿骨長度朝腳後跟往外伸展（圖1）。

身軀緩緩往前彎下，保持腳趾和膝蓋朝向正上方。手放在地上或者抓住大腳趾，盡己所能地往前彎，同時保持背部長度不變（圖2）。

圖1

圖2

193

保持呼吸自然順暢，觀察各種感覺。這些感覺出現在哪些部位？「心的空間」對身體感覺的反應是何種性質？起身時，彷如從心臟部位開始引導伸長的動作，放鬆，回復開始時的姿勢。

〔修正式〕

若腿筋感覺緊繃、下背部拱起，或大腿內側很緊繃，可以坐在一兩張瑜伽墊上做這個姿勢。脊椎伸展，往前傾，然後把上半身靠在靠枕或數張瑜伽墊上。注意要主動把整隻腿都往地下壓（圖3）。

圖3

22. 單腳前彎式

身體每側進行10～25次呼吸

從「杖式」開始（頁144），兩腿打直往前伸，然後右膝彎曲，右腳後跟內滑到右坐骨附近，右腳朝外伸展。

上半身保持抬高，輕鬆前彎，雙手抓住左小腿或腳板（圖1）。雙腿往地下壓，前胸接著前傾，在左腳上方往外伸展。骨盆往前傾，以臀部為軸心，讓坐骨往後擴展、張

圖1

開（圖2）。不要強拉身體，而是儘量做到自己的極限，把你覺得舒適的範圍擴大，留意打直一腳的背面是否有任何抗拒之感。你不必設下什麼目標，但要試試自己能不能鬆懈那種不想在「當下」的抗拒感。

從這個前彎姿勢起身時，往上伸長身體，然後往外伸。接著呼氣、放鬆，結束這個姿勢。

換另一腳再做一回。

〔修正式〕

在做這個前彎姿勢時，如果你是從下背部開始打彎，而不是從臀部，可以改坐在一兩張瑜伽墊上，再把上半身從打直的腿上往外延伸。如果你感覺骨盆開始往後捲，使得下背部拱起來，就停止再往前彎。你可以把雙手輕輕壓在小腿上支撐（圖3）。

圖2

圖3

*23. 魚王式

身體每側做10～15次呼吸

左腿做「散盤」坐式，把左腳滑向右大腿下方，使左腳後跟在右臀外側停靠。接下來，把右腳交叉跨在左大腿上方，使右腳底牢牢貼地。用左手抱住右腳膝蓋下方不遠處，右手壓在背後的地上，好讓脊椎能在腿部著地之際仍保持向上伸展。開始把上身往右轉，利用左手來幫助身體左側往右邊轉。

你可以把左手卡在右腳外側，然後往腿上壓以增加槓桿作用，但要讓轉身的動作從脊椎底部往上自然地轉動。轉動上半身的最後以頭部往右轉作結，保持頸部放鬆。不要用下巴引導動作（圖1）。

保持在當下，讓呼吸引導你探索所有的感覺。藉由呼吸保持在當下的程度不同，你的感覺又有何變化呢？呼氣時，放鬆，輕柔地轉回身體。

換另一側重複做一回（圖2）。

圖1

圖2

〔修正式〕

　　若你的臀部緊繃，你可能會發現在交叉雙腿準備轉身時，骨盆和背部有往後塌的現象。試著坐在幾張瑜伽墊上，好讓你能在開始的姿勢中確立脊椎的自然曲線（圖3）。

　　之後，你從脊椎底部朝上轉身時，要保持從骨盆往上抬高的感覺。後面的手可以在下方墊一塊瑜伽磚，好幫助你身體不會垮下來。

圖3

24. 坐姿前彎式

10～20次呼吸

　　從「杖式」開始，身軀往前伸展，雙手握住腳板或小腿（圖1）。保持腹股溝柔軟、下沈，大腿微微往內側彎，坐骨往後移並分開。要多放心思在把上半身抬高往外伸展前傾到雙腿上方，而不是自己能把姿勢做得多徹底。等到從臀部開始前彎之後，背部會拱起，但要保持整個背部很均勻地拱起。利用手臂的力量，手肘朝上彎，肘關節朝外

圖1

圖2

圖3

側伸，用這些方式來使前胸前傾到兩腿上方。先注視腳趾，等到下巴靠到小腿上後，就把視線往內收，或放在自己的「第三隻眼」（圖2）。

當你全然沈浸在這個姿勢中，要保持專注在呼吸上。試著在主動做姿勢和被動沈溺在姿勢之間取得平衡。不要太緊繃。你能不能只專注在當下所生起的感覺，而不要添加解釋、投射或認同？

保持背部伸展，不要擔心自己能不能成功地把頭放在腿上，盡力做到極限即可，並且讓伸展的力道來自雙腿後背和臀部。

從這個前彎姿勢起身時，先吸氣，同時把心臟部位抬高，往外伸展，然後呼氣，放鬆並回到開始時的姿勢。

〔修正式〕

開始做這個姿勢時，我們希望能讓坐骨穩穩地貼到地面，上半身是從臀部開始彎傾。如果你在做「杖式」時，無法保持下背部呈現自然曲線，而且覺得背部過度拱起，則可以改為坐在一兩張瑜伽墊上（圖3）。

*25. 倒轉平板式

4～8次呼吸

從「杖式」開始，把兩手放在臀部後方的地面上，手指朝腳趾或相反的方向指均可（你可能會想輪流套用兩種方向，兩種方式各有優點）。吸氣，把骨盆往上朝天花板抬高，同時腳趾朝地下指。保持尾骨朝腳部伸展。要確保手腕位在雙肩的正下方，手臂打直。下巴可以靠在胸前，或把頭放鬆、往後仰，並靠上背部的肌肉撐住。

這個姿勢因為難度較高，往往會導致很大的抗拒感。又因為它會暴露我們平常傾向於保護的身體正面，很多人會發現自己在做這個姿勢時感覺非常脆弱。把注意力集中在呼吸上，準備好了之後，呼氣，回到開始時的姿勢。

26. 雙膝至胸式

　　兩個腳後跟都滑向臀部，然後把膝蓋貼近前胸，兩隻手臂抱住小腿或膝蓋後方的大腿。把膝蓋抱向胸前時，輕輕地把下背部和薦骨往地下壓。

　　這個放鬆的姿勢可以鬆弛下背部可能存在的緊繃。當你在這姿勢中呼吸時，留意兩側臀部是如何地分開。

27. 側躺的「脊椎扭轉式」

每側進行10～20次呼吸

仰躺，兩腿彎曲，腳底貼地。左大腿舒適地跨在右大腿上，臀部往左移約4到5吋。呼氣，把膝蓋倒向右邊，挪動身體，使你完全靠在右臀外側，骨盆和肩膀呈垂直，脊椎完全扭轉，但整段脊椎都毫不費力。你可以用右手使力，使兩腿下壓，左手往左伸出。左肩胛骨平貼地面，保持胸腔寬闊。在這個姿勢中休息時，你可以把右手也往右伸出，眼睛往上或往左看均可。

注意扭轉姿勢會對呼吸造成什麼影響？在轉體時，哪些部位會有感覺？留意你對這些感覺產生了哪些微妙（及不微妙）的反應，當中的一些感覺甚至可能是你不熟悉的身體深刻感受。當你準備結束這姿勢時，從背部開始轉回身體，雙腳不再交叉；然後換另一側重複做一回。身體先躺在中央位置，別忘了把臀部往右移。

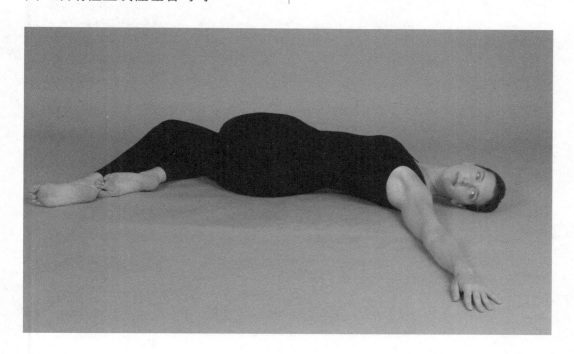

28. 攤屍式

5～15分鐘

　　背部著地仰躺著，雙腿打開，間隔12到18吋，腳趾朝外。雙手放在身體兩側，離身體至少數吋，手掌朝上。首先，把注意力集中在你感覺到氣息通過之處。這個部位可能和你開始練習時感受到呼吸的部位一樣，但也可能不一樣。記住，要放棄想要控制或操縱的傾向，只要親自看見當下所發生的一切情況即可。

　　留心呼吸所引發的各種感受，吸氣時增添的微妙緊繃感，呼氣時又放鬆了。一會兒後，讓你的覺察力擴充到全身。保持開放，接納一切在你躺著時可能生起的任何感受。看看這感覺是否愉悅、不愉快，或是中性的。留意任何想執著愉悅經驗的傾向，且排斥可能不愉快的經驗，或是在沒有任何強烈感受時「心不在焉」。

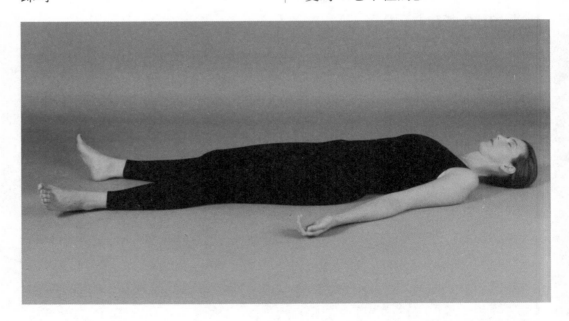

29. 禪坐

5～40分鐘

用任何腿部交叉的體位法禪坐（圖1-2）。藉由短暫地把身體向左右兩側搖動，來找到你的中心，並伸展從臀部往上到腋下的身體兩側。讓肩胛骨牢牢支撐上背部，而下背部則保持自然的腰椎曲線。

圖1

圖2

當行者入息和出息時，

覺知喜悅或快樂、心行的存在，或使其心行安詳，

他安住於受，觀察感受，

精勤、正念、正知自己所處的狀態，超越此生一切的貪欲與憂惱。

這些入出息念的練習，屬於四念處中的第二念處——受。

正念
瑜伽

菩提智慧

立如山

「山式」通常被認為是所有站立姿勢的基本姿勢。印度瑜伽大師艾因嘉（BKS Iyengar）曾說：「如果你都無法靠自己的兩腿站立了，那倒立又有何意義？」僅只練習以「山式」站立沒什麼不好，它是相當值得探索的驚人姿勢：

你的體重如何分配到兩隻腳上？

站定時，你能否感覺到身體的中線？

你能否感覺到腳、骨盆和脊椎的連結？

你能否感覺到，雙腳踩地的同時脊椎是從骨盆處開始往上延伸？

你的肩和手是否能幫助心臟部位敞開和抬高？

頭部是否能自在地在脖子上，而不至引發緊繃？

你能否在這個姿勢中保持穩定與自在？

左右及前後搖擺的練習，能否使我們在自己的身體親身體會佛陀有關「苦」與「樂」的教法。每當我們未保持與地心引力的垂直拉力一致時，便使自己變成地心引力想往下拉的大型物體。為避免跌倒，我們必須更費力地練習，使肌肉緊繃，身體變形，以抵消身體的不平衡。然而身體的緊繃又導致心與呼吸更有壓力，兩者似乎都變得更緊縮、緊繃。這就是苦的「壞的空間」——車軸沒有正確安裝入洞孔。

只要專注、接納身體的感受，身體就會引導我們得到樂的自在與穩定——軸安裝在正確位置的好的空間，整個輪子就能和諧一致地滾動。當身體和地心引力下拉的線條一致，感覺起來像是有東西支撐著我們站得又直又高；主肌肉群可以放鬆，呼吸也變得平靜而深沈。心開闊了，變得廣闊而自在。

一旦發現任何微小的移動，一切又有變化，身體會進行更微幅的調整。根本無靜止可言。山式可能看似靜止，但經由深入觀察的練習，我們就會發現，這個姿勢其實充滿極度爆發力。練習不要硬撐，不斷放下，我們將發現一個真理：我們和生命力（prana，命根）是合而為一，全無隔閡的。

我們能不能在其他體位法也發現「山式」的蹤跡？如「戰士式」、「三角式」、

「杖式」，甚至是「弓箭步式」。能不能坐下來（或坐在椅子上），練習坐如山？所有瑜伽的修行法其實都在處理同樣的原則，這就是為何我有時會說，或許最「進階」的練習，是做三十分鐘的「山式」、三十分鐘的「攤屍式」，接著坐上三十分鐘如「緬甸坐」或「蓮花坐」（請見〈附錄四〉）來作結。有機會不妨練習看看。

第9章 觀心在心

入息時，我覺知心；
出息時，我覺知心。

入息時，令心愉悅；
出息時，令心愉悅。

入息時，令心專注；
出息時，令心專注。

入息時，令心解脫；
出息時，令心解脫。

我們修習入出息念，藉由第三組的四個隨觀練習，進入各種心的活動領域。有些老師會強調，在修行的這個階段，我們會展開「真正的觀禪」。雖然這話就某種程度來說的確屬實，但卻有誇大之嫌，使人容易解讀成，我們過去修行的只是初階而已。

不過，正如我一再強調的，入出息念的修行完全是整合性的，包括了專注力和洞察力（止與觀），是修行的路上時時刻刻都要實踐的。也就是從這個層面來說，我們所觀察的對象或許還比身體或感受更加微妙。

 觀照心行的生起和止滅

我在前面用了「各種心的活動」一詞，因為這裡的「心」是從梵文chitta翻譯而來，chitta的涵意遠比我們一般以為的「心」還要更廣。事實上，有些老師曾經表示，「正念」可以改稱為「全心全意」，因為chitta的意思比較像是「心念」（mind）和「心意」（heart）。

《法句經‧雙品》（*Dhammapada, Yamaka-vaggo*）簡要闡述了心創造了我們的世界：

> 我們的生命是由心所塑造成形；
> 一切行為都是由心所導引而來，由心所創造出來。
> 苦會跟隨不善的心念而來，
> 正如牛車輪子會跟隨在拉車的牛之後一樣。
> 我們的生命是由心所塑造成形；
> 一切行為都是由心所導引而來，由心所創造出來。
> 快樂會跟隨善巧的心念而來，如影隨形。

西方人士比較傾向於專注在行動上，認為念頭似乎沒有行動來得重要。然而，佛陀指出，我們的行為是以意志為前導，而意志本身可能導致正當的或不正當的結果。

深入觀照心的活動，可以視為這個修行的真正核心。為了深入觀照心，我們至少要有些許的心理平靜、穩定和專注，而這些也是前面八個隨觀練習一直培養的。不過，其實我們一直都在觀察心。從只觀察呼吸的第一個隨觀中，我們已深刻覺察到心是如此的活躍。我們已經自行看出，即使是像觀察呼吸這麼簡單的練習，心都會走偏。

當我們把觀察的範圍擴大，進而包含全身和感受後，就會發現身體和感受如何制約我們的心，以及心如何制約著身體和感受。更值得注意的是，我們會發現自己被制約的習慣性反應。當我們把注意力聚焦到心的活動時，也就包含了所有的心理現象，包括感受、感知、念頭、推理、分別和想像，也就是心

行，包括意識與潛意識兩個層面。要記住，chitta本身就是這些心理現象的總和，而非單一、不變的主體。觀察chitta，就是觀察當下生起的心行，是觀察各種心理狀態的生、住，然後滅去。

這組隨觀練習能幫助我們培養正當、善的心行的種子，如愛、慈悲、喜悅、快樂、正念，以及想要克服貪、瞋、痴的力量及意願。這組練習還能幫助我們練習留意有害、不善的心行，包括瞋、貪、痴、絕望、失念及慢，並透過正念力量來轉化它們。這個做法就是正精進的具體表現。實踐的過程中，我們必須先釐清並接納陸續生起滋長的心行，從止滅中清楚觀見它們的無常。

執著也是一種苦

第九個隨觀，是練習不斷回到當下的生活經驗，不要排斥任何層面，也不要執著任何部分，而是對整個體驗過程保持開放、誠懇的態度。我們是以「不二」的精神來觀察，「心在心中」。若非如此，我們很容易會把心行——包括感受、情感、念頭和感知——都看成是「異類」，一旦發現它們令人不愉快，就想除之而後快，反而導致自己更加掙扎、受苦。我們會嚐到有害的行的苦，以及自己的瞋心所引發的苦。如果我們覺得這些心行很愉悅，就容易執著它們，企圖延續它們，但心行原本就是稍縱即逝、不斷變化的，執取和貪婪只會導致苦。若我們發現自己的體驗相當中性——不好不壞——心又會傾向於徘徊在失念中。我們的經驗其實以中性居多，忽視了它們無異於錯失生命。

有很多學生擔心自己會淹沒在強烈的心行中，或被心行沖垮；但事實上，想要逃避心行才會被擊垮。當我們接受並體認到自己和心行是不能分割的，而「實踐」體認和接受，就是正念的能量。有了正念，並和心行和諧一致，心行就已經轉化了。一旦我們保持正念，不再失念，情況就已經轉變了。

在正念瑜伽中，我們有很好的機會可以觀察並認出自己的心行，以及心行如何制約我們的習慣與傾向。大家都有自己最喜歡的體位法，以及不想嘗試的體位法。當然，任何一位瑜伽老師都會告訴你，你最想避免的體位法往往就是你的老師。練習時，注意有哪些體位法是你甚至還沒開始做，只是在腦子裡想到就會造成壓力的。這種心生厭惡和緊縮的反應，不只是致苦之因，本身就是

痛苦的一種形式。相反地，當你開始做一個感覺很好的姿勢時，觀察一下當時心的性質如何。你是否渴望能維持這個好的感覺？如果是的話，不妨再深入探查，可能就會驚訝地發現，對愉快經驗的執著，本身就是一種感覺起來不大舒服的心行！由於執著「本身」就是痛苦，因此即使你在享受好的感覺時，也會受到它制約。如果我們不清楚這個事實，就不可能充分享受愉快的經驗，因為你的經驗永遠會受到執著貪愛之苦所污染。當你真正體會到這一點──不光只是理智地體會──執著頓時就會解除，你也可以享受到完整的體驗，包括它的變化和消失。

我們的神經系統早已定型，往往只注意到強烈愉快或不愉快的感受，至於既不算愉快也稱不上不愉快的就完全受到忽略。如果當下只有中性的經驗，我們傾向於覺得無聊，想找刺激；但有了正念後，我們就能夠與中性的經驗同在，或許還會發現，對中性事物保持正念會令我們平靜、快樂。別忘了一行禪師所舉出的「無牙痛的快樂」一例。自在、喜悅和快樂都是「道」的一部分。我相信，正念瑜伽不但能預防尚未生起的痛苦，還能終止已生起的痛苦。覺察到當下原已存在的快樂制約，也是修行的一部分。執著只是附加在實際體驗的另一種心行。

修習正念瑜伽時，如果你發現自己的心開始散漫，或覺得無聊，就要提醒自己保持留意。我最早的一位禪修老師曾經指出，如果你會覺得無聊，其實就是注意力不夠的跡象。這一小段智慧之語改變了我的人生。在高中時，我和朋友曾討論要做恤衫，上頭印著「無聊的青少年」（我們樂團的團名），以及「窮極無聊又漫無目標」（我們所寫的一首歌名）等字眼，不過，當時因為太過漫無目標，根本沒能實現這個點子。自從我開始認真修行後，就從不曾發現自己感覺無聊。生命實在太有趣了，根本不會無聊。在身體裡出入的氣息，饒富趣味，根本不可能會無聊。請你千萬要記住這點：隨時留意就對了。

接納當下心中的一切

接下來，我們要探討第三組的第二個練習，也就是練習「令心愉悅」。佛陀的意思是，我們必須以禪定所得到的喜悅、快樂和至喜來滋養自己。「光是

受苦是不夠的！」一行禪師曾如此說道。藉由安住在正當的心行，我們可以使心愉悅。例如，對自己的修行和修行能力保持信心，會相當有幫助。發現自己愈有能力保持正念，就足以滋養心、令心愉悅。

事實上，我們還可以用佛陀的教法使內心愉悅。佛陀曾說，「法」是最偉大、最微妙的快樂。「法」的修行，能令我們的「心意和心念」愉悅。我在修行之初，相當羨慕虔敬瑜伽的修行者，以及他們以愛與虔敬為主的修行經驗。我個人並不熱中拜神或崇拜上師，但虔敬瑜伽修行者明顯體驗到的愛與虔敬，似乎美妙極了。等到我自己繼續修行下去，心中也生起真實的愛、虔敬和感恩，因為得三生有幸才能修習「法」。很多人在持續修行一段時間後，表示他們愈來愈快樂，這和外在條件完全無關，而是出於「法」喜充滿。

矛盾的是，這種快樂其實出自於能看清一切無常——甚至連愉悅的心也包括在內！喜悅、快樂和至喜的禪修狀態全都是無常的，我們過於執著就會受苦。能看清這點，能放下執著，就會嚐到如實看見事物原貌的愉悅感。正念瑜伽的修行並非向外尋求，或企圖安住在祥和、至喜的狀態，那就等於為瞋恚和執著所束縛。正念瑜伽的修行，是學習如何敞開心胸，如實接納事物的原貌。

佛陀在《念處經》中告訴我們，不但要覺察到怒氣或貪心（或任何不健全之心行）的生起，還要在怒氣或貪心「尚未」生起前就要保持覺知。不論是這兩種狀況的哪一種，佛陀都要求我們點亮覺照之燈，照亮當下心中的一切。不要企圖壓抑自己覺得不愉快的事物，也不要拼命執著於令自己愉快的事物。接納「當下的一切」本身，就是一種快樂。

專注之後隨即放下

第四組的第三個隨觀練習，是培養並保持這種專注的心，也就是巴利文的ekagatta（梵文 ekagrata）——一境性。因此，當我們把注意力放在一個對象時，真正所強調的並不只是那專注對象，還包括了專注力的性質或程度。佛陀在《念處經》指出，我們除了要覺察有一境性之時，還要能覺察到心中沒有那種專注力的時候。如果我們真正是在修行，那麼這種程度的專注力並非那麼難培養。畢竟，我們打從一開始就一直在培養它，其中最明顯的就是「令身體平

「靜」及「令心行平靜」的這兩個練習（十六個入出息念隨觀練習的第四和第八個練習）。這就是正定的練習。

很多人都誤以爲，「入定」就非得完全靜止不可，這意味著你不可能既入定、同時還做著別的事。有些人以爲定是一種恍惚出神的境界，以爲入定後就該覺知任何感覺，因此他們以爲，「定」不可能在動中培養——例如練體位法時。雖然這對某幾種定的境界來說或許是事實，但這些境界卻不一定是增長洞察力的必要條件。事實上，無論是《入出息念經》或《念處經》，佛陀都不曾推薦或建議這些境界是解脫所必須的。

如佛使比丘（Buddhadasa Bhikkhu）①在《觀呼吸》（*Mindfulness with Breathing*）②一書所指出：若培養正定，將會有三種心的特質出現。其一是「穩定」，心將變得鎮定、穩固、平穩、不散漫。這種心當會安住在「純淨」的狀態，毫無染污；而穩定、純淨的心，是處在有警覺性的「活躍」狀態，或是準備就緒可執行心的工作，而心的工作則是「時時刻刻都要增長知識及理解力」。這樣的心對任何活動來說都是種恩賜，而不只是對正式禪修而言。

當三種心的特質同時存在，修行者被稱爲「入定者」（samahitata），意思是「入定的修行者，能執行任何任務。」據說，如果一個人行走時，這三種性質全都出現了，那麼這就稱爲「真正的步行」。若我們在做體位法時，也擁有這種專注的心，那麼當然就可稱之爲「真體位法」（divine asana）。佛陀還補充說，「當心極爲專注，就能如實了知諸法」。

練習體位法時，往往會體驗到，心一境性能協助我們從痛苦或不舒服中學到功課。請注意，這並不是說，你就非得讓自己痛得咬牙切齒或忽視受傷的徵兆不可——而是說，練體位法時，大部分生起的痛感其實只是強烈的不適，而非受傷，因此，你可以用不同的方式伴隨著不適感繼續修習。

如果你把注意力完全放在痛楚或不適上，讓你和所注意的對象之間完全沒有隔閡，就沒有多餘的空間讓反應、評斷或妄想滋生了。當我們用這種方式練習時，常會發現，痛感的強度實際上會減輕許多，不過，我們真正學到的功課是，即使疼痛仍在，但痛感和「受苦」是兩件不同的事——受苦即是我們出於反應、厭惡和妄想而在原有的經驗上增添了悲慘和苦惱。有句古老的佛教諺語說：「痛苦無法避免；受苦則並非必須。」

強・卡巴辛（Jon Kabat-Zinn）③曾在《在災難中重生》（*Full Catastrophe Living*）一書中提到這點，該書是依據他在麻州大學醫學院創立一項計畫的心得所寫。研究顯示，用作意（注意力）的策略來處理痛苦——如在行動中保持正念，把注意力放在經驗本身，不帶任何批判色彩——這種作法的成效比分心的策略更好，分心的策略譬如在痛苦時試著想別的事。

作意的策略，是要擁抱痛苦以及如瞋恚、憤怒、執著、悲傷或恐懼等不愉快的心行。一行禪師建議我們，可以把不舒服（無論是生理的疼痛或是心行）看作是自己「正在哭泣的嬰兒」。這個比喻對我而言相當有用，因為我已為人父。當我女兒還小的時候，每當她哭泣，我不會逃之夭夭，不會把她推開不管，而是直接走向她，把她抱在懷裡。不這麼做，就無法發揮正常效用。從這個角度來看就可明顯看出，企圖推開痛苦，或忽視受的苦，一定會徒勞無功。

同樣地，這種修行的真正好處，並非讓自己變得更加堅忍自制，而是要去了解，我們所造作的痛苦和苦惱之間仍有差異存在。佛陀曾以被箭射中的男子為比喻。毋庸置疑的，被箭射中的確會很痛苦。不過，我們後續的反應卻只會使自己痛上加痛，苦上加苦。帕坦伽利在《瑜伽經》中說道：「未生之苦可以預防」。注意力的方法，即純粹擁抱、進入痛苦的經驗，就是預防尚未生起的痛苦滋生的方法。

我們可以先在瑜伽墊或禪修坐墊上練習處理生起的痛苦，目的是希望我們終其一生都可以離苦得自在。例如，我們在練「戰士第二式」時，肩膀如果感覺疼痛，只要把手臂放低一點就好了。可是，如果我們老是用同樣的方法，等碰到其他無法用這種方式避免的痛苦生起時，又該怎麼辦？如果你在一次意外中受傷、關係很親的人死亡了，或是必須被迫面對自己的老、病、死之際，又該如何處理？無論是心理的痛，或生理的痛，痛苦都是無法避免的。身體有著錯綜複雜的神經系統，我們當然會感受到痛苦。不過，如果你能在瑜伽墊或坐墊上不斷修習，往後若遭遇無法避免的損失，就能夠只「感受」那痛苦，而不至於增添痛苦。

我的梵文老師曾說過，英文的drama（戲劇）一字，在語源學上其實和karma（業）有淵源，因為在希臘文裡，drama字面意義是「行動」，和梵文karma的字面意義相同。從這個角度來想，我們就不難看出，如果把基本的感

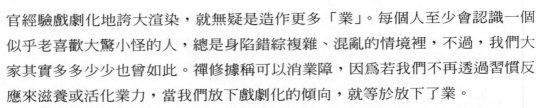

官經驗戲劇化地誇大渲染，就無疑是造作更多「業」。每個人至少會認識一個似乎老喜歡大驚小怪的人，總是身陷錯綜複雜、混亂的情境裡，不過，我們大家其實多多少少也曾如此。禪修據稱可以消業障，因爲若我們不再透過習慣反應來滋養或活化業力，當我們放下戲劇化的傾向，就等於放下了業。

我們仔細探究心行的本質，就能眞正解脫它們的束縛。這就是第四組練習的最後一個入出息念練習當心結打開所發生的情況。觀察心的一切微細層面之後，心就會從製造戲劇化以及受苦之業的心行中解脫。

這就是智慧的極致表現，因爲佛陀明確地指導我們專注在解脫上，這也是他所有教法的目標。自在之味，遍布在佛法的「一味」，正如鹽的味道能遍布大海一樣。我要再度指出，解脫之味，原本就存在於你的修行中，即使你並沒有覺察到。不過，佛陀在此處所說的解脫，並非經典最後所提到的解脫。

事實上，所謂的解脫或「放下」，並不是「你」去放下有害的心行，而是讓這些心行解除對你的束縛。當心專注時，這些心態就沒有可以成長、茁壯的空間了。只要觀察心行，不要立起反應，心行就會自動消散。想要培養這種放下的狀態，可以在每次心散亂時，立刻回到呼吸上。

佛陀在《念處經》中，要我們注意還沒有解脫的心，並眞正去探查執著的心究竟是什麼樣子。修行正念瑜伽，其實並不是有關放下之益及執著之弊的意識形態、哲學或道德規範。你不能只因爲自己覺得放下是很好或較好的生活方式，就「乾脆放下」。要記得，如果只把四聖諦當成教條來看，對我們並沒有多大益處，而是要徹底實踐才行。

不過，現在讓我們眞正地去體驗執著，等你發現它只會帶來不必要的痛苦，放下就會自然而然地發生。這就像是拿起一個燙手的撥火鐵棍，你根本不必考慮要不要放下、或思索爲何要放下，就會自然鬆手。等到你眞正體驗到執著就是痛苦，也一樣會自動放下。

執著分爲四大類

傳統佛經的註釋指出，我們可能執著的對象有千千萬萬之多，但可分爲四大類。或許最顯而易見的執著對象是有形的對象或感官欲樂。這包括財產（服

飾、錢財等）以及感官和性的感覺。在體位法練習中，執著的對象可以是在伸展、活動身體時引發的強烈喜悅感，或是興奮、愉悅，或是至喜。享受生理的快感並沒有錯，但如果我們因執著而受到主宰，那就一定會受苦。

第二大類的執著包括了意見、信仰、觀點和理論。這時〈第三章〉所描述的「你確定嗎」的練習就相當有用。練習正念瑜伽之際，我們觀察心行之後，可能會發現自己執著於自以爲正確的感受方式、我們能力所及的事物、練習某個體位法的正確方式，以及堅信我們永遠不夠好，或是自己求教的特定老師或傳統才是唯一眞實、權威的。要記得，理念或意見本身並不是問題，我們頑固的執著才是爲自己及他人帶來痛苦的原因。如果我們執著於該如何做才能快樂的強烈理念，那麼對這些理念的執著，反而可能成爲體驗快樂的最大障礙。

第三大類的執著事實上包括「法」的修行。佛陀曾向我們提出警告，不要太執著於儀式性或傳統的修行——不論是世俗面或宗教層面都包括在內。這就是爲什麼我會建議學生，一旦對他們的身體和能力有某種程度的了解後，就可以修一些其他派別老師所開設的課程。有些修行者由於太過執著自己習慣的特定形式，寧願封閉在自己舒適的小天地內，也不願冒著磨損自我稜角的風險。他們習慣的形式成了陷阱，而非助人解脫的利器。對自己獻身修行的特定法門抱持欣賞和堅定不移的態度是一回事，但過度執著、執迷於形式，很容易會葬送修行的解脫精神，而定型的下一步，恐怕就是開始對他人及其他修行法抱持批判的態度。

最後一個，也是迄今最易使人執著的種類，就是一切我們認定屬於「我」的相關物。甚至連執著於自己是瑜伽士或瑜伽女的身分，也可能成爲受苦的來源，因爲我們可能養成一副自命清高的態度，把自己和世界隔離開來。「戒酒無名會」（Alcoholics Anonymous）教授過一種稱爲「末期獨特性」（terminal uniqueness）的症狀：患者自覺自己的生命經驗太過特殊，沒有人能了解他所受的苦。這種症狀的受害者會感到極爲孤獨和孤立，而這種孤獨感又會助長他們沈迷其中。唯有認清自己沈迷「自我」意識、了解自己並沒有那麼特殊，才可能軟化這個情況，使我們放下害自己耽溺上癮的策略和信仰模式。這就是有關人類的存在上癮症。

練習體位法時，我們可以自行了解，自己究竟如何製造自我意識，又是如

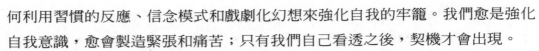

正念
瑜伽

何利用習慣的反應、信念模式和戲劇化幻想來強化自我的牢籠。我們愈是強化自我意識，愈會製造緊張和痛苦；只有我們自己看透之後，契機才會出現。

修行正念時，要觀照修行當中生起的一些心理傾向。試著去找出這些傾向背後的幻想和信念模式。有哪些策略會生起，以處理當下發生的狀況？隨著修行日久，你就會看出，就在自己努力想策略之際，自己的一生是如何被這些你甚至不自知、或是只依稀知道的信念所主宰。注意自己的心是如何迅速地想把自己的經驗分門別類，也同樣快速、毫不留情地下評斷。看出這點後，對於當下發生的狀況，你能不能不要再「輕信自己所發布的新聞稿」？同時也要注意一下，你是否對自己動不動就想批判的傾向也想批判一番呢？這些模式有時極為根深蒂固，總有無數的方法不斷複製滋生。這就是為何必須持續不斷、有耐心、長久地修行的緣故。

有很多體位法都是不對稱的，因而你常會發現身體的某一側做起來就是比另一側來得更輕鬆或更有彈性。每當這個現象發生時，不妨注意觀察，心幾乎從不例外地絕不會只看見這個差異就打住，而是幾乎馬上評判箇中差異，斷言某一側不好，而另一側則很好。

我有個學生身體的一側曾感覺緊繃異常，而且很不舒服。她開玩笑說，這是身體另一側「邪惡的雙胞胎」！她能對此一笑置之，點明了修行要保有幽默感的重要。我有位老師曾說，想「開」悟，就真的要「開」口笑才行。能夠對我們揭露的心理腦力激盪（mental gymnastics）微笑或甚至大笑的能力，正是放下的重要元素。我發現，我帶過的課程中，以心行為主題的課堂上師生的笑聲最多、氣氛最輕鬆，即使討論到痛苦和對痛苦的心理反應也不例外。

有很多人會發現，他們在瑜伽墊上的習慣性反應其實和日常生活的反應極為類似，而看出這點之後，他們就會發現習慣能量會鬆脫。有個學生發現，隨觀擁抱自己的心行，把它們當成自己正在哭泣的嬰兒，能幫助她看出，她在很多生活層面都出了問題。有個跟了我很久的學生表示，她觀照的能力增強了，使她能真正看出「自己會偏離當下」，不斷「想抓住下一個」。不過，也有剛起步的學生，才上了我第一堂課，就表示她發現自己能夠區別，哪些才是做特定的體位法時的不舒服感受，而哪些則是自己把整個情況添油加醋所添加的苦。

處理痛苦的情緒

　　我曾在〈導論〉中提過，第一次婚姻的失敗，使我初次踏上佛法和瑜伽的修行。後來另一段感情刻骨銘心的破碎，則是我又在多年之後再度致力修行的因緣，在這兩段感情中間，我談過好幾次戀愛，最後都是以痛苦、懷恨，甚至絕望告終。使我重回修行的那次分手期間，我經歷了一段相當痛苦的時期。我接受治療，診斷患有憂鬱症，而且有「隨處浮現焦慮」的現象，使我的恐慌症狀定期發作。

　　我在分手後的行為模式，是先經歷一段自覺遭到背叛、孤立的時間。我會試圖掙扎反抗，拒絕接受分手的事實，還會騷擾前女友，指控她們背叛、欺騙了我。當時的我並不好相處。

　　修行多年，再加上有位女性治療師提供我正念的模式，我又開始和人交往，後來訂婚了，準備結婚。我還記得曾告訴朋友，如果這次又不成，希望自己可以做到「只感覺悲傷，而不要變得像世界末日一樣。」一年內，我的女友因為無法處理親密關係的問題，而解除了婚約。昔日熟悉的被人背叛的感覺再度生起。

在憂傷之中感受愛

　　不過，這回我下定決心，不要讓挫敗感和怒氣發作，因此我坐在蒲團上，決定要等到找出痛苦的根源後才起身。我就這麼滿懷怒氣地坐著，覺得胸口好像有個地方糾結著。我帶著這種感覺，持續坐著，觀照呼吸，心裡開始不斷出主意，想「把她搶回來」。想要她「從我的角度」觀看的內心爭辯，就像連續轉動的電影膠卷底片一樣，不斷迴旋。不過，我仍然持續專注呼吸，悶悶的感覺就慢慢解除了。

　　我只覺得有種令我頭昏眼花的暈眩，胸口的糾結又轉移到腹部的臍輪處。當時感覺很害怕、很恐慌。我的心開始想像出許多情節，想到自己等於回到原點，這種焦慮又會引發恐慌症狀發作。我發現，從原有的恐懼中生出了更多的

217

恐懼。「花這麼多時間接受治療，全都白費力氣了。你根本沒變！」内心的聲音在嘲弄著我。腦海裡想像出一幕幕景象，我孤獨地老死，沒人發現，直到鄰居聞到我屍體腐爛發臭的味道。心就是可能如此瘋狂！我只想從蒲團上跳起來，遠離這種焦慮感，不管做什麼都行。我真的感覺，自己真的受不了！我想逃之夭夭，去夜總會或酒吧，喝個大醉，然後隨便勾搭個人，去做愛做的事，做「什麼都好」，就是不想讓腹絞痛般的焦慮感持續下去。

　　不過，我仍持續坐著，呼吸著。我擁抱這一切，雖然期間仍一直覺得很恐懼。接下來，終於所有焦慮風暴的能量都消散了，我感覺自己彷彿在墜落，直到終於在自己最深的核心暫歇。就生理上而言，這核心似乎是在下腹部和骨盆附近；在心理上，它的感覺好溫暖、好輕柔、欣然迎人。然後是一陣深沈的憂傷，令我熱淚盈眶。最令我驚訝的是，我覺得這一切感覺充滿了愛。不知怎地，我在深刻的哀傷中，也感受到寬廣輕盈的愛和快樂。

生命之路上的石頭其實是珍寶

　　我把這段小故事和學生分享後，他們都希望能聽到，那憂傷已消失了。不過，它並沒有消失。我解脫的是痛苦，我後來明白，是我自己把痛苦強加在原本只是單純的憂傷之上。我現在知道，無論是氣憤及受背叛，甚至是恐懼和焦慮，全都是自己的心企圖蒙蔽自己、不讓自己感覺到真正的憂傷。而這不只是分手的悲傷而已，也不只是「我自己的悲傷」；因為我感覺到，我和所有受苦的人、每個曾體驗過同樣悲傷的人──包括那些不允許自己去感受悲傷的人──全都密切關連，這其實是生命存在的悲傷，這是苦。透過完全敞開心胸去體驗這哀傷，我找到了無條件的愛及慈悲、無條件的快樂。我真的辦到了「單純只感覺憂傷」，而這經驗具有解脫的力量。一切能量自由地流竄到我的全身，這能量原本被誤用來蒙蔽我，不讓我去體驗真實。而這能量並非我所擁有，但仍和真正的我有關，因為它是生命的能量。

　　這並非意味著我已經脫離有害的心行，因為挫敗、恐懼、生氣和悲傷都仍然存在，而且偶爾還會生起。不過，打從那天在蒲團上徹夜長坐起，正念也一直存在，我再也不會被那些心行所掌控擺佈；我不再像從前一樣備受這些心態所奴役，因此

它們就無法控制我、戰勝我。我已經學習到，而且繼續經由這個修行來學習——要和一切和平共存，更深入了解任何情境，這情境發生的時間和發生的方式。無論在這場體驗之流中生起何物、無論生起任何心理狀態，我都不再視之為敵人，因為它們才是解脫之師。正如禪學老師夏綠蒂‧淨香‧貝克（Charlotte Joko Beck）① 指出的，修行多年後，我們會發現，原本我們以為是生命之路上尖銳、粗糙的石頭，其實是珍寶，是鑽石——是它們激勵我們、使我們得以擁有修行的生命。

第三套姿勢

連續動作是整套一氣呵成，修行時要保持覺知，守在當下。

　　在這套姿勢中，我們會介紹經典的「拜日式」連續動作，這包括了先前已經練習過的姿勢，還有幾個新姿勢。我們會先緩緩進入這套連續動作，然後速度愈來愈快。動作連續時，我們會不經思索地做出各種姿勢，這時很容易心不在焉。另一個可能性是，心也許期待著做下一個姿勢，而沒有守在當下的姿勢，致使連續動作看來一副魂不守舍的模樣。

　　連續動作是整套一氣呵成的動作。正如我們在做個別姿勢時必須專注在當下一樣，做連續動作也要守住當下。留意心是否有以下傾向：想從連續動作中隔開一些片段、偏好某些體位、忽視連續動作，以及執著自己喜愛的姿勢，排斥、抗拒不喜歡的姿勢。做動作時，保持對呼吸的覺知，有助於在整個修行中守在當下、保持覺知。這就是「動中禪」（moving meditation）。

　　同樣地，初學者可以跳過打星號的姿勢，等到體力更好、更熟悉這些姿勢時再練。

1. 散盤

盤腿而坐，雙腳放在膝蓋下方。注意自己習慣把哪條小腿放在另一條下面。坐在坐骨前端（避免骨盆往後拱起導致下背部彎曲）。雙手放在臀部兩側，頭頂往上抬高，脊椎骨也因此被拉長，感受坐骨往地下壓的感覺。身體往下壓時，感受在哪一個部位能察覺到身體的重量。

現在把雙手放在膝蓋上，閉上雙眼，敞開心胸體會「只是坐著」的感覺調性。之後，慢慢改成儘量往左傾，觀察身體移動之際，感覺調性的變化。然後，再輕輕往身體兩側搖擺，擺動的幅度要愈來愈小，讓呼吸的性質告訴你，中央究竟在哪裡。呼吸將會愈來愈放鬆、愈來愈平順，整體感覺也變得輕鬆自在。你可能會覺得，上背部和肩部的緊繃感消融了。不假外求，你的身體和呼吸就會引導你找到自己的中心。讓你的呼吸來教導你。

花幾分鐘只是靜坐著，覺察自己的呼吸、全身上下的各種感覺、心理狀態的性質。你的心是活躍的，或是相當寧靜呢？有沒有快樂、悲傷或其他情緒呢？記得，覺察力不會揀選所覺察的對象，只會保持在當下，接納當下所發生的一切。放下評斷和抗拒，只單純地安住在當下即可。

2. 貓式／牛式

配合呼吸重複做6～10回

雙手自肩部直線下垂，膝蓋位於臀部正下方。呼著氣的同時，像發怒的貓一樣把背部拱起，骨盆往後傾，夾緊雙腿中間的尾骨。頭部垂下，往後望著自己的骨盆（圖1）。吸著氣的同時，把你的骨盆往前傾，腹部朝地面下垂，頭頂和坐骨朝天花板往上伸，背部形成柔和的後屈線條。這時你的背部擁有

圖1

柔和的後屈形，呈現像牛背一樣的線條（圖2）。

讓你自然的呼吸決定動作持續的長度和韻律。開始移動時，先傾斜骨盆，讓這個動作所引發的動態流貫背部，如波浪在水中波動一般。注意呼吸的本體以及變換姿勢間所出現的一切狀態。

圖2

3. 面朝下狗式

10～30次呼吸

圖1

〔修正式〕

如果腿筋很緊繃，下背部就會拱起，並受到壓縮。這時只要彎曲膝蓋，直到你感覺背部拉長了，下背部也回復自然的（朝內的）腰部曲線即可。

如果雙腿腿背實在感覺很緊繃，除了可以彎曲膝蓋外，也可以試著把雙腳打開得比髖骨還寬一些（圖2）。

從「牛式」開始，把腳趾往內收，坐骨往上抬再往後，雙腿打直，成為「面朝下狗式」。維持坐骨抬高，不要想著非把腳後跟碰觸地面不可，但要儘量使腳後跟靠近地面，又以不影響背部拉長為主（圖1）。保持這個姿勢呼吸時，注意你的心念是否會因為感覺無聊或瞋恨而分心，如果你比自己能接受的時間再多做五次呼吸的話，結果又會如何？

圖2

223

4. 弓箭步式

從「面朝下狗式」開始，把右腳往前收到雙手之間，後面的腿保持打直，伸展腳後跟。注意彎曲的膝蓋不能比腳趾還前面，前腿膝蓋應和小腿呈垂直90度直角彎曲，大腿則幾乎和地面平行。用手指尖的力量撐起身子，肩膀往後縮，眼睛注視前方，心臟部位張開（圖1）。

在不至於使身體過度緊繃或僵硬的前提下，繼續使力透過腳後跟伸展，但前胸要維持抬起。讓呼吸在體內自由運行。

把右腿往後伸，進入「面朝下狗式」，換左腿重複做一回（圖2）。做完「弓箭步式」後，再把左腳往後伸，進入「面朝下狗式」。

看看你的心是否從當下所做的姿勢「偏離」到下一個姿勢？還是你的心能在這短短的連續動作，全然安住在當下。這個姿勢正培養你做後續其他體位法所需的持續練習。

圖1

圖2

5. 「弓箭步式」轉「站立弓箭步式」
（戰士第一式變化式）

右腳往前收，放於兩手中間，成為「弓箭步式」，不過，這回從這裡開始，要起身變成「站立弓箭步式」，這是「戰士第一式」的變化式。繼續主動地從後腳往外伸展，使尾骨下垂、遠離下背部，同時雙手往上伸。肩部不要朝耳朵方向往上聳起，而是要從身體的兩側往上伸展（圖1）。

在此處呼吸時，注意有沒有出現什麼感覺。注意當你停留在這個姿勢愈久，感覺也變得愈強烈，而對這些感覺的排拒也一樣會增長。注意心可能也會想「往前傾」，脫離原有姿勢。繼續和呼吸保持聯繫，看看你能不能對各種感覺微笑以對。同時留心一下，

看看各種感覺浮現或增長時，心是否開始自行編起故事來：「這個爛老師為什麼這麼可惡！他究竟還要把我們關在這裡多久？」讓你的呼吸變成有平靜作用的錨，看看你能

圖1

不能只是看清心理活動，而不去認同它。

結束「站立弓箭步式」，回到「面朝下狗式」。如果你夠警覺，可能會發現自己在此時執著於解脫的感覺，不過，保持「面朝下狗式」進行一兩次呼吸後，就要把左腳往前收，換左側來重複「弓箭步式」及「站立弓箭步式」。同樣地，當你進到「站立弓箭步式」時，注意所有浮現的感覺。

當你又可以放鬆、回到「面朝下狗式」時，再看看那種想執著於解脫的感覺是否再度出現。享受解脫並沒有錯，但如果現在繼續做「面朝下狗式」二十、三十甚至四十次呼吸的話，又會如何？你可能又會開始期待趕快結束「面朝下狗式」，即使那意味著又得回到「站立弓箭步式」！這就是我們害自己不斷陷入的「推我一把、拉我一把」無盡的輪迴。不過，若停留在感覺中，停駐在覺知之所在，並讓呼吸成為我們的覺知之下的暗流，我們

圖2

可以開始看出自己受制約的情況，從中解脫。

從「面朝下狗式」改跨幾小步，把兩個腳後跟貼地，往前站成為「下垂前彎式」。

〔修正式〕

如果要你把雙手高舉過頭難度太高，可以改為把手輕輕壓在前方的大腿上，好幫助把肩膀往後捲，同時抬高、擴展前胸（圖2）。

6. 下垂前彎式

8～15次呼吸

雙腳打開，維持拳頭大小間距，抬高坐骨，把上半身往下垂。如果下背部感覺緊繃，就放柔軟些，把膝蓋彎曲。雙臂交叉，在手肘處互扣，僅垂下即可（圖1）。保持自然呼吸，隨時注意身心所發生的一切狀況。

〔修正式〕

腿筋覺得太緊的人，會發現自己的下背部拱起，最後也導致該處緊繃。這時可彎曲膝蓋來舒緩背部緊繃，並靠大腿來支撐上半身，這個方式能穩定下背部和脊椎底部的薦骨，讓你能從臀關節處彎曲，而非從背部。保持坐骨抬高，同時雙腳往下壓（圖2）。

圖1

圖2

7. 脊椎捲曲式

20～45秒

圖1　　　　　　　　圖2　　　　　　　　圖3

　　放鬆兩條手臂，讓它們自由擺盪。膝蓋輕柔地彎曲，肚臍朝脊椎處往回收，而且是一節、一節脊椎骨往上捲（圖1）。你這樣做時，真正感覺到脊椎的少部分還是大部分？保持自然呼吸。

　　雙眼保持張開，如果你看見雙臂往腿部靠，或是往外伸展，試試你能不能有意識地放鬆，把它們交給地心引力來決定。隨著你緩緩上揚到「山式」時（圖2），注意身體哪些部位感覺最明顯，再觀察你緩緩上揚時，這些感覺是否產生轉變、變化？親自去覺察你的心是否有想要揀選、評判和比較的傾向。

〔修正式〕

　　如果下背部感覺疼痛，即使彎曲膝蓋也無法減輕，就改為雙手扶在大腿上以增加支撐力（圖3）。

8. 山式／平衡站立式

2～5分鐘

站立，雙腳打開與髖部同寬，雙腿沿著腳的中線（大約從第二根腳趾往上筆直延伸）保持平行。雙腿沿著中線平行站立，這時兩根大腳趾會比兩個腳後跟更接近一些。感受你的體重從雙腿一直下垂到腳後跟前方的地上，讓你的脊椎從骨盆上升，前胸抬起，肩膀放鬆、微微往後（圖1）。

在大部分瑜伽課程中，「山式」往往是進行其他姿勢的準備姿勢，保持這個姿勢至少如建議的2分鐘，看看有哪些心行出現。練習站禪，而且「只是站著」就行（圖2）。

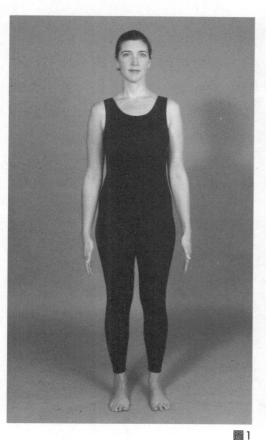

圖1

圖2

229

9. 牛月式

吸氣的同時將雙手高舉過頭，合掌。呼氣，往左側彎，臀部則往右靠。保持這個姿勢呼吸時，看看你能不能在每次吸氣時，持續著往手指伸展，而呼氣時，能否把臀部更往另一側靠（圖1）。

在這裡繼續呼吸，注意呼吸的性質，在哪個部位最能感受到呼吸，而身體左側和右側感受到的呼吸性質各有何差異。在整個過程中，如果你發現自己的心開始對身體兩側的表現加以評判和區別時，看看你能不能放下這個傾向，改成單純只體驗當下。準備回復站直，吸氣，讓你的手指朝天花板往上伸。

換另一側重複做。

〔修正式〕

如果肩部感覺緊繃，你可以在雙手間握著一塊瑜伽磚，雙手緊緊壓住瑜伽磚往天花板高舉（圖2）。讓這個動作使你廣闊的背部肌肉更加極致寬廣。往側邊彎時，保持這種開闊度。

正念
瑜伽

圖1

圖2

10. 帆式

從「半月式」的開始姿勢做起，除拇指和食指外，所有手指均相互緊握。在頭部，雙眼往上看，下巴抬高到能看到小指的程度即可。不要把頭過度往後垂。之後，持續把食指朝上伸，臀部往前傾，使心臟部位朝天空敞開。這是一種站立後屈的姿勢，但這個動作其實是從雙手朝上伸展，並從你身體的中心往前傾。

在這裡保持呼吸，注意呼吸的性質、姿勢和平衡的性質，還有使力的性質。你有沒有緊繃的現象？如果有，放輕鬆一點。不要想著必須達到某種抽象的完美理念。準備結束這個姿勢時，吸氣，並把食指改指向正上方；呼氣，雙手放回身體兩側。

11. 「天鵝俯潛式」轉「站立前彎式」

6～12次呼吸

吸氣,雙手高舉過頭。之後,呼氣,大腿往內收,從臀部開始往

圖1

前彎身,重心放到兩腿後側,上半身往前彎曲。雙手往兩側外伸,呈至少45度角,儘量減少背部發生緊繃的可能(圖1-3)。

在「站立前彎式」(圖4)中呼吸。持續觀察呼吸的期間,你能否安住在當下,同時注意心有沒有些許想揀選或評判的情形。

〔修正式〕

如果腿筋或臀部緊繃,做「天鵝俯潛式」時無法保持背部平直,可依身體所需彎曲膝蓋,以紓解下背部的緊繃(圖5)。

圖2

圖3

圖4

圖5

12. 伸展的站立前彎式

吸氣，把上半身從大腿上抬高，伸展並拉長背部，如同吸氣做「牛式」一樣，呈現背部弧形曲線。抬高前胸，注視著地平線，使心臟部位開闊。脖子不要緊繃。只要抬起頭，維持優美的背部弧形，從眼睛上方往上凝視。

你可以透過手指尖，來增加心臟部位的開闊度，同時肩膀往後收，遠離耳朵。保持坐骨往上抬高，遠離頭部，雙腳下壓（圖1）。

從這裡開始，呼氣，進入「站立前彎式」。

吸氣，同時做「倒轉天鵝俯潛式」，往上伸展，保持背部平直。然後呼氣，雙手往下放到身體兩側，以「山式」站立。

〔修正式〕

如果雙腿或臀部後側感覺緊繃，導致你在做「站立前彎式」時膝蓋彎曲，可以在吸氣的同時改為把腳打直，手放在小腿上幫助支撐（圖2）。骨盆的動作則和做「貓式／

牛式」中的「牛式」部分一樣。保持肩膀後捲、遠離耳朵，而坐骨則往後擴展、分開。

圖1

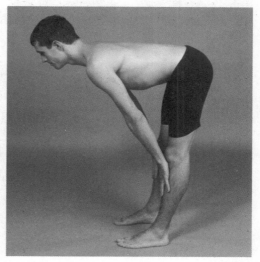

圖2

13. 修正的「拜日式」

重複做1～3回

　　這套從經典的「拜日式」變化而來的姿勢，我們會運用到目前為止所練過的熟悉姿勢。不會有令你感到意外的體位法，這樣做的目的是為了能引導我們做完全部的動作，保持專注在呼吸、身體的位置

圖1

圖2

圖3

圖4

圖5

圖6

和動作、變化不停的感覺，以及川流不息的情緒和思緒，它們不停地改變、生成、短暫停駐，然後又消失無蹤。

◆「山式」（圖1）。

◆吸氣，把雙手高舉過頭（圖2）。

◆呼氣，「天鵝俯潛式」（圖3）轉為「站立前彎式」（圖4）。

◆吸氣，做「伸展的站立前彎式」（圖5）。

◆呼氣，把右腳往後伸，做「弓箭步式」（圖6）。

◆吸氣，後面的腳往外伸展，肩膀後聳，使遠離耳朵，將心臟部位抬高。

◆呼氣，把左腳往後伸，進入「面朝下狗式」，進行3至5次呼吸（圖7）。

◆「面朝下狗式」進行最後一次呼氣時，把右腳往前收，做「弓箭步式」（圖8）。

◆吸氣，抬高心臟部位，從左腳伸

圖7

圖8

圖9

圖10

圖11

圖12

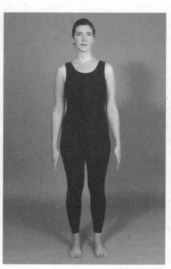

圖13

展出去。

◆ 呼氣，把左腳往前收，做「站立
　前彎式」（圖9）。

◆ 吸氣，做「伸展的站立前彎式」
　（圖10）。

◆ 呼氣，更深入做「站立前彎式」
　（圖11）。

◆ 吸氣，做「倒轉天鵝俯潛式」，從

手指尖往上伸展（圖12）。

◆ 呼氣，雙手放下至身體兩側，回
　到「山式」（圖13）。

　這是「拜日式」的半套姿勢。
現在再重複「拜日式」，把左腳往後
伸，做「弓箭步式」，之後再把左腳
往前收，從「面朝下狗式」回到
「弓箭步式」。

14. 拜日式A變化式

重複做1～3回

圖1

圖2

圖3

圖4

在這裡我們會學到兩個新姿勢,「平板式」和「八點式」,串連成完整的經典「拜日式」。

✦ 「山式」(圖1)。

✦ 吸氣,雙手高舉過頭(圖2)。

✦ 呼氣,「天鵝俯潛式」(圖3)轉為「站立前彎式」(圖4)。

✦ 吸氣,做「伸展的站立前彎式」(圖5)。

✦ 呼氣,把右腳往後伸,做「弓箭

圖5

圖6

圖7

步式」（圖6）。

✦ 吸氣，心臟部位抬高，肩膀後聳，遠離耳朵，經由後面的腳往外伸展。

✦ 呼氣，左腳往後伸，做「面朝下狗式」（圖7）。

圖8

✦ 吸氣，做「平板式」。這個姿勢很像伏地挺身的開始姿勢。手掌往下壓地——手腕、手肘和肩膀成一直線。心臟至肩胛骨的部位保持柔軟。雙腳往下壓，彷彿你是站著在做「山式」一樣。避免下背部或骨盆下垂的方法是，尾骨朝腳後跟伸展，肚臍朝脊椎下部內縮（圖8）。

圖9

✦ 呼氣，做「八點式」。這個姿勢之所以稱為「八點式」，是因為呼氣時你會把膝蓋、前胸和下巴往下貼地。身體碰觸地面的八個點分別是：雙腳、兩個膝蓋、前胸、

圖10

圖11

圖12

下巴和兩個手掌。手肘彎曲時，要貼近身體兩側，不要往外傾斜；注意手肘關節朝上，前臂不能碰觸地面（圖9）。

◆ 吸氣，做「眼鏡蛇式」。臀部往地面壓，同時把胸膛往前滑到兩手中間的位置，腳趾直指，前胸往上捲起做「眼鏡蛇式」（圖10）。

◆ 呼氣，回到「面朝下狗式」。腳趾往內踮起，下壓，從坐骨先抬起，此時手臂打直壓地。在此進行3至5次呼吸（圖11）。

◆ 進行「面朝下狗式」最後一次呼氣終了時，右腳往前收，做「弓箭步式」（圖12）。

◆ 吸氣，心臟部位抬高，從左腳往外伸展。

◆ 呼氣，把左腳往前收，做「站立

圖13　　　　　　　圖14　　　　　　　圖15

圖16　　　　　　　圖17

前彎式」（圖13）。

✦吸氣，做「伸展的站立前彎式」
（圖14）。

✦呼氣，深入進行「站立前彎式」
（圖15）。

✦吸氣，做「倒轉的天鵝俯潛式」，
雙手往上伸展（圖16）。

✦呼氣，雙手放下到身體兩側，以
「山式」站立（圖17）。

　　現在再重複「拜日式」。左腳往
後伸，成「弓箭步式」；然後，左
腳再往前收，從「面朝下狗式」回
到「弓箭步式」。

*15. 拜日式B變化式

重複做1～3回

　　這裡介紹的「拜日式」是從八支功法瑜伽傳統的「拜日B式」修正而來。其中包括了「戰士第一式」和一個新姿勢：「猛式」。

✦「山式」（圖1）。

✦吸氣，兩手高舉過頭，膝蓋彎曲成90度角，成為「猛式」。保持雙腳貼地，同時從強有力、打直的雙手往上伸展。避免下背部過度拱起（圖2）。

〔修正式〕

　　做這個姿勢若下背部負擔過重，就改為雙手放在大腿上以增加支撐力。拉長脊椎，保持背部寬闊（圖3）。

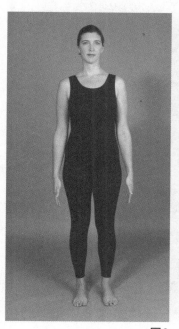

圖1

圖2

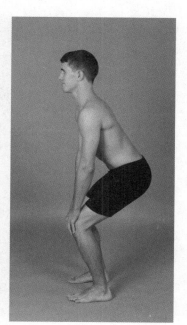

圖3

圖4

圖5

圖6

圖7

正念
瑜伽

◆ 呼氣，做「站立前彎式」（圖4）。

◆ 吸氣，做「伸展的站立前彎式」
（圖5）。

◆ 呼氣，右腳往後伸，做「弓箭步
式」（圖6）。

◆ 吸氣，把心臟部位抬高，從右腳
後跟伸展開來。

◆ 呼氣，左腳往後伸，做「面朝下
狗式」（圖7）。

◆ 吸氣，把右腳往前收，以左腳為軸

圖8

圖10

圖9

圖11

心，轉體起身做「戰士第一式」。在此進行3至5次呼吸（圖8）。

◆最後一次呼氣時，右腳往後伸，做「面朝下狗式」（圖9）。

◆吸氣，把左腳往前收，以右腳為

軸心，轉體起身做「戰士第一式」。在此進行3至5次呼吸（圖10）。

◆最後一次呼氣時，把左腳往後伸，做「面朝下狗式」（圖11）。

圖12

圖16

圖13

圖14

圖17

圖15

244

◆ 吸氣，做「平板式」（圖12）。

◆ 呼氣，做「八點式」（圖13）。

◆ 吸氣，身體滑行，做「眼鏡蛇式」
（圖14）。

◆ 呼氣，做「面朝下狗式」。在這套
姿勢的這第四個、也是最後一個
「狗式」，進行3至5次呼吸（圖
15）。

圖18

圖19

圖20

圖21

✦ 最後一次呼氣時，右腳往前收，
　做「弓箭步式」（圖16）。

✦ 吸氣，心臟部位抬高，從左腳後
　跟往外伸展。

✦ 呼氣，把左腳往前收，做「站立
　前彎式」（圖17）。

✦ 吸氣，做「伸展的站立前彎式」
　（圖18）。

✦ 呼氣，深入做「站立前彎式」（圖
　19）。

✦ 吸氣，做「猛式」（圖20）。

✦ 呼氣，兩腿打直，雙手放在身體
　兩側，以「山式」結束（圖21）。

　　以左腳開始，重複做整套「拜
日式」。

245

16. 戰士連續動作

正如其名稱一樣，這是有難度的連續動作，其中包括「猛式」、「戰士第一式」和「戰士第二式」，有幾個姿勢要維持較長的時間。專注在呼吸上，使心自在，放下抗拒或緊張。

✦ 「山式」（圖1）。

✦ 吸氣，做「猛式」（圖2）。

✦ 呼氣，做「站立前彎式」（圖3）。

✦ 吸氣，做「伸展的站立前彎式」（圖4）。

✦ 呼氣，右腳往後伸，做「弓箭步式」（圖5）。

✦ 吸氣，心臟部位抬高，從右腳後

圖1

圖2

圖3

圖4

圖5

圖6

跟往外伸展。

◆ 呼氣，左腳往後伸，做「面朝下狗式」（圖6）。

◆ 吸氣，右腳往前收，起身做「戰士第一式」（圖7）。在此進行10次呼吸。覺知身心所發生的一切。試試看能不能卸下任何不想留在當下的抗拒感。

◆ 第十次吸氣時，右腿打直（圖8），以兩腳為軸心轉體，把骨盆和上半身以180度轉向左側，此時從前伸打直的左腿上方往前看（圖9）。

◆ 呼氣，左膝彎曲，做「戰士第一

圖8

圖7

圖9

式」（圖10）。維持此姿勢進行10次呼吸。要格外注意心是否躍動了，想比較左側和右側的不同表現。看看你能不能純粹只觀察和體驗，而不去做比較。要明白，光是比較的行爲就會使你脫離當下所發生的經驗。

圖10

圖11

◆ 第十次呼氣時，右臀往外伸展，兩手往下和地面平行，成爲「戰士第二式」（圖11）。在此進行10至20次呼吸。肩膀（或其他部位）感覺有些浮現時，注意你的心如何試圖把這些感覺區別隔開。從這個想要脫離的心理行爲，會引發一連串的後續行爲。心把這些感覺看成具有威脅性的「物」或「實體」，這種區別的作爲會製造苦。如果你能放下排斥感，以及心所製造的幻想，則痛感和不適或許仍持續，但折磨和煩惱卻可以終止。

◆ 最後一次吸氣時，保持雙手與地面平行，左腿打直，雙腳爲軸，轉體向右側。

◆ 呼氣，做「戰士第二式」（圖12）。在此進行10至20次呼吸，繼續禪觀心行。看看你能不能專注在當下，並善用你的呼吸，但

圖12

不是做爲想消除不適感而轉移注
意力之道，而是當成進入並安住
在當下的媒介；如此一來，你就
可以避免讓自己脫離單純的體
驗。要記得，如果你陷入了幻
想、排拒或批判，就等於脫離了
當下的經驗。當我們和自己的經
驗合而爲一時，評判或比較的傾
向就無從趁隙而生了。

◆ 最後一次呼氣時，腳往後伸做
　「面朝下狗式」（圖13）。注意變換
　成這個姿勢時，心的性質和感覺
　有何變化。從這個功課裡學習無
　常。注意心可能依戀著從不適感
　解脫的愉悅，看看你能否只享受
　而不陷入執著。

◆ 吸氣，做「平板式」（圖14）。

◆ 呼氣，做「八點式」（圖15）。

◆ 吸氣，做「眼鏡蛇式」（圖16）。

◆ 呼氣，做「面朝下狗式」。在此進
　行3至5次呼吸（圖17）。

圖14

圖15

圖16

圖13

圖17

圖18

圖19

圖20

圖21

圖22

圖23

◆ 最後一次呼氣時，右腳往前收，做「弓箭步式」（圖18）。

◆ 吸氣，心臟部位抬高，從左腳後跟往外伸展。

◆ 呼氣，做「站立前彎式」（圖19）。

◆ 吸氣，做「伸展的站立前彎式」（圖20）。

◆ 呼氣，深入做「站立前彎式」（圖21）。

◆ 吸氣，做「猛式」（圖22）。

◆ 呼氣，做「山式」。站立進行10至20次呼吸，持續注意全身上下以及心的性質（圖23）。

從這套連續動作，我們再進入下一個體位法。

17. 蝗蟲式（第二和第三變化式）

開始時，腹部朝下俯臥著，雙腿併攏，雙手往背後伸，十指交纏互握。

恥骨、臀部、大腿和小腿上方緊貼地面，然後吸著氣同時把頭部、肩部和前胸往上捲曲、離地。緊握的雙手往後伸展，雙手手腕內側相互朝內，然後兩個手腕往上抬高，離開背部（圖1）。進行4次呼吸後，雙腳往外伸展，把腿上抬離地（圖2）。繼續在這個完整的姿勢中呼吸，並讓呼吸來引導你用力。

從前一個動作轉至下一個動作時，注意你心的性質。它是否在整個姿勢的過程中都保持專注，或是分神了呢？

圖1

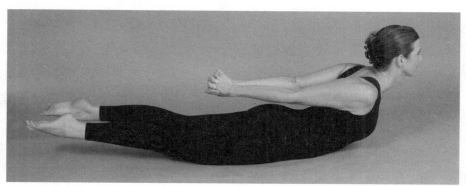

圖2

18. 弓式

6～12次呼吸，重複做1～3回

腹部朝下俯臥，膝蓋彎曲，雙手握住腳踝，兩個膝蓋打開，間距髖寬。身體前側放鬆。下背部保持敞開，讓尾骨微微朝下垂。

接著，吸氣，雙手握壓腳踝上方，把大腿抬高離地。讓這個腿部的雙重動作幫助你把頭、肩與胸抬高離地。試著不要硬用雙手來拉抬。尊重你的身體和身體的能力範圍。如果下背部感覺緊繃，就不要抬得太高，讓臀部和下背部間保持一點距離。

準備好了之後，呼氣，把身體放下。

雖然很多人做這個姿勢時覺得精力充沛，但剛開始面對時又是戰戰兢兢的。若是如此，這感覺如何制約你的呼吸和心，而它對你做姿勢的體驗造成何等影響？

19. 鱷魚式

　　腹部朝下俯臥，兩腿打開，雙腳保持約兩呎間距，腳趾朝外伸。把額頭靠在交叉的手臂上。

　　保持這個姿勢俯臥著時，你可以感覺到呼吸在橫隔膜的運行，看看你能不能感覺到呼吸在下背部和臀部運行時所造成的身體浮動，把注意力沿著這微妙的浮動，從背部一直往上到肩膀，再往下到雙腿和雙腳。

　　這是放鬆的姿勢。注意你的心在做過費力的姿勢後，是否傾向於恍神，開始幻想起來。在這個姿勢中休息時，也要保持在當下、保持清醒。

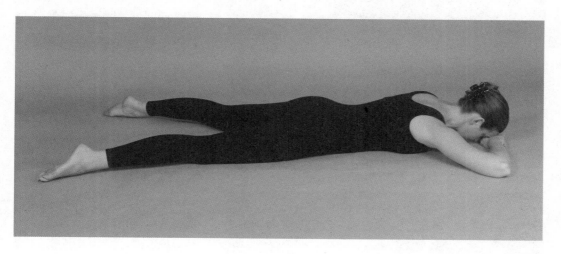

20. 兒童式

上半身抬起往後，坐骨垂放腳後跟上，做「兒童式」。兩根大腳趾應該會碰觸，兩個膝蓋則微微分開。紓放你的上半身靠在大腿上方。額頭放在地上，雙手放在腿部兩側。只要調整一下膝蓋的間距，就可以成功把體重往後放在腳後跟，而非頸部和頭部（圖1）。把自己完全釋放、融入這個姿勢中，保持自然呼吸。在身上哪些部位能感受到呼吸的流動？當你停留在這裡時，注意呼吸的性質是否有任何變化。只要保持自然呼吸，就能讓你在這個姿勢中歇息時培養平靜感。注意你在這個姿勢中休息時，心理狀態如何？身體壓力持續輕緩時，心又有何反應？它是否保持在當下，清楚明白，還是昏沈了呢？

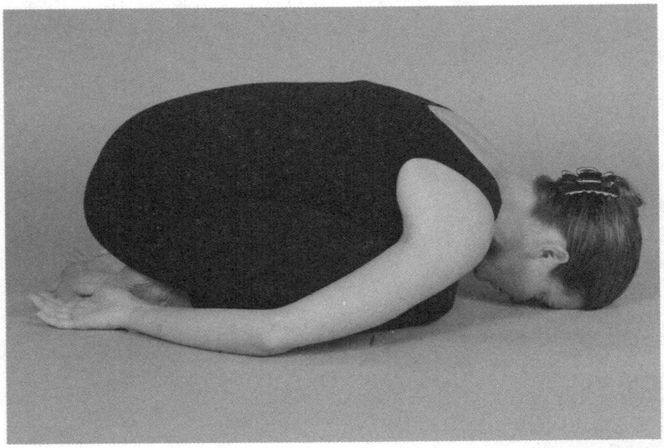

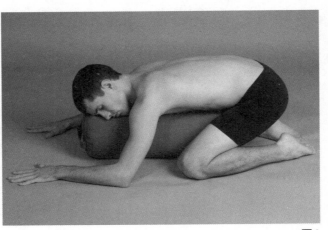

圖1

〔修正式〕

如果臀部無法碰觸到腳後跟，感覺身體重量大部分是在上半身和頭部，可以上半身靠在靠枕或幾張瑜伽墊上，這樣可以支撐上半身，使你的頭部能保持和臀部一樣高（圖2）。

圖2

正念瑜伽

21. 金剛式（變化式）

膝蓋併攏，坐在腿肚上，兩個腳踝往內側互壓，腳趾踮在下方。想辦法讓兩個腳後跟擺在坐骨的範圍內。脊椎強有力地從骨盆底部聳立。頭頂往上伸展，肩膀放鬆下垂在背部，胸膛開闊而挺起。

保持這個姿勢坐著時，膝蓋或腳踝可能會有感覺，但最可能的部位則是腳趾關節。注意感覺的性質如何。在不舒服的感覺中練習，但要尊重真正的疼痛。注意反彈和厭惡感，讓你的呼吸帶你回到對各種感覺保持純粹的覺察力。放下幻想，僅觀看即可。若你發現有幾次呼吸可以完全沒有厭惡和排斥感，哪怕短短幾次也行，那時你是否體驗到不同的感覺？

從這裡開始放鬆，把壓在下方的雙腿抽出。

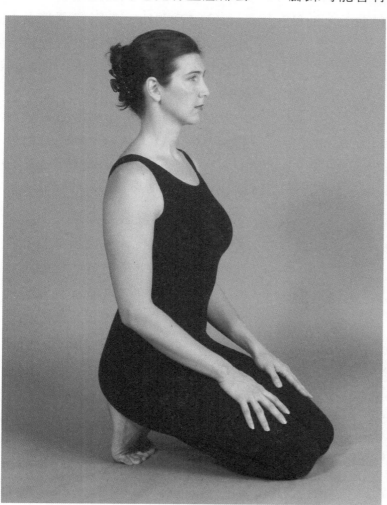

第9章 觀心在心

255

22. 合蹠式

坐著，兩腳腳底相對合攏，然後握住腳踝，把腳拉到距離褲襠4至6吋以內，兩腿開闊、下垂。不要刻意把膝蓋往地下壓，而是要施壓使兩個腳後跟和腳板外緣貼近，並使

圖1

圖2

兩個膝蓋相互遠離（圖1）。用雙手協助把上半身從骨盆上抬起，然後自坐骨前方尖端往前傾，以使薦骨更低沈，而非圓圓地突出來。

從這裡開始，身軀自兩腿上方往外伸展，使成前彎姿勢。維持脊椎的長度不變，雖然背部中央將會微彎（圖2）。

在此處休息，保持呼吸，觀察心的性質。心是如何反映出身體當下的狀況呢？如果大腿內側被拉長的感覺很強烈，注意心是否很快把這感覺貼上不舒服的標籤，而這是否會進而制約心、呼吸和身體？若你能利用呼吸來擁抱這些感覺，並放下心行，那麼你可能會很驚訝地發現，這些感覺可能並非真的那麼不舒服，而只是「不一樣」而已。這種習慣性能量，就和一旦心認定為不一樣的事物，就立刻從人或情境中抽身是一樣的情況。

自此處起身時，先往上抬、往外伸，保持脊椎長度不變，然後放鬆回復挺直。

23. 廣角前彎式

坐著，兩腿大幅度打開，膝蓋和腳趾朝向正上方。手掌放在身後，輕柔地把下背部和薦骨內收，避免骨盆往後傾。腿背往地下壓，腳後跟保持貼地，同時從坐骨沿著腿骨朝腳後跟往外伸展（圖1）。

身軀緩緩往前彎下，手放在前方地上或抓住大腳趾，腳趾和膝蓋朝向正上方。盡己所能地往前彎，同時保持背部長度不變（圖2）。

圖1

圖2

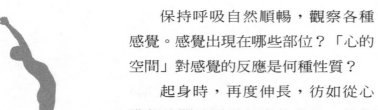

保持呼吸自然順暢，觀察各種感覺。感覺出現在哪些部位？「心的空間」對感覺的反應是何種性質？

起身時，再度伸長，彷如從心臟部位開始引導起身的動作，然後放鬆回復開始的姿勢。

〔修正式〕

若腿筋感覺緊繃、下背部拱起，或大腿內側很緊繃，可以坐在一兩張瑜伽墊上做這個姿勢。脊椎伸展，往前傾，然後把上半身靠在靠枕或數張瑜伽墊上。注意要主動把整隻腿都往地下壓（圖3）。

圖3

24. 單腳前彎式

身體每側進行10～25次呼吸

從「杖式」開始，右膝彎曲，右腳後跟儘量滑近右坐骨，右大腿朝側邊伸展。

雙手往上伸展（圖1），抬高上半身（圖2），然後往前放鬆傾倒，抓住左小腿或腳板（圖3）。雙腿往地下壓，同時抬高前胸，從左腿上方往前傾（圖4）。骨盆往前傾，以臀部為軸心轉體，讓坐骨往後擴展、分開。不要強拉身體，而是儘

圖1

量做到你的極限，把你覺得舒適的範圍擴大，同時注意打直的腳後背是否有任何抗拒。不必設下什麼目標，但要試試自己能不能鬆懈那種不想在「當下」的抗拒感。當我們開始安定下來，做「坐姿前彎式」時，心可能會隨著妄想而飄忽不定，或開始加以評斷。僅觀察所發生的一切即可。如果你能保持清楚明白，並以呼吸爲基礎，你的心是否也會自然地開始鬆弛或放下？

從這個前彎姿勢起身時，保持伸展身體，往上抬，吸氣，往外伸，然後呼氣，結束這個姿勢。

換身體另一側再做一回。

〔修正式〕

如果你在做這個前彎姿勢時，是從下背部開始打彎，而不是從臀部，可以改坐在一兩張瑜伽墊上，再把上半身在打直的腿上往外延伸。如果你感覺骨盆開始往後拱，使得下背部拱起來，就停止再往前彎。你可以把雙手輕輕壓在小腿上好做爲支撐（圖5）。

圖3

圖4

圖2

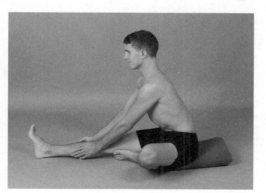

圖5

$25.$ 魚王式

身體每側做10～15次呼吸

左腿做「散盤」，把左腳滑向右大腿下方，使左腳後跟在右臀外側停靠。接下來，把右腳交叉跨在左大腿上方，使右腳底牢牢貼地。用左手抱住右腳膝蓋下方不遠處，右手壓在背後的地上，好讓脊椎能在腿部著地之際仍保持向上伸展。開始把上身往右轉，利用左手來幫助身體左側往右邊轉。

你可以把左手卡在右腳外側，然後往腿上壓以增加槓桿作用，但要讓轉身的動作從脊椎底部往上自然地轉動。上半身轉身動作的最後，再把頭部往右轉，保持頸部放鬆。不要用下巴引導動作（圖1）。

保持在當下，讓呼吸引導你探索所有的感覺。對於這個轉體姿勢壓迫感的生理體驗，在心理上的反映又是如何？

呼氣，放鬆，輕柔地轉回身。

換另一側重複做一回（圖2）。

圖1

圖2

〔修正式〕

　　若你的臀部緊繃，可能會發現在交叉雙腿準備轉身時，骨盆和背部有往後塌的現象。試著坐在幾張瑜伽墊上，好讓你能在開始的姿勢中，確立脊椎的自然曲線（圖3）。

　　之後，你從脊椎底部朝上轉身時，要保持從骨盆往上抬高的感覺。後面的手可以墊一個瑜伽磚在下面，好幫助你做姿勢時身體不會垮下來。

圖3

26. 坐姿前彎式

10～20次呼吸

　　從「杖式」開始，身軀往前伸展，手握住腳板或小腿（圖1）。保持腹股溝柔軟，大腿微微往內側彎，坐骨往後移並分開。要多放心思在把上半身抬高往外伸展前傾到雙腿上方，而不是自己能把姿勢做得多徹底。等到從臀部開始前彎之後，背部會拱起，但要保持整個背部均勻地拱起。利用手臂的力量，手肘朝上彎，肘關節朝外側伸，用

圖1

圖2

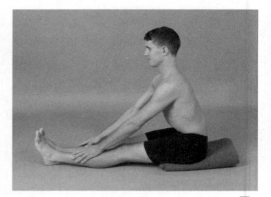

圖3

這些方式來使前胸前傾到兩腿上方。先注視腳趾，等到下巴靠到小腿上後，就把視線往內收，或放在自己的「第三隻眼」（圖2）。

當你全然沈浸在這個姿勢中，要保持專注在呼吸上。試著在主動做姿勢和被動沈溺在姿勢之間取得平衡。不要太緊繃。只專注當下所生起的感覺，而不要添加解釋、投射或認同。

從這個前彎姿勢起身時，先吸氣，同時把心臟部位抬高，往外伸展，然後呼氣，放鬆並回到開始的姿勢。

〔修正式〕

開始做這個姿勢時，我們希望能讓坐骨穩穩地貼到地面，上半身是從臀部開始彎傾。如果你在做「杖式」時，無法保持下背部呈現自然曲線，覺得背部過度拱起，可以改坐在一兩張瑜伽墊上（圖3）。

保持背部拉長，不要擔心自己能不能成功地把頭放在腿上，盡力做到你的極限即可，並且讓拉力來自雙腿下側和臀部。

27. 倒轉平板式

　　從「杖式」開始，把兩手放在臀部後方的地面上，手指朝腳趾或相反的方向均可（你可能會想輪流套用兩種方向，兩種方式各有優點）。吸氣，把骨盆往上朝天花板抬高，同時腳趾朝地下指。保持尾骨朝腳部伸展。要確保手腕位在雙肩的正下方，手臂打直。下巴可以靠在胸前，或把頭放鬆、往後仰，並靠上背部的肌肉撐住。做這個姿勢時，身體往往會出現抗拒感。把注意力集中在呼吸上，同時觀察在保持這個姿勢之際，是否產生任何心理抗拒感；準備好了之後，呼氣，回到開始的姿勢。

28. 攤屍式

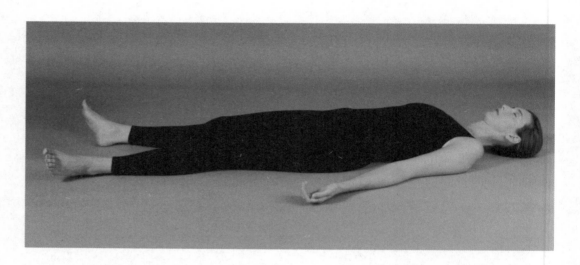

以「攤屍式」仰躺著，雙腿打開，間隔12到18吋，腳趾朝外。雙手放在身體兩側，離身體至少數吋，手掌朝上。

首先，把注意力集中在身上你感覺到氣息通過的部位。記住，要放棄想要控制或操縱的傾向，只要親自看見當下所發生的情況即可。把注意力放在你感覺到呼吸經過的部位。

留心呼吸所引發的各種感受，吸氣時增添的微妙緊繃感，然後呼氣時又放鬆了。一會兒後，讓你的覺察力擴充到全身。保持開放，接納一切在你躺著時可能生起的任何感受。看看這感覺是否愉悅、不愉快，或是中性的。注意任何想執著愉悅經驗的傾向，以及排斥可能不愉快的經驗，或是在沒有任何強烈感受時「心不在焉」。

接下來，讓你的覺知反過來覺知它自身。當下有哪些心理狀態？記住，心行包括我們一般認知的情緒，以及幻想、昏沈、正念、論理和評判等。我們的修行在於注意當下現況，既不厭惡也不執著。深入觀察心行，我們不用執著和排斥去滋養它們，它們終會解脫消散。

29. 禪坐

用任何腿部交叉的體位法禪坐（圖1-2）。找到身體重心，並伸展從臀部到腋窩的上半身。讓肩胛骨牢牢地支撐著上背部，而下背部則保持自然的腰椎曲線。

圖1

圖2

當瑜伽士在入息和出息時，覺知自己的心念，
無論是令心快樂、令心集中、專注，或令心自在、解脫，他安住於心，
觀察心識，精勤、正念、正知自己所處的狀態，超越此生一切的貪欲與憂惱。
這些入出息念的練習，屬於四念處中的第三念處──心。
若缺入出息念，就不可能增長禪修的安定與智慧。

正念
瑜伽

向樹學習「法」

平衡的姿勢有很多,有些要單腳站立,同時把身體扭轉或纏繞成各式各樣的形狀。有些姿勢是靠雙手或頭保持平衡做倒立,然後再用扭轉或纏繞等方式,把身體變成各式各樣的形狀。

不過我只選了這個簡單、基本的平衡姿勢,因為這個優雅的姿勢能使我們深入探查自己的心,它簡單的線條也能讓我們更輕鬆地保持這個姿勢,不會像做一些複雜的平衡姿勢那麼費力。

樹原本就會搖動

當我們以「樹式」站立並修習正念時,可能會發現自己想屏住呼吸的微細傾向——彷彿一呼吸就會害我們摔倒似地。從屏住呼吸開始,我們還可能會發現,自己在體內積聚很多張力,以使身體不至於動搖。不過,樹原本就會搖動!這種生理的緊繃——包括咬緊牙關、伸出舌頭頂住上顎、肋骨緊縮、愁眉苦臉,全都會相對應地反映在心的束縛。我們內心的獨白根本就寫在臉上:「該死!我快要跌倒了!為什麼就是沒辦法保持平衡?昨天明明還做得好好的。我就是辦不到!我的平衡感不好!集中注意力!」

我在每堂課上都會提醒學生,保持呼吸順暢,嘴角上揚,這不但能讓面貌變得更好看,也能大量解除臉部的緊繃。當臉部放鬆,心也會跟著變得柔軟,整個人就會放輕鬆。我也鼓勵學生記得,如果失去平衡,重頭再來過就好了。帕坦伽利把體位法定義為「穩定而自在的姿勢」,不過,在我看來,這個定義最深層的意思其實是指心的性質。即使你在做「樹式」時失去了(身體的)平衡,變得搖搖欲墜,腿也放下來了,但你的心能否保持穩定與自在?這才是真正在練瑜伽。

平衡姿勢最戲劇化之處,是在於我們並沒有接納實相,反而企圖活出某種理想的樣子。大部分人都認為,平衡是某種存在的狀態,認為平衡是靜止的,因此一旦達到平衡,就能擁有平衡,然後就萬事OK了。這種態度可能顯現在下列念頭:「等我取得學位後,就會感覺很有權威了。」;「等我得到那個工作(加薪),就能

隨心所欲了。」；「等我結婚（找到伴侶），就會從此過著快樂的生活了。」；或是「等我開悟後，就會解脫自在了。」

　　我有點故意在開玩笑。不過，這種誤把平衡當成存在狀態的概念，是最具毀滅性的迷思之一，而練習「樹式」就是解毒劑。平衡是一個過程，無論你能保持「樹式」多久、多穩定，或許上半身完全不會動搖，不過，看看你站立的那隻腳（及腿上的肌肉）究竟費了多大工夫吧！你的腳正不斷微幅地調整姿勢，好保持平衡。不過，我們還進一步運用平衡在心理概念，批評自己的生活經驗，然後發現我們的生活經驗（我們的人生）沒有達到標準。

下意識的習慣性模式

　　當我們結束「樹式」，改為「山式」時，可以學到另一個功課。我每次教一批新學生時，幾乎所有人都會開始扭動原本站立（賴以平衡的）那腳的腳趾，並轉動腳踝。這是因為支撐全身重量的那隻站立的腳，一旦放鬆後就會浮現各種感覺，可以用宛如針刺來形容。

　　可是，大部分初學者都不允許自己體驗這些感覺，立刻就想「擺脫」它們，雖然這幾乎很少出於意識，事實上，往往純粹是下意識的反應。因此，我會向他們舉這個例子，好顯示我們的瞋心多麼會自動生起。當我們換另一腿做時，我鼓勵他們，觀察放鬆後生起的感覺，看看會出現什麼情況。

　　許多人會驚訝地發現，想要逃離那些感覺的傾向有多麼強烈，他們甚至更驚訝地發現，其實那些感覺根本沒有那麼痛或不舒服。有個學生發覺，她之所以會想甩腳，只是因為那些感覺並不熟悉、很陌生。這種想逃離不熟悉、不一樣感覺的習慣性動作，無異於想逃離不一樣、不熟悉的人、情感、關係及環境的傾向。藉由在瑜伽墊上處理這些習慣性模式，我們的生命也因此變得開放、更廣闊、更能接納。

　　「樹式」是我最喜愛的禪修體位法之一，使我學到更多有關自己的知識。希望它也能幫助你安住在你的體驗中，接納一切，毫不執著。

第10章 觀法在法

入息時，覺知諸法無常的本質；
出息時，覺知諸法無常的本質。

入息時，覺知執著的消失；
出息時，覺知執著的消失。

入息時，觀察滅；
出息時，觀察滅。

入息時，觀察放下；
出息時，觀察放下。

我們一直都明白，十六個練習中並沒有哪個練習是集大成之作，其實打從一開始，我們等於是同時在練「所有」練習。心無法脫離其對象而單獨存在。正如我們在第三念處所了解的，心就是意識、感受與心行（如瞋心與執著）。若我們有感受，一定是對某個「東西」心有所感，而這個東西就是心的對象。心和心的對象「相即相入」（相互依存）。在正念的修行中，我們了解到，心本身也是意識的主體和所緣的對象，當主體和對象合而為一，就是「定」。這就是瑜伽。

一切生理現象（身體以及體內進行的所有過程，包括呼吸）、所有心理現象（心以及內心所進行的所有過程，包括感受、念頭和意識）以及一切物質現象（地球本身，包括各種元素和自然現象），全都是心的對象。它們全都是心，也全都是身，也全都是「法」。如你所見，我們打從第一個練習起，也就是從深入觀照氣息的入和出開始，就一直在處理這些「對象」。

在一呼一吸間隨觀無常和變化

如今我們要修習第四組的第一個練習，若說我們的取向真有改變的話，應該說是強調的重點不一樣了。比如說，現在我們觀察呼吸時，是省思其無常的本質。我們可以重回先前的十二個練習，並把注意力放在所觀察對象的無常本質上。我們可以隨觀並領會到身體的無常，以及感受與念頭的無常和不斷變遷。我們可以看出心行的無常及不斷變化的本質。

這種觀呼吸的練習，可以闡明一切存在的諸法不斷變化、無常的本質。這並非只是哲學性的思惟，而是真正去看透、去體驗。我們必須針對無常來「修行」。對無常的洞察力（智慧），是理解一切存在物相互依存、因緣和合而生、無我等本質的一個法門。修習第十三個練習時，我們會發現，最後一組的最後三個練習其實也包含在這個練習內。事實上，我們打從一開始就是自然、漸進地修行著，每個練習都是接續前一個練習，然後繼續培養，因此在最後一組中，除非我們已經能深刻洞察無常，否則就無法真正地「放下」，這就是為什麼我會如此強調第四念處——法念處的原因。

任何曾經練過瑜伽體位法一段時間的人都會告訴你，體位法修行是練習省思身體如何變化及變老的最好方法。我們每天都可能發現極大的變化。當然，剛開始這些變化可能相當「正面」，我們會發現自己運動的範圍、力氣和耐力都有改善。不過，有些時候卻可能發現，昨天明明還做得很好的姿勢，今天做起來卻有點困難。一切永遠在改變，所以假如我們執著於某一種方式，就無疑會為自己帶來苦；無論你多麼堅持不懈地修行，仍然會繼續老化的過程。即使如偉大的瑜伽士艾因嘉（B.K.S. Iyengar）也是如此，他在八十多歲時所能做的姿勢，是許多年紀只有他一半的瑜伽士都做不到的，但即使是艾因嘉也無法做

到他在二十或三十年前所能做的程度。

　　大部分人一聽到對隨觀無常的強調，就會覺得這個說法對修行來說實在是太「掃興」了。不過，良藥必須苦口。忽視變化和無常的真理正是使不幸與極度痛苦永久存在的原因，如果我們能看透這點，就會明白這絕非掃興之說，只有真正看清這點，才能帶來解脫。如果我們能超越理智的隨觀無常，能真正看透它，就會發現，我們執著於本質即是無常的事物，根本就很愚蠢，一點也不務實，這使我們註定要受苦。試圖對實相視而不見，要耗費極大精力，而且最終也註定會失敗。我之所以很重視體位法修行的另一個原因就是：從身體著手、親近身體，會讓我們學到如何全然維持在當下、張開眼睛如實面對生命的原貌，每時每刻，一次呼吸接著一次呼吸。這就是心靈戰士的修行——永不逃避——每位瑜伽老師都會透過各種方式不斷叮嚀學生，因為大家需要不斷聽到它。

　　佛陀在其瑜伽教法中，強調要培養洞察無常的能力，因為這是進入中心教法的一道門，這中心教法即：苦的真理、苦之因和苦之滅；洞悉無我；體悟空；以及理解諸法的真如（tathata）。真是佛陀所說的教法，據稱都印有無常、苦、無我及涅槃或滅度等「法印」①。透過觀照無常的修習，我們也能深入「三解脫門」②：空（shunyata）、無相（animitta/alaksana）和無願（apranihita）。

　　葛印卡曾寫道，清楚洞察無常可說是內觀禪修的核心。他的修行方法是，禪修者觀察全身上下不斷變化的感受。修行正念瑜伽時，我們也可以觀察自己體驗的現象不斷變化。同樣地，我們從呼吸開始，注意呼吸如何不停地變化——沒有任何兩次呼吸會是一模一樣的。注意力轉移到身體後，我們發現持續的變化有些較微妙，有些則相當明顯可見，不論是心跳、感覺或身體在空間姿勢的轉換。

　　我們會發現，自己的情緒和念頭其實也不停在變動，所關注的對象一個換過一個，即使當我們似乎陷入特別的情緒而無法自拔，但深入觀照後，我們就會發現，那個情緒的強度和調性也在不斷改變。我們會發現心如何從一個念頭跳到另一個念頭，這過程表面上看起來很詭異，而且是隨機的。我們甚至會發現，在修習時所體驗到的深度平靜、自在、喜悅和快樂等狀態也都是無常的。我們所從事的，並非哲學性的深省、觀想或演繹，而是深入、毫不留情地看穿

我們生活經驗的實相。我們最後將體悟到，我們所看到的其實是：我們自己「就是」無常。

佛陀提過兩種無常：一種是每分每秒都在發生的改變；另一種則是包括了生、存留、止滅的完整循環，並導致顯著的變化。例如燒開水想要泡茶時，水每一刻愈變愈熱，等到蒸汽突然出現之際，我們就見到了水在循環層面的無常。在我們的修行法中，這兩種變化都要觀察。

一般常說，由於有變化和無常，因此才有苦。三法門的經典公式是：「無常故苦，苦故無我。」但苦其實並非無常的結果，苦和無常之間並非束縛得解不開。苦的根本原因是，我們執著於本質就是無常的事物；所以我們受苦的原因，是我們的執著，而非無常的事實。倘若我們期望能肯定生命、慶祝生命，就一定要能肯定無常、慶祝無常。

假如我們只是很膚淺地看待無常，可能會以為它是生命的消極層面。我們所熱愛的一切都會改變，或早或晚我們也將被迫與一切分離。但有了內觀的明晰洞察力，我們就會了解到，無常其實並非消極、也非積極，它就是它，亦即事物的「真如」（thusness）。無常並非只是生命的一個層面，而是生命的核心：沒有無常，生命根本不可能存在。沒有變化的生命，只是個概念而已，根本不是實相；此外，若沒有改變，我們又怎麼能藉以轉化所受的苦？

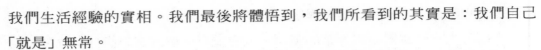 觸及無相就是涅槃

如果把自我看成是一個會存留一段時間的實體，那麼深入洞悉諸法皆不斷轉變的事實，必然會導向此一洞見：萬物都缺乏互久不變的自我（諸法無我）。這是佛陀對於諸法的核心觀察。

這並不是說，你、我都不存在，而是說，你和我並不是像我們慣常所想像地存在。你和我（及一切事物）都沒有一個互久不變、獨立存在、不可或缺的核心。即使是我們極力想保護和增強的自我意識，也並非獨立、分離的實體或事物，它是不斷變動的過程，同樣受到不斷改變的事物所制約。這個洞悉無我的洞察力，就是我們所提到「空」的真正意涵。「空」本身並非精髓的某種「東西」。「空」其實是指，我們和一切現象皆無獨立存在、互久不變的自我。

無常就是「如此」而已，就是如此這般！

正因我們「空」無一個獨立存在的自我，我們反而可以說是充「滿」一切。沒有單獨存在的自我，意指和一切事物相互依存。當我們觀照自己的身體、感受、認知、心行和意識時，就會發現，其中沒有任何一個能單獨存在。它們都得和萬物相互依存。借用一行禪師的絕佳例子來說：當你閱讀這書頁的文字時，能不能看到製作這張紙的那棵樹？至於那棵樹呢？那棵樹仰賴著它的祖先、土壤、滋養素、雨和太陽。這張紙和上頭所寫的字，也都和樹、雨、土壤和太陽相互依存。為了來到這裡讓我們讀，這張紙輾轉經過伐木工人、紙張加工業者、卡車駕駛、印刷業者和出版商之手。此外還有寫下這些字句的我的心和我的意識，再加上閱讀這些文字的你的心和你的意識。空和無常原本就不是兩回事。

無常還能引導我們通過無相的法門。一切存在物的真如實相，超出一切概念或言語所能表達。念頭和認知所區分出來的類別稱為「相」。「相」是絕佳的工具——是我們可以利用的模式和圖像，但若誤把「相」當成絕對實相，「相」就會成為困住我們的牢籠。波浪和水，可用來協助我們理解實相的無相本質。波浪可大可小，可以生成，也可以消失。無論是大或小、生成或消失，都只是「相」而已——也就是特定現象的特性。如果我們認同某個特定的波浪，就會根據那個相而感覺快樂或悲傷。不過，若我們能觸及波浪的本質——若我們能碰觸到水，就能超越相；若我們能觸及無相，就能超越恐懼和一切痛苦了。

當我們深入探究實相的無常、無我的本質，就是觸及無相，也就是涅槃。涅槃並非一個我們可以造訪的場所，最好理解成：我們對實相的想法理念以及實相該有的樣貌的滅度。因此事實真相就是，想要觸及無相，就要在當下充滿了相的世界中尋求，此外別無他處可尋。洞悉波浪時，你碰觸了水；想要看透水的真如，你就必須穿透水的相，進而看出其相互依存的真正本質。一行禪師如此解釋：「一切存在物的實相，就是無相，因為這實相無法用概念或言語形容。由於它無法讓人理解，因此我們稱之為空。這裡所說的空，並不是和存在相反的不存在，而是指無相，脫離生與死、存在與不存在、增加與減少、純粹與不純粹等概念的束縛。」

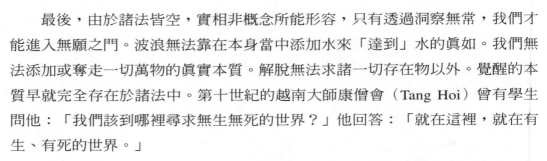

最後，由於諸法皆空，實相非概念所能形容，只有透過洞察無常，我們才能進入無願之門。波浪無法靠在本身當中添加水來「達到」水的真如。我們無法添加或奪走一切萬物的真實本質。解脫無法求諸一切存在物以外。覺醒的本質早就完全存在於諸法中。第十世紀的越南大師康僧會（Tang Hoi）曾有學生問他：「我們該到哪裡尋求無生無死的世界？」他回答：「就在這裡，就在有生、有死的世界。」

在正念瑜伽的修行中，這可以落實到體位法的經驗中，使我們極為實際而具體地洞悉無常與變化。不要被無常給困住了，不要把無常看成某種哲思概念，或是我們在尋找和探查的一件事物，而是要在自己的身心中，見到改變的實相，就在此處，就是現在，就是這樣。我們可以在練習長時間保持某個體位法或慢速移動時，觀察改變如何在每一刻發生。例如，練習「戰士第二式」（你能不能看出這是我最喜歡的姿勢之一？），我們會發現各種感覺時時刻刻不斷增長，而我們的反應又是如何受制於不斷滋生的感覺而隨之增加、變化。

起初，感覺生起時，我們立刻有了想法，認為這疼痛是一個事物，然後我們開始認同這疼痛，或許還會說：「我的肩膀痛死了。」心裡可能生起幻想，想到自己如何痛恨這姿勢、也痛恨老師要我們把這姿勢做這麼久──至少對自己來說真的太久了。相反地，我們也可以轉而真正密切注意當下所發生的事情，真正觀察自己的感覺。如能堅持不懈，就會發現，這些感覺其實都和我們個人無關，那麼自我意識就不再那麼堅硬、剛愎。只剩下感覺，而感覺正不斷變化中。不舒服和痛苦被視為空的，空並不是你，也不是我們應與之作戰的獨立存在的實體，而只是自然和合而生的過程而已。它們和感覺、心行或意識並無不同。

當我們終於結束某個姿勢，可以看到一個感覺循環的終止，以及下一個新感覺與反應的循環的起始，在這中間，我們試圖捉住那鬆一口氣的感受，執著於放鬆的感覺、企圖使這感覺更持久，這又造成額外的苦。不過，假若能讓感覺和思緒保持原貌，則我們所體驗到的無常就能幫助我們不執著於放鬆的感覺，可以單純只享受它，然後讓它自然消逝，繼續做下一個體位法。我們可以在做速度較快的連續動作時，用這種態度來觀察改變的循環模式，例如做全套「拜日式」。

不論我們是在用力地走動、維持高難度的姿勢、坐著或靜躺著，我們都可以安住在呼吸的覺知中，而呼吸一直不斷地在變化。《呼吸的瑜伽》（The Yoga of Breath）一書作者理察‧洛森（Richard Rosen）提出有關身體的公案：「誰是呼吸的人？」我們在觀察之際，可能會產生看似矛盾的體悟：呼吸毋庸置疑地持續進行，但卻找不到呼吸的人。「我是呼吸的人」的念頭只是念頭而已，只是添加在全然的經驗及純然的實相之外的一個念頭。你躺著做「攤屍式」時，可能會感覺到氣息在體內出入，注入空氣給你——即使是這點，也僅只是個念頭而已。

如果在修習入出息念期間，仍留有「呼吸的人」或「見證的人」的想法，那麼透過深刻體悟無常，這最後殘留的一點自我意識也會消融，你將不再有「我在注意」或「我在觀察」的感覺。起初，我們或許需要利用見證者的角色，好破除自己對不斷變化的感官及心理體驗的認同；不過，如今見證者本身也被視為一種心行而已。

很多剛起步的修行者會認為這個說法相當可怕、惱人：「你是說，我將停止存在？」但這個問題本身是基於「『我』存在過、即使現在」的錯誤假定。佛陀的教法並非要我們「破壞」自我或自我意識，這自我的想法是基於對實相的無明所致，因此當無明終止，我們對自我的錯誤認知也會隨之停止。闡明這點之後，恐懼就沒有根據了。透過持續修行，我們將會嚐到「點滴空」（drops of emptiness）的滋味。多嚐幾次這種滋味，或是在極度匱乏的大旱之後嚐到，就足以轉化人的生命。

執著是一種自作自受的腳鐐手銬

深入看透無常的實相，我們開始放下那長久以來一直攀緣的、稍縱即逝的現象的執著。我們發現，執著不只是苦的因，更是苦的一種。第四組的第二個隨觀練習，是對攀附不放這執著的消失或消退，有愈來愈高的覺知。每當我們起了類似念頭：「『要是』我能擁有那個（不論所指為何），我就會快樂了。」就是再度經歷攀附的、緊緊黏著、執持不放的執著。在體位法練習中，這常以下面形式出現：當我們自認，「要是」我們能做到某個特定姿勢，或是做得更

標準，我們就是更好的瑜伽修行者。提防一切「要是」的念頭！

如果我們的理解力繼續增長，能了解到我們所渴望的任何事物，在本質上都是不斷變動而且註定會消散，那麼我們對它能達到它所不能辦到的（永久不變）、給我們它所無法給的（終極快樂），這等欲望就會開始降低、消退。在上述練習中，我們觀察到執著消退的過程。在正念瑜伽中，當我們看穿自己身心經驗的無常後，就會對特定的結果不再那麼執著，對當下就能保持開放態度，不會再用一些應該更好的念頭嚴厲批評自己。一個經典的比喻是，觀看執著的瓦解，猶如觀察白布污點被燦爛的陽光漂白而消退，覺察力就是能融化心之執著的燦爛陽光。

對很多人來說，無執著或厭離的「想法」聽起來好像很冷漠、了無吸引力；他們是錯把漠不關心當成了無執，而兩者其實並不相同。在我看來，執著的行為是毫無生命力的，因為當我們執著（無論是對關係、感情、概念或某個物體）時，我們希望執著的對象能長久維持不變。這種狹隘、以管窺天的見解，會耗盡生命的活力和精髓，會把當下冷凍乾燥、封閉打包。不妨想像，若你執著於某段音樂的一個特殊音符，而希望守住這個樂音，持久不斷。在這個過程中，你就破壞了整首曲子的美和完整性。唯有「修行」不執著，才能使我們聽到音樂自然奏出，在音樂流瀉的當下，充分享受它。

執著使我們的心上了腳鐐手銬，使我們束縛在狹隘的見解中，以為生命就是「我的」生命、「我的」身體、「我的」愛人、「我的」家庭和「我的」財產。當我們發現互即互入（相互依存）的真理、洞悉無常和無我，就會突破過去自作自受的局限，並了解到生命其實並非自己所擁有，而是一切生命本身。任何特定現象（包括我們的身心）的無常及消融，並不會碰觸到生命的真如，正如波浪的生起和消融也不會影響水的存在一樣。

梵文和巴利文把「消退」譯成 viraga（或 vairagya，離欲），這個字也有「無執」或「無欲」的意思。帕坦伽利在《瑜伽經》中描述，修行和無欲其實是瑜伽訓練的兩大標竿。修行包括了瑜伽修行者所使用的一切「技巧」，以便培養理解力及無欲或無執的態度，這是修行者必須在整個修行過程中所抱持的態度。當然，只有透過深化自己的修行，才有可能培養出無執。

深入洞悉無常，接著就是第十四個隨觀執著的消退，以及第十五個練習了

悟到滅的出現。「滅」是從巴利文和梵文的nirodha翻譯而來，這個字很難翻譯，卻是所有瑜伽修行法的中心要素。帕坦伽利在《瑜伽經》中說：「瑜伽即是心田中起伏變動的nirodha」。有人把nirodha譯成「滅」，但也有人認為「約束」較貼切。「滅」顯然有四種層次③，最後以成就「法雲三摩地」（dharma megha samadhi）達到全然約束的極致。

在佛陀的教法中，「滅」是第三聖諦的總結，指苦之滅，因此也被視為「涅槃」的同義字。除了「滅」之外，它的涵意還包括「鬆脫」、「撲滅」、「熄滅」等。藉由探查上述字眼所描述的動作來了解其字義，可能會對我們有助益。

究竟是什麼鬆脫了？可以是心鬆脫了執著的束縛，解除一切使我們陷入苦的心理活動。究竟是什麼被撲滅了？是我們的痛苦被撲滅了，好比火被水澆熄，是我們受苦的火焰被熄滅了。究竟是什麼止息了？使我們無法真正體驗到實相的一切錯誤想法、觀點，尤其是指有關生與死、常與斷、一與異、來與去等傳統上稱為「八迷」（eight concepts）④的止息。由於這些概念或觀點形成苦的基礎，並透過自我執著與瞋恚而表現出來，因此我們必須超越這些觀點。我們發現，實相是超越「一切」概念的。

「滅」分為很多層次，它是一種過程。我們練習體位法時，可能會注意到一些小規模的止息。例如我們可能有過不愉快的感覺，並產生瞋恚的心行。透過正念，我們看清自己對舒服感覺的執著，基於我們對無常的覺知，執著便消退。時間久了之後，無論這類經驗何時生起，執著的消退會持續發生，直到那個特定的執著止息為止。這是規模較小、但仍有可能相當深刻的解脫之味。涅槃還有「清涼」的意思；比方說，我們執著的火，及苦的熱，都會被涅槃的清涼所熄滅。

培養「放下」的洞見力

第四組的最後一個練習，是練習「放下」。但不是「你」在放下，這不是需要你費力去做的事，而是出於根本沒有東西可讓你緊握。如我先前所說，要放下的最後一件事，就是放下認為有獨立存在、持久不變的自我想法。所有先

前的隨觀中，仍然殘留有一絲絲的自我意識，可能會把洞悉無常的洞察力、無常的消退、無常的滅，全都歸功於己或據為己有。諷刺的是，要放下之物，其實根本就不存在！

這個隨觀練習的巴利文可譯成「擲回」或「還回」。我們要把所執著之物全都退回或歸還。我們原本企圖把屬於生命、屬於自然的事物據為己有。佛陀告訴我們，最高的理解力是不把任何事物視為自我或占為己有。透過第十六個隨觀，我們把宣稱為「我」或「我所有」的一切全都歸還。

我們並非放下實相，而是放下對實相的錯誤認知與誤解。舍利弗在《教給孤獨經》（*Anathapindikovada Sutra*）中，向瀕臨死亡的佛陀俗家弟子給孤獨長者開示。舍利弗說：「這眼睛並非我，我的心也不會受到它的束縛。」⑤這種理解必須推及整個身心的過程，包括所有感官、心的對象及意識。「這一切事物均非我，我不受任何事物所束縛。」經文中繼續說道，萬物乃因緣和合而生。當因緣改變或停止，這些「事物」也會停止示現。萬物真實的本質是不生、不死的，而我們的修行就是要看清，不局限在這個小小的、不斷變化的「臭皮囊」裡，而是擁有無邊無界的生命，解脫任何桎梏的分類，超越時間和空間。這就是為何可以說我們並非為自己修行的緣故，因為當我們修行以使自己的心解脫之際，也是在修行為眾生尋求解脫。

透過這個方式，我們放下了自身的重擔——亦即過去由於對實相的錯誤認知而一再自我造作的重擔。其實並非問題解決了，而是它們根本就不再成為問題。壓垮我們的重擔掉落了，我們得以覺悟、「解脫輕鬆」。長久以來，覺悟被具體化、具像化為某種存在的狀態；若按照這種方式去思考，覺悟就會被誤解成只會發生一次，而且是在遙遠的未來。

覺悟其實是持續不斷培養放下、不執著的過程。佛陀擁有極高的洞見，然後持續培養此洞見，終其一生，無時無刻都依此洞見過活。覺醒並非在遙遠的未來要達成的理想。在任何時刻我們都可以看出，自己如何受限於各種想法和執著，可以看出這即是苦。觀察得夠深入，執著就會消逝、止息，而解脫——解除重擔後的輕鬆——就會發生了。

正如一行禪師告誡我們的：「放下並不意味放棄某個東西，以便去尋求另一個東西。」放下意味著徹底看透一切使我們（錯誤地）與現實隔離的事物。

從這個角度來看，正如我在〈導論〉中所述，我們和終極實相之間以及我們和他人之間的疆界，就會被視爲並非眞實的界限。最終，並沒有任何事物需要移除、添加或結合。我們並非藉由脫離人類所處的情境來尋求覺悟，而是就在人類生存的情境內尋求，覺悟即是人類情境的圓滿成就。透過這個練習，我們終於可以親眼看見：放下重擔確有可能——放下長久以來一直拖垮我們的沈重負擔確實可行。正如蘇菲教⑥詩人魯米（Rumi）⑦所寫：「我們像孩子一樣在口袋裡塞滿泥土和石頭，究竟還要繼續多久？放下世界吧，繼續捉住它不放，我們就永遠無法認識自己，永遠無法輕盈自在。」

覺悟的放下，是安住於當下所發生的一切、不受個人日常瑣事所干擾。當不滿現狀的欲望生起，只要一眼看穿它，它就會消失、止滅。

《入出息念經》中的十六個練習或隨觀，像是訓練課程的十六個階段，也像是洋蔥層層疊疊的外皮。如果把它們看成是訓練課程，我們可以按部就班地練習，並一再複習，每次會愈來愈微妙，也愈來愈精確。或者，我們也可以一層層剝除洋蔥的外皮，而從表皮剝到最後的空的核心，都持續沈浸在洋蔥的味道中。無論如何，我們都會抵達放下一切對正規修行的執著。我們當然可能仍繼續禪修，練習體位法，但內化的覺察力和洞察力會使整個生命成爲修行的範疇，正如傳統禪宗所述：使生命成爲「無形無相的善行的田」。

我在寫作本章期間，收到一封學生寫來的信，她的未婚夫在幾個月前因可怕事故而身亡。她寫道：「瑜伽修行和佛陀的教法對我的人生有深刻的影響。在這段轉化的期間，體驗以瑜伽和正念過生活，對我產生深刻的影響……引導我走過難受的、精疲力竭的時光。」

有恆心於持久修行的許多學生也表達過類似看法。許多人是在極端衝突、混亂的時刻展開修行。很多人開始時，是想尋求一個沒有任何困擾的人生，他們都希望生命能變個樣子，結果發現「同樣的鳥事仍舊會發生」，但似乎不再頑強地纏著他們不放。不論生命帶領他們走過任何形式的境遇，他們都體驗到更高層次的自在和穩定，歸根究底，這正是體位法的定義。

第四套姿勢

著重於無常、無我、滅和放下等經驗的更微妙層面。

最後一套姿勢，就像隨觀最後一組的四個練習一樣，會運用到先前練習過的技巧，但是著重於無常、無我、滅和放下等經驗的更微妙層面。前三套姿勢的元素，如慢速動作和連續動作等，可讓我們探索時時刻刻發生的無常，以及周而復始循環的無常。

當然，請記住任何一套姿勢都可以正念瑜伽來練習，一旦你熟悉這種體位法練習方式，可能會想探索自己或其他老師設計的一套姿勢。初學者可以跳過戰士連續動作，或是任何難度太高的姿勢。

1. 攤屍式

3～5分鐘

從「攤屍式」開始，雙腿打開，間隔12至18吋，腳趾朝外。雙手放在身體兩側，離身體至少數吋，手心朝上。

首先，把注意力集中在你感覺到氣息通過之處，只注意氣息如何出入即可。記住，要放棄想要控制或操縱的傾向，只要親自看見當下所發生的情況即可。

你最先注意到的事情，就是呼吸也有方向。它會進入身體，然後出去。吸氣時，要知道是在吸氣；呼氣時，要知道是在呼氣。注意吸氣特有的感覺調性，以及呼氣特有

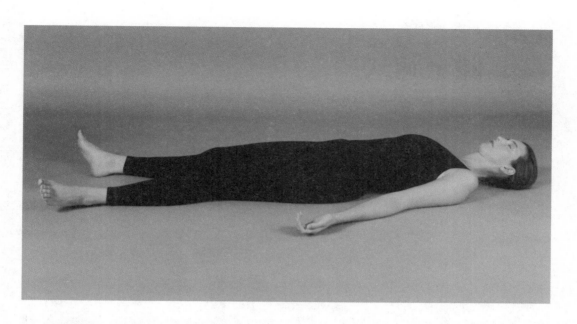

的感覺調性。觀察得更深入一點，看出每一次呼吸也都是無常的。它會出現、維持一段時間，然後就止息了。觀察呼吸的過程。

之後，開始感受一下呼吸各種不同的特性。跟隨整個「呼吸身」，長呼吸時，知道是長呼吸，短呼吸時，知道是短呼吸，不要試圖使呼吸均勻，只要呼吸，並觀察即可。呼吸可能有長有短，有均勻有不均勻，有深有淺，有急促有平順。只要留意呼吸，專注呼吸，不要企圖賦予呼吸某種特質。專注呼吸時，留心任何自然發生的變化。不論呼吸以哪種性質為主導，注意它如何隨著時間而變化，以及原本的呼吸性質如何變成另一種性質。

之後，依舊保持氣息自然出入，把你的注意力擴大到全身。你的身體是否產生緊繃的現象，腳或臀部彷彿因為想把自己撐起來而變得緊繃？你一發現這個情形後緊繃是否紓解了？身體往下壓地時，感受身體的重量和體積。你能不能感受腳趾和手指的尖端，而不搖動它們？當你保持靜止和安靜時，你如何知道身體究竟在空間的何處？你是否感受到身體有堅硬、牢固的邊界，或者身體的輪廓似乎是模糊不清的？

當你專注於呼吸在體內運行的情形時，問自己：「誰是呼吸的人？」不要去想答案，只要不斷詢問自己即可。

2. 膝至胸式

身體每側進行45～60秒

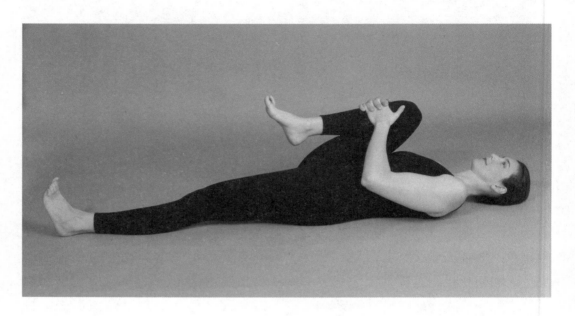

　　緩緩把右腳後跟沿著地面往臀部滑，當腳往臀部移動時，把膝蓋朝天花板彎曲。做這個姿勢時，注意腿和全身的感覺。當腳後跟移到臀部時，你能不能感覺到身體重量的分配或是骨盆的重心是否有任何改變？腳後跟移到臀部後，慢慢把腿抬高離地，雙手抱膝，把膝蓋靠向前胸。注意你在感覺、呼吸和心行等不同層面所感受到的變化，你能否透過覺察力，看出無常的確是真實存在的真理？

　　呼吸6至8次後，慢慢把腳放下到靠近臀部的地面，之後再把腳往外滑，使腿打直。你可發覺了把腿的重量完全釋放到地上的那個定點，發現這個點之後，注意你的呼吸和全身上下的感覺調性是否出現變化。你是否屏住呼吸或緊繃身體？這整個過程包括了對輪迴改變的覺察，以及這覺察力如何改變了回應的輪迴，瞋惡和執著的輪迴。

　　換另一條腿重複同樣動作。

3. 散盤

盤腿而坐，雙腳放在膝蓋下方。注意自己習慣把哪條小腿放在下面。坐在坐骨前端（避免骨盆往後拱起導致下背部彎曲）。雙手放在臀部兩側，頭頂往上抬高，脊椎骨也因此拉長了，感受坐骨往地下壓的感覺。身體往下壓時，感受在哪一個部位能察覺到身體的重量。

現在把雙手放在膝蓋上，閉上雙眼，敞開心胸體會「只是坐著」的感覺調性。注意隨著時間流逝，各種不同的感覺可能會出現：癢、不舒服的刺痛、抽痛、隱隱作痛、劇痛等。觀察這些感覺，看看它們如何不斷變化。你能不能發現，一旦你回應了那些感覺，不論是起了反感、執著、評判、比較，自我意識也會變得愈來愈強？你能否看出，一旦你回復到只專注當下，即使原有的各種感覺依舊不變，但整個體驗卻變得愈來愈海闊天空、輕盈。

4. 散盤前彎式

身體每側進行8～12次呼吸

現在，從盤腿的上方往外伸展，把前額靠在手臂上（圖1-4）。如此坐著時，注意在進行這個「前彎式」時，身體何處能感覺到呼吸？你有沒有感覺腹部壓迫著大腿？你能不能在背部感覺到呼吸？或許你感覺到，肋骨隨著每一次呼吸而擴張或緊縮。注意你有沒有把身體任何部位緊繃起來，再看看自己能不能把它放鬆。你有沒有發

現，吸氣會使你的身體抬高一點，而呼氣則讓你放下回復到原來的「前彎式」？如果有的話，不要誇張地進行這個動作，但也不要刻意壓抑。讓呼吸使身體自由地移動，放鬆地融入做動作的經驗中。同樣地，注意維持這個姿勢時，身心是否起了任何變化。

從這個姿勢起身時，把肚臍往脊椎處收縮，整個脊椎骨一節一節

圖1

圖2

圖3

圖4

地往上捲起，直到你回復「散盤」
爲止。

　　改把另一條小腿壓在底下，重
複做一回。

〔修正式〕

　　若發現下背部彎曲，頭和前臂
也無法及地，可坐在一兩張瑜伽墊
上，好把骨盆墊高，就可以從臀部
往前傾，把上半身靠在靠枕或足夠

圖5

的幾張瑜伽墊上，好讓你能在脊椎
伸長的狀態下歇息（圖5）。

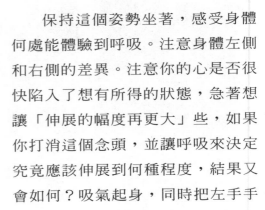

5. 坐姿側伸式

把右手放在臀部旁，左手往上伸。慢慢把右手往外側滑，儘可能前臂貼地，身體往右彎曲。左坐骨保持貼地，從左手手指往外伸展，使左手臂幾乎與地面平行。若感覺舒適，把臉轉為朝上看。如果左手臂擋住望向天花板的視線，試著把左手臂往耳朵方向回收。

保持這個姿勢坐著，感受身體何處能體驗到呼吸。注意身體左側和右側的差異。注意你的心是否很快陷入了想有所得的狀態，急著想讓「伸展的幅度再更大」些，如果你打消這個念頭，並讓呼吸來決定究竟應該伸展到何種程度，結果又會如何？吸氣起身，同時把左手手指改往正上方伸展。呼氣，左手臂放鬆回到身側。

隨著身體轉向另一側、保持呼吸、再往上伸直身體時，一整個輪迴的過程生起又再消逝，你對這個過程真正了解多少，又有哪些是你完全沒有注意到的？你把身體改轉向另一側時，看看會有什麼變化。

換另一側重複做一回。

正念瑜伽

6. 貓式／牛式

配合呼吸重複做6～10次

雙手自肩部直線下垂，膝蓋位於臀部正下方。呼著氣的同時，像發怒的貓一樣把背拱起，骨盆往後傾，夾緊雙腿中間的尾骨。頭部垂下，往後望著骨盆（圖1）。吸著氣的同時，把你的骨盆往前傾，腹部朝地面下垂，頭頂和坐骨朝天花板往上伸，背部形成柔和的後屈線條。這時你的背部擁有柔和的後屈形，呈現像牛背一樣的線條（圖2）。

圖1

讓你自然的呼吸決定動作持續的長度和韻律。開始移動時，先傾斜骨盆，讓動作所引發的動態流貫背部，如波浪在水中波動一般。注意呼吸的本體以及變換姿勢間所出現的一切狀態。觀察並體會這持續不斷的活動是否會制約呼吸、身與心。也注意一下，你的心是否有想飄走的傾向，使身體進入心不在焉的「自動駕駛」狀態。

圖2

7. 面朝下狗式

進行10～30次呼吸

圖1

一旦覺察到自我批判的現象，這覺察是否很快擴大成對先前批判的另一層批判？不斷回到呼吸及當下，讓整個批判的過程自行消退。

〔修正式〕

如果腿筋很緊繃，下背部就會拱起，受到壓縮。這時只要彎曲膝蓋，直到你感覺背部拉長，下背部也回復自然的（朝內的）腰部曲線即可。如果雙腿背部實在感覺很緊繃，除了可以彎曲膝蓋外，你或許可以試試把雙腳打開得比髖寬還更寬一些（圖2）。

從「牛式」開始，把腳趾內收，坐骨往上抬再往後，雙腿打直，成為「面朝下狗式」（圖1）。維持坐骨抬高，不要想著非把腳後跟碰觸地面不可，但要儘量使腳後跟貼近地面，又不影響背部的拉長。

繼續保持這個姿勢，注意自己的體驗有何變化。排斥感是否以無聊、瞋恚或不舒服等形式出現？當你注意自己是否陷入任何反應時，也同時看看自己的注意是否也連帶讓反應產生了變化。要警覺可能產生的任何微妙（或不微妙）批判，

圖2

8. 弓箭步式

從「面朝下狗式」開始，把右腳往前收到雙手之間，後面的腿保持打直，並從後面的腳後跟往外伸展。注意彎曲的膝蓋不能比腳趾還前面，前面的膝蓋應成90度直角彎曲，和小腿呈垂直，大腿則幾乎和地面平行。用手指尖的力量撐起身子，肩膀往後捲，心臟部位張開，眼睛注視前方（圖1）。

在不至於使身體過度緊繃或僵硬的前提下，繼續使力透過腳後跟往外伸展，前胸要維持抬起。讓呼吸在體內自由運行。

把右腿往後伸，進入「面朝下狗式」，再換左腿重複做一回。

〔修正式〕

如果臀部很緊繃，你可能會發現很難同時伸展後腿並保持前腿膝蓋以90度彎曲。這時你可以把雙手放在

瑜伽磚上，甚至前腿的膝蓋不要那麼彎曲，直到臀部感覺更寬闊為止。前方的大腿朝地面壓，後腿則盡量朝天花板抬高（圖2）。

圖1

圖2

9. 下垂前彎式

從「弓箭式」開始，腳往前伸進入「下垂前彎式」。雙腳打開，維持拳頭大小（髖寬）間距，抬高坐骨，並把上半身往下垂。如果下背部感覺緊繃，就放柔軟些，把膝蓋彎曲。雙臂交叉，相互在手肘處互扣，僅垂下即可（圖1）。

在這第二個前彎姿勢中，可能會更容易感覺到呼吸在身體中運行的方式。你吸氣時，能不能感覺到上半身也往上升了一點？而你呼氣時，注意自己又鬆弛、回復到前彎式。身體彷彿浮在和緩的波浪表面、上下擺動。同樣地，不要誇大這種擺動，也不要壓抑它。只要隨遇而安地體驗它。維持前垂姿勢時，你有可能更深入伸展的姿勢，但也可能不會，總之不要刻意做。不要攀緣，接納一切，只要觀照即可。

〔修正式〕

腿筋覺得太緊的人，會發現自

圖1

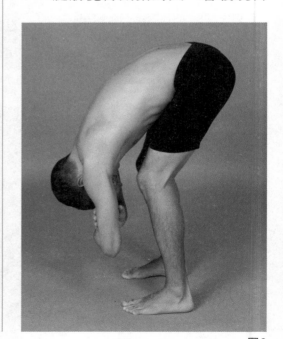

圖2

己的下背部拱起，最後也導致該處緊繃。這時可彎曲膝蓋來舒緩背部的緊繃，並靠大腿來支撐上半身，這個方式能穩定下背部和脊椎底部的薦骨，並讓你能從臀關節處彎曲，而非從背部。保持坐骨抬高，同時雙腳往下壓（圖2）。

10. 脊椎捲曲式

20～40秒

放鬆手臂，讓它們自由擺盪，不要把它們固定在特定位置。膝蓋輕柔地彎曲，肚臍朝脊椎處往回收，而且是一節、一節脊椎骨往上捲（圖1）。看看你這樣做時，能真正感覺到脊椎的少部分還是大部分。保持自然呼吸。

雙眼保持張開，如果你看見雙

圖1

圖2

臂往腿部靠，或是遠離你往外伸展，看看你能不能有意識地放鬆，把它們交給地心引力來決定。我們在肩、頸和手臂處累積許多壓力，試看看你能不能注意到壓力的出現，然後不斷放下它。身體朝上回捲時，不要抬高肩部，只要讓雙肩自然回捲歸位（圖2）。記住，頸部有七節頸椎，試看看你能不能感覺到每節頸椎一一被抬高，並一層層疊回頭骨底部。

〔修正式〕

　　如果下背部感覺疼痛，即使彎曲膝蓋也無法減輕痛楚，就試著把雙手扶在大腿上，以增加支撐力（圖3）。

圖3

11. 山式／平衡站立式

站立，雙腳打開與髖部同寬，雙腿沿著腳的中線（大約從第二根腳趾往上筆直延伸）保持平行。雙腿沿著中線平行站立，兩根大腳趾會比兩個腳後跟更接近一些。感受你的體重從雙腿一直下垂到腳後跟前方的地面上，讓你的脊椎從骨盆上升，前胸抬起，肩膀放鬆、微微往後捲。

試看看你能不能感覺到脊椎的自然曲線，頸部微微往內屈，上背部微微拱起，而下背部則又輕柔地往內屈。下背部不要猛然垮下，前側肋骨保持柔軟。閉上雙眼，試著保持身體打直，然後儘量往前傾，以不至於前撲跌倒為限。注意在你不想跌倒而緊繃肌肉時，身體所產生的各種感受。當你搖搖晃晃之際，你的呼吸和心的性質如何？

往前、後傾斜，但移動的幅度愈來愈小，直到你能感覺到呼吸變得更深沈些、也更廣闊為止。注意你如何放鬆背部和肩膀所有主要的肌肉群，並輕鬆愉快地站直。同樣地，讓你的呼吸引導你，以身體的感覺調性為師。一旦取得重心平衡，就繼續再站一會兒，然後注意感覺是否有變化。

注意自己的心行又是如何變化，也觀察變化的過程本身。

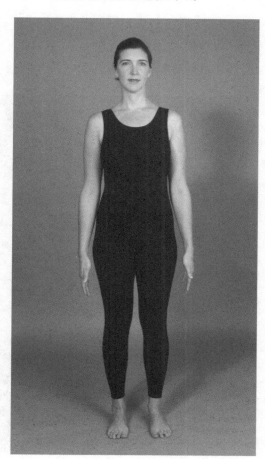

12. 三角式

身體每側各進行5～15次呼吸

雙手向身體兩側伸出，使與地面平行，然後把兩腳打開，直到足部位於手指尖端的正下方為止。左腳微微往內，右腳則完全往外開（和正前方呈90度垂直）。雙腿重重地往下壓，從脊椎底部開始往上伸展。

上半身從右腳上彎曲，同時把身體的重量漸漸移到左腿。右手臂往地下（或瑜伽磚或小腿）壓，同時拉長脊椎，闊胸，左手臂往上伸。

在此處呼吸，使覺察力在身體上下游移，持續注意所有浮現的感覺和思緒，並不斷放下它們。當你保持這個姿勢時，將會覺察到身體的各種感覺和各個不同的區域。試看看你能不能不再試圖反彈，只單純觀察現象本身瞬息萬變的變化。如果能夠，試著觀察無常的真實本質，以及感覺和變化本身就是無常。

準備起身時，要更使力往後方的腿壓，藉由前臂的力量抬起身體。

換另一側再做一回。特別注意換邊做時所產生的不一樣感覺，並注意可能浮現的「喜歡比較的心」。你能不能只觀察身體兩側的差異，而不加以分別，不把一側歸類為「好的」，而把另一側歸類為「不好的」。

不斷回到呼吸本身，讓呼吸成為你安住於當下的依靠。

13. 伸展側角式

身體每側各進行5～15次呼吸

圖1

　　開始時和「三角式」一樣，雙手向身體兩側伸出，手臂與地面平行，然後把腳打開，直到足部位於手指尖端的正下方為止。左腳微微往內，右腳則完全往外開（和正前方呈90度垂直）。雙腿重重地往下壓，從脊椎底部開始往上伸展。

　　現在，把右腿膝蓋往右彎曲，彎曲的膝蓋位在腳踝的正上方。小腿應和地面垂直，大腿則趨於和地板平行。接下來左手臂沿著左耳往外完全伸展（圖1）。

圖2

圖3

當你停留在此姿勢時,持續轉動膝蓋使向外挪移,讓兩個膝蓋的間距擴大。把右手掌緊貼右腳旁邊的地面,旋轉上半身,彷彿想把前胸朝向天空一般。繼續停駐在這個由每個當下串連而成的經驗,你能否覺察出其中的變化?注意心裡是否開始品頭論足一番,再看看自己能不能任由自己放下,掉到這個心態的「下面」,歇息在海闊天空的純粹專注力上。

從這個姿勢起身時,後腿及腳掌往地下壓,前臂往上伸,再收回,前面的腿打直。

換另一側重複做一回。

〔修正式〕

若臀部緊繃,把手觸地可能導致能量受阻。想要放鬆臀部、讓雙腿和脊椎能整合,就把手肘靠在膝蓋上面的大腿(圖2),或是墊個瑜伽磚(圖3)。

14. 拜日式Ａ變化式

重複做1～4回

- ◆「山式」（圖1）。
- ◆吸氣，雙手高舉過頭（圖2）。
- ◆呼氣，「天鵝俯潛式」（圖3）轉為「站立前彎式」（圖4）。

- ◆吸氣，做「伸展的站立前彎式」（圖5）。
- ◆呼氣，把右腳往後伸，做「弓箭步式」（圖6）。

圖1

圖2

圖3

圖4

圖5

圖6

◆ 吸氣，心臟部位抬高，肩膀後聳，遠離耳朵，從後面的腳往外伸展。

◆ 呼氣，左腳往後伸，做「面朝下狗式」（圖7）。

◆ 吸氣，做「平板式」（圖8）。

◆ 呼氣，做「八點式」（圖9）。

◆ 吸氣，做「眼鏡蛇式」（圖10）。

◆ 呼氣，回到「面朝下狗式」（圖11）。在此進行3至5次呼吸。

◆ 「面朝下狗式」進行最後一次呼氣終了時，右腳往前收，做「弓箭步式」（圖12）。

◆ 吸氣，心臟部位抬高，從左腳往外伸展。

◆ 呼氣，把左腳往前收，做「站立前彎式」（圖13）。

◆ 吸氣，做「伸展的站立前彎式」（圖14）。

◆ 呼氣，深入做「站立前彎式」（圖15）。

◆ 吸氣，做「倒轉的天鵝俯潛式」，雙手往上伸展（圖16）。

◆ 呼氣，雙手放下到身體兩側，以「山式」站立（圖17）。

現在再重複「拜日式」，左腳往後伸，成「弓箭步式」，然後左腳再往前收，從「面朝下狗式」回到「弓箭步式」。

圖7

圖8

圖9

圖10

圖11

圖12

圖13

圖14

圖15

圖16

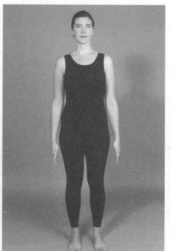

圖17

15. 拜日式B變化式

重複做1～4回

◆ 「山式」（圖1）。

◆ 吸氣，做「猛式」（圖2）。

◆ 呼氣，做「站立前彎式」（圖3）。

◆ 吸氣，做「伸展的站立前彎式」

圖1

圖2

圖3

圖4

圖5

正念
瑜伽

圖6

圖8

圖7

圖9

（圖4）。

◆ 呼氣，右腳往後伸，做「弓箭步式」（圖5）。

◆ 吸氣，把心臟部位抬高，從右腳後跟伸展開來。

◆ 呼氣，左腳往後伸，做「面朝下狗式」（圖6）。

◆ 吸氣，把右腳往前收，以左腳為軸心轉體做「戰士第一式」（圖7）。保持此姿勢進行5次呼吸。

◆ 最後一次呼氣時，把右腳後伸，做「面朝下狗式」（圖8）。

圖10

圖11

圖12

圖13

◆ 吸氣，同時把左腳往前收，以右腳為軸心轉體做「戰士第一式」（圖9）。保持此一姿勢進行5次呼吸。

◆ 最後一次呼氣時，把左腳後伸，做「面朝下狗式」（圖10）。

◆ 吸氣，做「平板式」（圖11）。

◆ 呼氣，做「八點式」（圖12）。

◆ 吸氣，身體滑行，成為「眼鏡蛇式」（圖13）。

◆ 呼氣，做「面朝下狗式」（圖14）。在這套姿勢的第四個也是最後一個「狗式」，進行5次呼吸。

圖14

圖15

圖16

圖17

圖18

圖19

圖20

◆最後一次呼氣時，右腳往前收，做「弓箭步式」（圖15）。

◆吸氣，心臟部位抬高，從左腳後跟往外伸展。

◆呼氣，把左腳往前收，做「站立前彎式」（圖16）。

◆吸氣，做「伸展的站立前彎式」（圖17）。

◆呼氣，更深入做「站立前彎式」（圖18）。

◆吸氣，做「猛式」（圖19）。

◆呼氣，兩腿打直，雙手放在身體兩側，以「山式」結束（圖20）。

　　再以左腳開始，重複整套「拜日式」。

16. 戰士連續動作

◆「山式」（圖1）。

◆吸氣，做「猛式」（圖2）。

◆呼氣，做「站立前彎式」（圖3）。

◆吸氣，做「伸展的站立前彎式」
（圖4）。

◆呼氣，右腳往後伸，做「弓箭步
式」（圖5）。

◆吸氣，心臟部位抬高，從右腳後
跟往外伸展。

◆呼氣，左腳往後伸，做「面朝下
狗式」（圖6）。

◆吸氣，右腳往前收，起身往上做
「戰士第一式」（圖7）。在此進行
10至15次呼吸。注意你身心所發

圖1

圖2

圖3

圖4

圖5

圖6

生的一切。試試看能不能消除任何不想留在當下的抗拒感。

✦ 第十次吸氣時，右腿打直（圖8），以兩腳爲軸心轉體，把骨盆和上半身以180度轉向左側，這時成爲從打直的左腿上方往外看（圖9）。

✦ 呼氣，左膝彎曲，做「戰士第一式」（圖10）。維持此姿勢進行10至15次呼吸。要格外注意心是否躍動，想比較左側和右側的不同

表現。看看你能不能純粹只觀察和體驗，而不做比較。要明白，光是比較的行爲就會使你脫離當下發生的經驗。看看能不能放下腦中不斷下評判的習慣。

✦ 第十次呼氣時，右臀往外伸展，兩手往下放，直到和地面平行爲止，成爲「戰士第二式」（圖11）。在此進行10至20次呼吸。

肩膀（或其他有感覺的部位）有感覺時，注意你的心如何試圖把

圖7

圖8

圖9

圖10

圖11

圖12

這些感覺區別隔開。從這個想要脫離的心理行為，會引發一連串的後續行為。心把這些感覺看成具威脅性的「物」或「實體」，這種區別的作為會製造苦。如果你能放下排斥感，放下心所製造的幻想，則痛感和不適或許仍持續，但折磨和痛苦卻可以終止。你可以培養出這種能力，方法是真正進入這些感覺中，觀察它們也是因緣和合而生，沒有獨立存在的「自我」可言。透過覺察這些感覺不斷變化的本質，就可以不再視它們為與之抗拒的「物」，你也不再視自己為必須採取抗拒的「自我」。一切都將如實呈現。

◆ 最後一次吸氣時，保持雙手和地面平行，把左腿打直，把腳轉向右側。

◆ 呼氣，做「戰士第二式」（圖12）。維持此姿勢進行10至20次呼吸，繼續你對心行的禪觀。看看你能不能專注在當下，並善用你的呼吸，不是做為想消除不適感而轉移注意力之道，而是當成進入並安住在當下的媒介；如此一來，你就可以避免讓自己脫離單純的體驗。要記得，如果你陷入了幻想、排拒或批判，就等於脫離了當下的經驗。當我們和自

圖13

圖14

圖15

圖16

正念
瑜伽

圖17

圖18

己的經驗合而為一時，評判或比較的傾向就無從趁隙而生了。

✦ 最後一次呼氣時，腳往後伸做「面朝下狗式」（圖13）。注意變換成這個姿勢時，心的性質和感覺有何變化。從這裡學習無常。注意心可能依戀著從不適感解脫的愉悅，看看你能不能純粹只享受，而不陷入執著。

✦ 吸氣，做「平板式」（圖14）。

✦ 呼氣，做「八點式」（圖15）。

✦ 吸氣，做「眼鏡蛇式」（圖16）。

✦ 呼氣，做「面朝下狗式」（圖17）。在此進行5次呼吸。

✦ 最後一次呼氣時，右腳往前收，做「弓箭步式」（圖18）。

✦ 吸氣，心臟部位抬高，從左腳後跟往外伸展。

正念
瑜伽

圖19

圖20

圖21

圖22

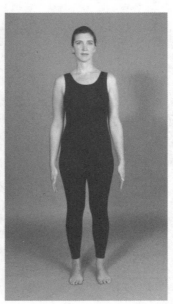

圖23

◆ 呼氣，做「站立前彎式」（圖 19）。

◆ 吸氣，做「伸展的站立前彎式」（圖20）。

◆ 呼氣，更深入做「站立前彎式」（圖21）。

◆ 吸氣，做「猛式」（圖22）。

◆ 呼氣，做「山式」（圖23）。在此進行10至20次呼吸，注意全身上下及心的性質。剛才一直想「抵抗」的那些感覺，現在都跑哪兒去了？

17. 樹式

從「山式」開始，左腳腳底放在右大腿內側。左腳和右大腿互相緊壓。雙手在胸前合十（圖1）。

如果你覺得保持平衡有點困難，僅維持現在的姿勢，持續從腳往地下壓，並保持心臟部位抬高而開闊。但如果你對自己的平衡感很

有信心，可把雙手高舉過頭。想要避免下背部陷下，可在心中假想腎臟部位「膨脹起來」，前面的肋骨保持柔軟，不要突出來（圖2）。

保持這個姿勢站立時，要把注意力放在呼吸上。注意有沒有想憋氣的傾向，彷彿這樣就能幫你保持

圖1

圖2

第10章　觀法在法

309

平衡似地。記住,定靜與自在是體位法的特徵,但這指的是「心」的定靜與自在,即使身體可能感覺不太穩定。注意你像樹一樣站立時,呼吸是否導致身體出現哪些動態。持續覺察一切可能生起的感覺。你能否看出,站立的腳不斷調整姿勢,正是平衡的強有力的過程,而平衡無它,僅此而已。

準備結束這個姿勢時,把雙手往下放到心臟部位前,然後全神貫注,緩緩把左腳放回地面,使你回到「山式」。當你結束「樹式」時,原本站立的那隻腿有可能還留有一些強烈的感受。注意想避免繼續有這些感覺的傾向,是否很快就出現了。利用呼吸為基礎,重新觀察、感覺一切生起的事物。感覺有何變化?就像所有受制約的現象一樣,這些全都是無常的。

換另一條腿站立,重複姿勢做一回。

〔修正式1〕

如果覺得不太穩,你可以試著把腳底改為緊貼在膝蓋下方的小腿內側,或甚至把腳趾踩在地上,好加強平衡(圖3)。

〔修正式2〕

靠著牆來練習,把右手放在牆上,利用牆來保持穩定。試著把左手舉到頭上,如果這樣做感覺很好,試著把右手也舉到頭上看看(圖4)。

圖3

圖4

18. 蝗蟲式（第二和第三變化式）

每個變化式進行6～10次呼吸，重複做1～3回

開始時，腹部朝下俯臥，雙腿併攏，雙手往背後伸，十指交纏互握。

恥骨、臀部、大腿和腿部上方緊貼地面，然後吸著氣，同時把頭部、肩部和前胸往上捲曲、離地。透過緊握的雙手往後伸展，雙手手腕內側相互朝內，手腕往上抬高，離開背部（圖1）。進行4次呼吸後，從雙腳往外伸展，把腿抬高離地

（圖2）。繼續在這個完整的姿勢中呼吸，並讓呼吸來引導你用力。

從姿勢的前一個動作轉為下一個動作時，注意心的性質。它是否在做整個姿勢的過程中都保持專注，或是分神了呢？觀察各種不同的感受和思緒如何受到身體和呼吸的制約。觀察當身體姿勢和呼吸性質改變時，這些感受和思緒如何隨之改變。

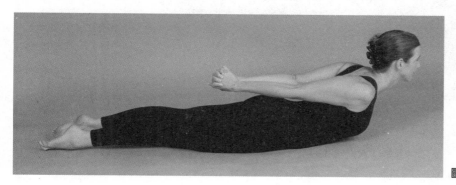

圖1

圖2

19. 弓式

正念
瑜伽

　　腹部朝下俯臥，膝蓋彎曲，雙手握住腳踝，兩個膝蓋打開，間距髖寬。身體前側放鬆。下背部保持敞開，讓尾骨微微朝下垂。

　　接著，吸氣，雙手握壓腳踝，把大腿抬高離地。讓這個腿部的雙重動作幫助你把頭、肩與胸抬高離地。試著不要硬用雙手來拉抬。尊重身體和它的能力範圍。如果下背部感覺緊繃，就不要抬得太高，讓臀部和下背部間保持一點距離。做這個姿勢的體驗是否會隨著進行的時間而有所變化呢？

　　準備好之後，呼氣，把身體放下來。

20. 兒童式

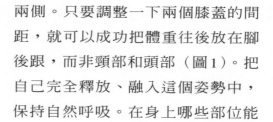

上半身抬起往後，坐骨垂放腳後跟上，做「兒童式」。兩根大腳趾應該會碰觸，兩個膝蓋則微微分開。紓放你的上半身靠在大腿上方。額頭放在地上，雙手放在腿部兩側。只要調整一下兩個膝蓋的間距，就可以成功把體重往後放在腳後跟，而非頸部和頭部（圖1）。把自己完全釋放、融入這個姿勢中，保持自然呼吸。在身上哪些部位能感受到呼吸的流動？當你停留在這裡時，注意呼吸的性質是否有任何變化。只要保持自然呼吸，就能讓你在「兒童式」歇息時，培養平靜感。注意你在這個姿勢中休息時，心理狀態如何？

圖1

〔修正式〕

如果你的臀部無法碰觸到腳後跟，感覺身體重量大部分是在上半身和頭部，可以改把上半身靠在靠枕或幾張瑜伽墊上，這樣可以支撐上半身，使你的頭部能保持和臀部一樣高（圖2）。

圖2

第10章 觀法在法

313

$\mathcal{21.}$ 金剛式（變化式）

6～20次呼吸

從「兒童式」開始，膝蓋併攏，坐在腿肚上，兩個腳踝往內側互壓，腳趾踮在下方。想辦法讓兩個腳後跟擺在坐骨的範圍內。脊椎強有力地從骨盆底部聳立。頭頂往上伸展，肩膀放鬆下垂在背部，胸膛開闊而挺起。

保持這個姿勢坐著時，膝蓋或腳踝可能會有感覺，但最可能的部位則是腳趾關節。注意感覺的性質如何。在不舒服的感覺中練習，但要尊重真正的疼痛。注意反彈和厭惡感，讓你的呼吸帶你回到對各種感覺保持純粹的覺察力。放下幻想，僅觀看即可。若你發現有幾次呼吸可以完全沒有厭惡和排斥感，哪怕短短幾次也行，那時你是否體驗到不同的感覺？

同樣地，重點是要看見這些感覺並非保持不變，而是不斷改變的。如果你真的放下了個人的體驗，而只看見這些感覺受制約的情形，又會如何？你能否在觀察真實發生的情況之際，保有驚奇感和好奇感，不受你對這個經驗的心行所影響呢？

從這裡開始放鬆，把壓在下方的雙腿抽出。

22. 杖式

　　坐著，雙腿併攏筆直往前伸。大腿背部、腿肚和腳後跟施力平均地壓地，從腳後跟往外伸展。抬高前胸，手掌放在臀部兩側往下壓地。這個全身性的靜止收縮動作，會深刻影響到身體感受呼吸的部位以及呼吸的性質。自己感受一下，體內何處能感覺到呼吸。在這個極有爆發力、外表卻看不大出來的姿勢中，呼吸變得更廣闊還是收縮？

　　你保持這個姿勢之際，發生何種變化？

23. 單腳前彎式

身體每側進行10～25次呼吸

從「杖式」開始，右膝彎曲，右腳後跟儘量滑近右坐骨，右大腿朝側邊伸展。

雙手往上伸展（圖1），抬高上半身，然後往前放鬆傾倒（圖2），抓住左小腿或腳板（圖3）。雙腿往地下壓，抬高前胸，從左腿上方往前傾。骨盆往前傾，以臀部為軸心，讓坐骨往後擴展、開張（圖4）。不要強拉身體，而是儘量做到自己的極限，把你覺得舒適的範圍擴大，同時注意打直一腳的背面是否有任何抗拒。你不必設下什麼目標，但要試試自己能不能鬆懈那種不想在「當下」的抗拒感。當我們開始安定下來，做「坐姿前彎式」時，心可能會隨著妄想而飄忽不定，或開始加以評斷。僅觀察所發生的一切即可。如果你能保持清楚明白，並以呼吸為基礎，你的心是否也會自然地開始鬆弛或放下？

從這個前彎姿勢起身時，保持伸展身體，往上抬，吸氣，往外伸，然後呼氣，結束這個姿勢。

換身體另一側再做一回。

圖1

圖2

圖3

圖4

〔修正式〕

　　在做這個前彎姿勢時，如果是從下背部開始打彎，而不是從臀部，可以改坐在一兩張瑜伽墊上，再把上半身在打直的腿上往外延伸。如果你感覺骨盆開始往後拱，使得下背部拱起來，就停止再往前彎。你可以把雙手輕輕壓在小腿上好做為支撐（圖5）。

圖5

24. 魚王式

身體每側做10～15次呼吸

左腿做「散盤」，把左腳滑向右大腿下方，使它停靠在右臀外側。接下來，把右腳交叉跨在左大腿上方，使右腳底牢牢貼地。用左手抱住右腳膝蓋下方，右手壓在背後的地上，好讓脊椎能在腿部著地之際仍保持向上伸展。開始把上身往右轉，利用左手來幫助身體左側往右邊轉。

可以把左手卡在右腳外側，然後往腿上壓以增加槓桿作用，但要讓轉身的動作從脊椎底部往上自然地轉動。上半身轉身動作的最後，再把頭部往右轉，保持頸部放鬆。不要用下巴引導動作（圖1）。

保持在當下，讓呼吸引導你探索無常。比如，你可能會發現，幾次呼氣後，你轉體的幅度就可以做得更深一點。相反地，你也可能發現，各種感覺愈來愈強烈，引誘你退回一點。記住，「保持」某個姿勢只是種概念而已，事實上，沒有東西可以保持，一切都是過程。每時每刻，你都在重新創造這姿勢。

呼氣，放鬆，輕柔地轉回身。

換另一側重複做一回（圖2）。

圖1

圖2

〔修正式〕

　　若臀部緊繃，你可能會發現在交叉雙腿準備轉身時，骨盆和背部有往後塌的現象。試著坐在幾張瑜伽墊上，好讓你能在開始的姿勢中確立脊椎的自然曲線（圖3）。

　　之後，你從脊椎底部朝上轉身時，要保持從骨盆往上抬高的感覺。後面的手下方可以墊一塊瑜伽磚，好幫助你在做姿勢時身體不會垮下來。

圖3

25. 坐姿前彎式

10～20次呼吸

　　從「杖式」開始，身軀往前伸展，握住腳板或小腿（圖1）。保持腹股溝柔軟，大腿微微往內側彎，坐骨往後移並分開。要多放心思在把上半身抬高往外伸展前傾到雙腿上方，而不是自己能把姿勢做得多徹底。等到從臀部開始前彎之後，背部會拱起，但要保持整個背部很均勻地拱起。利用手臂的力量，手肘朝上彎，肘關節朝外側伸，用這

圖1

図2

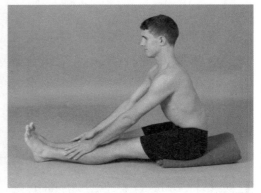
図3

些方式來使前胸前傾到兩腿上方。先注視腳趾，等到下巴靠到小腿上後，就把視線往內收，或放在自己的「第三隻眼」（圖2）。

當你全然沈浸在這個姿勢中，要保持專注在呼吸上。試著在主動做姿勢和被動沈溺在姿勢之間取得平衡。不要太緊繃。你保持這個姿勢時，真實情況為何？或許熟悉這個姿勢後，你可能會發現心變得陷入幻想狀態，或者，你可能發覺自己正在偏向未來，期待能從這前彎姿勢中解脫，迫不及待想做下一個動作。要不斷回到這個姿勢，回到此處、此時，看看目前的所在位置找到自在與定靜。

從這個前彎姿勢起身時，先吸氣，同時把心臟部位抬高，往外伸展，然後呼氣，放鬆並回到開始的姿勢。

〔修正式〕

開始做這個姿勢時，我們希望能讓坐骨穩穩地貼到地面，上半身是從臀部開始彎傾。如果你在做「杖式」時，無法保持下背部呈現自然曲線，覺得背部過度拱起，可以改坐在一兩張瑜伽墊上（圖3）。

保持背部拉長，不要擔心自己能不能成功地把頭放在腿上，盡力做到極限即可，讓拉力來自雙腿下側和臀部。

正念
瑜伽

26. 倒轉平板式

從「杖式」開始，把兩手放在臀部後方的地面上，手指朝腳趾或相反的方向均可（你可能會想輪流套用兩種方向，兩種方式都各有優點）。吸氣，把骨盆往上朝天花板抬高，同時腳趾朝地下指。保持尾骨朝腳部伸展。要確保手腕位在雙肩的正下方，手臂打直。下巴可以靠在胸前，或把頭放鬆、往後仰，靠上背部的肌肉撐住。

做這個姿勢時，身體往往會出現抗拒感。如果你也出現這種情況，可以把注意力放在你究竟在抗拒什麼，看看它是不是也一樣在不斷變化，是無常的，根本就找不到一個可以真正與之抗衡的東西。你能不能看到排拒感的止息和放下？

把你的注意力集中在呼吸上，準備好了之後，呼氣，回到開始的姿勢。

27. 攤屍式

5～15分鐘

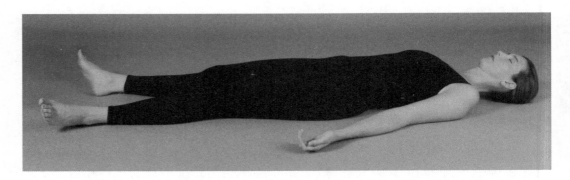

以「攤屍式」平躺，雙腿打開，間隔12至18吋，腳趾朝外。雙手放在身體兩側，離身體至少數吋，手心朝上。

首先，把注意力集中在你感覺到氣息通過之處，記住，要放棄想要控制或操縱的傾向，只要親自看見當下所發生的情況即可。只要你在哪個部位有感覺到，就把注意力放在那個地方。

把注意力繼續放在呼吸的感覺上，吸氣時增添的微妙緊繃感，呼氣時又放鬆了。一會兒後，讓你的覺察力擴充到全身。保持開放，接納一切在你躺著時可能生起的任何感受。看看這感覺是否愉悅、不愉快，或是中性的。打從練習一開始，就要留意任何想執著愉悅經驗的傾向，且排斥可能不愉快的經驗，或是在沒有任何強烈感受時「心不在焉」。

接下來，讓覺察力反觀自身。現在有哪些心理狀態存在？記住，心行包括一般人所認為的情感，此外，還包括了幻想、昏沈、正念、論證和評判。我們要修行的是，只觀察現況，而不要厭惡或攀緣。深入觀察那些心行，只要我們不刻意去攀緣或排拒它們，它們就會自行解脫消失。

要看出一切都是變化不停的法之流。當身心都漸漸消失，還有什麼遺留下來？

28. 禪坐

用任何腿部交叉的體位法禪坐（圖1-2）。找到身體重心，並伸展從臀部到腋窩的上半身。讓肩胛骨牢牢地支撐著上背部，下背部則保持自然的腰椎曲線。

從呼吸開始，讓心在體內呼吸起伏中休憩，一旦心靈至少有點平靜下來，把覺察力的範圍擴大到所有浮現的情況，只需覺察萬法無常、不停變化的本質，包括感覺、思緒、情感、情緒和影像。只需安住在正念。

圖1

圖2

當瑜伽女入息和出息時，隨觀無常的本質，
或是執著、滅或放下終究會消失的本性，她安住於法，
觀察諸法，精勤、正念、正知自己所處的狀態，超越此生一切的貪欲與憂惱。
這些入出息念的練習，屬於四念處的第四念處——法。

第10章 觀法在法

附錄一 全書譯註

如何使用本書

①帕坦伽利（Patanjali）：約生於西元200至400年間，生平不詳。他編撰的《瑜伽經》（Yoga Sutra）系統化地闡述瑜伽的修持，是印度教瑜伽派哲學的根本經典。

②《入出息念經》（Ānāpānasati Sutta）：āna是「入息」，apāna指「出息」，sati是「念」，此經又譯為《安般念經》。佛陀在此經典中教導用呼吸保持正念、入定的方法，以圓滿七覺支，由七覺支成就解脫。

③四念處：念處（satipaṭṭhāna）意指「念」（sati）的「立足處」（paṭṭhāna），修習念處觀即具有正念地觀照諸法。四種念處即指身念處、受念處、心念處、法念處，這是一套對正念與觀智完整的禪修方法。

④七覺支：「覺」指覺悟或覺悟者，「支」指因素，合起來指達到覺悟的因或成就覺悟者的因素。七覺支是念、擇法、精進、喜、輕安、定、捨覺支。

外來語

①上座部（Theravada）：佛陀圓寂後，部派佛教分裂為「上座部」及「大眾部」等派別，所謂「上座」原指名位皆高的長者。上座部作風偏向保守，成為小乘佛教的主體，日後陸續傳往今斯里蘭卡、泰國、柬埔寨、緬甸等東南亞國家。

②佛陀一生遊行布教的足跡，大部分均在摩揭陀國（約為現今印度的比哈爾省）。

英譯序

①金剛乘（Vajrayana）：亦稱「密乘」，主張身、語、意三密加持，可即身成佛。

②瑜伽士：「瑜伽」意謂「修行」，指控制和運用一切事物與心念，發展直觀的能力，達到解脫或成佛的理想。瑜伽士即指修行者。

③在此大會上，錫蘭佛教和日本佛教的代表都發表了佛法研究論文，提升了佛教在美國學術界的良好形象。此大會促成了歐洲「摩訶菩提會」在美國成立分會，巴利佛教的研究成為

九○年代美國教育界的時麾，例如哈佛大學即以巴利文為研究東方文化的重點。同時，日本各宗派的佛教亦在美國各地發展禪修中心；西藏喇嘛也不斷到美國傳法，帶動佛教在美國穩健蓬勃的發展。

④辨喜（Swami Vivekananda, 1863～1902）：音譯為「斯瓦米·維偉卡南達」，是印度哲學家與印度教改革家，曾到歐美各國宣揚印度吠檀多哲學，受到西方世界重視。他在1893年的世界宗教大會發表演說，開啓西方世界對印度教的濃厚興趣。他的哲學思想被稱為「新吠檀多派」。

⑤達摩波羅（Anagarika Dharmapala, 1864～1933）：生於今斯里蘭卡，不但在錫蘭推動興建學校及醫院，也在印度復建佛教寺院，1891年創立摩訶菩提會（Maha Bodhi Society），旨在世界各地復興佛教。他在1893年的世界宗教大會發表「神智學及其與東方宗教之關係」的演說，宣揚南傳上座部佛教在歐洲發展的情況，刺激美洲佛教發展，為他贏得國際聲望。

⑥宗演（Soyen Shaku, 1859～1919）：日本臨濟宗法師、圓覺寺住持，在1893年的世界宗教大會發表演說，介紹日本臨濟宗的禪修經驗。他最早將禪宗引介到美國，使西方世界開始接觸禪宗，並曾赴美宣揚佛教，還指派鈴木大拙等弟子到美國各地宣揚禪宗。

⑦鈴木大拙（D.T. Suzuki, 1870～1966）：日本著名漢學家、佛學家和禪宗史專家。他撰寫多部有關佛教或禪學的書籍，深受西方知識分子推崇。禪宗弘揚到西方，他扮演舉足輕重的角色。

⑧哈達瑜伽（hatha yoga）：這是一種身體控制的方法，結合了體位法、呼吸術、潔淨法、契合法、靜觀與冥想，在西方廣為流傳，也形成了容易為現代人認識和學習的瑜伽體系。ha是指「太陽」，tha是指「月亮」，hatha表示相反物的結合，相反力量的和諧是瑜伽的主要部分。

⑨正念：「念」是將心穩定地繫在所緣的對象上，清楚、專注地覺察實際發生於身上、身內的事，不忘卻也不讓它消失。正念是八正道的第七支，有正念才能產生正定。它也是七覺支的第一支，為培育其他六支的基礎。它也是五根、五力之一，有督導其他四根、四力平衡發展的作用。

⑩默西亞·埃里亞德（Mircea Eliade, 1907～1986）：羅馬尼亞的宗教史學家及作家。曾旅居印度，研究印度宗教與哲學。他在《瑜伽：論印度神秘主義之起源》（*YOGA: Essai Suir Les Origines de la Mystique Indienne*）一書寫道：「印度最偉大的發現之一是，意識是作為證見的，只有當意識擺脫了生理結構和時間性所帶來的局限之後，即所謂的『解脫』，

人才能認識到『真正的、無法言說的自由』。」而瑜伽就是通過修練，使人獲得絕對自由的技術體系。

⑪喬治‧福爾斯坦（Georg Feuerstein）：美國知名瑜伽學者，加州瑜伽研究暨教育中心的創辦人。

導論

①鈴木俊隆（Shunryu Suzuki, 1905～1971），十三世紀日本曹洞宗禪師道元的法脈傳人。1961年在舊金山建立一座極具規模的塔撒加拉山（Tassajara Mountain）僧院和舊金山禪院，促成日本禪宗在美國傳播。

②《禪者的初心》（*Zen Mind, Beginner's Mind*）中譯本2004年9月由橡樹林文化出版。

③亞倫‧瓦特（Alan Watts, 1915～1973）是英國出生的哲學家、作家及宗教專家，鑽研東、西方宗教，如禪宗、道教、基督教及印度教等。

④克里斯瑪斯‧韓佛瑞（Christmas Humphreys, 1901～1983），英國高等法院法官，1924年在倫敦創辦佛教學會。

⑤中國禪宗曹洞宗之祖為洞山良价（807～869），嗣法弟子有雲居道膺、曹山本寂（840～901）等二十餘人。尤以本寂之法系，稱作「曹山」，合稱之即為「曹洞宗」。日本曹洞宗的創始者道元禪師（1200～1253）於南宋嘉定年間至中國留學，師事如淨禪師修習曹洞宗，返日後建立永平寺。

⑥我（Atman）和梵（Brahman）是印度哲學的基本概念，也是《奧義書》的中心概念。我是自我的本體，梵則是宇宙的實體。梵文atman原意是「呼吸」或「自我」，描述個人能超越生死的永恆核心。梵則是宇宙的永恆、無限的精神來源。梵與我看似不同，本質其實為一，若我能與梵融合，則不再流轉生死，得梵涅槃，此梵我同一論，是奧義書時代的主要學說。

⑦佛者覺悟之義，性者不改之義，因此佛性是一切眾生永不變異的覺悟之性。

⑧空性乃依空而顯的實性，即真如的別名。

⑨印度的宗教哲學往往分為正統派（Astika）和非正統派（Nastika）兩大類。正統派指婆羅門教的六派哲學，包括數論（Samkhya）、瑜伽（Yoga）、正論（或譯尼夜耶，Nyaya）、勝論（吠世，Vaisesika）、彌曼沙（Mimamsa）和吠檀多（Vedanta）六派。這六派都肯定婆羅門教聖典《吠陀經》的權威。

⑩《吠陀》是婆羅門教最古老的經典文獻，係以古梵文寫成的詩歌讚頌，約成於西元前1500至1200年間，吠陀是明智的意思。共有四部吠陀，包括《梨俱吠陀》、《沙磨吠陀》、《夜柔吠陀》、《阿闍婆吠陀》。

⑪帕坦伽利在《瑜伽經》中提出八種修行法門，稱為「八支功法」，依此修練的瑜伽稱為「八支功法瑜伽」，又稱「王瑜伽」。

⑫有學者將瑜伽的演化分為四個時期：第一為前古典時期，由西元前5000年至《梨俱吠陀》的出現，共約三千多年。其二為古典時期，代表為以帕坦伽利《瑜伽經》為主的古典瑜伽。再下來為後古典瑜伽，為繼《瑜伽經》之後且未受其影響的瑜伽。第四為現代瑜伽。

⑬「不二」就是非相對的。如冷與熱相對、生與死相對，此為二法，而無所相對的，只有絕對的實相，即為「不二」。

⑭數論是印度六大正統哲學之一，由柯比拉（Kopila）所創，用靈魂與物質的絕對二元論來解釋一切，其思想包括否定神權，不殺生，物質自性不滅，輪迴觀等等。

⑮印度數論派哲學中，purusha代表靈魂、心靈，而prakriti則代表物質或自然界。在數論派的觀點中，只有prakriti是活躍的，而自我則被囚禁在物質中，自我只有藉由體認自我與物質界的不同以及不參與物質界來逃離物質世界。而帕坦伽利則提出，prakriti的存在只是為了提供purusha能得以解脫的機會而已。透過瑜伽，覺悟來自於發現purusha和其他虛假的身分不同，而後者被視為只是prakriti原生物質的演化物而已。

⑯「吠檀多」一詞有兩種意思，一指《奧義書》（Upanishad），由於它為註釋吠陀的《梵書》的最後部分，故又稱為吠檀多。另一則指從《奧義書》發展出來的吠檀多學派。此處指吠檀多派，主張「梵我合一」的不二之法。

⑰Kundalini衍生自原意為「蜷伏」或「如蛇般蜷伏」的梵文字，引申為「蛇力」。在瑜伽密教傳統中，kundalini是據說存在於每個人身上的宇宙能量，圖像化為蛇蜷伏在脊椎底部。透過鍛鍊，修行者能把這股能量衝到頭部。在印度教中，shakti是來自上天的「創造性能量」，以母性特質或濕婆神的妻子沙克蒂女神為代表。

⑱《念處經》指巴利藏《中部》第十經，主要闡述心、受、身、法四念處。

⑲四念處：又名「四念住」，即身念處、受念處、心念處與法念處。身念處是觀身不淨；受念處是觀受是苦；心念處是觀心無常；法念處是觀法無我。

⑳七覺支：又名「七覺分」、「七菩提分」。擇法、精進、喜三覺分屬慧，輕安、捨、定三覺分屬定，念覺支兼屬定慧。

❖菩提智慧

① 《奧義書》（*Upanishads*）是《森林書》的附屬部分，共有108個文獻，據信自西元前500年前起陸續撰寫。由於是《吠陀》的評論，因此成為《吠陀》的末尾，故另有《吠檀多》（Vedanta，意指end of Veda）之稱。梵文的upa是「近的」，ni是「下」，s（h）ad則是「坐」，合起來是「就近坐下」，有師生近侍密傳之意。

② 《奧義書》提及可透過瑜伽發覺自我之本質，進而超越苦、樂。

③ Jaina可指耆那教或耆那教徒。耆那教起源於印度，一說在西元前五、六世紀左右，與佛教同時興起。主張自我即涅槃，業的概念也和佛教類似，信徒往往裸體修苦行。創教祖師為尼乾陀若提子（Nigathanataputta），又稱大雄（Mahavira，或譯「摩訶吠羅」）。

④ 在印度教中，bhakti指「敬天愛天」。

⑤ 梵文jnana指「知識」，常解釋為「真實自我的知識」。

⑥ 梵文raja指「王」。

⑦ 昆達里尼瑜伽專注在心理及精神的成長，強化生命能量的概念是修行的重心，尤其關注脊椎和內分泌系統在修行上所扮演的角色。

⑧ 梵文laya原指溶解、融合。賴耶瑜伽中，修行者集中精神在自身產生的聲音來冥想，目標是達到精神的覺察力。

⑨ 〈薄伽梵歌〉（梵文Bhagavad Gita意指「天神之歌」），為印度教最重要的典籍，一說約於西元前500至200年間所作，包含在印度史詩鉅作《摩訶婆羅多》之〈毘濕摩篇〉（*Bhismaparvan*）第23章至40章。傳說的作者廣博仙人（Vyasa）可能只是編撰者。

⑩ 在〈薄伽梵歌〉中，毘濕奴神的化身黑天在戰場上向有修（Arjuna）訴說哲理。而黑天所說的中心思想之一就是從事無私的服務，同時不能執著於自己的善行。

⑪ 拉瑪那・馬哈希（Ramana Maharshi，1879～1950）：為「不二」吠檀多派的印度神祕主義大師，教導學生透過自我詢問的方法找到「我」的根源。

⑫ 艾因嘉瑜伽（Iyengar yoga）：係B.K.S艾因嘉於1918年在印度所創，目標為身體的平衡及心的專注，又稱「塑繩瑜伽」，藉助瑜伽磚、繩帶、凳子及墊子等輔助。

⑬ 強力瑜伽（power yoga）：源自於八支功法瑜伽，強調以強力動作來強化肌肉、骨骼，淨化內臟等。

⑭ 克里帕魯瑜伽（Kripalu yoga）：由安姆里特・迪塞（Amrit Desait）在美所創，係以其上師印度瑜伽大師Swami Sri Kripalvanandji（1913～1981）命名，此瑜伽改變一般認為瑜伽只是身體訓練的認知，為哈達瑜伽增添精神層面。

⑮阿努撒拉瑜伽（Anusara yoga）：由美國人約翰‧佛雷恩德於一九九七年所創，屬哈達瑜伽體系，結合身心整合與「不二」之法的密教哲學。命名出自Kulamava Tantra的內容，梵文anusara意指「隨天恩而流」。

⑯整體瑜伽（Integral yoga）：是由印度瑜伽大師Sri Swami Satchidananda引介到西方。強調身心靈整合，運用體位法、呼吸控制和禪定培養身心穩定。Sri Swami Satchidananda在印度曾師事Sri Swami Sivananda（1887～1963）大師，後者的教法以結合不同種類的瑜伽著稱。

⑰希瓦南陀瑜伽（Sivananda yoga）：由印度大師Swami Vishnu-devananda引入西方。他在印度曾師事希瓦南陀（Sri Swami Sivananda）大師，因而以其命名。

第1章　佛陀的瑜伽

①潘查摩（Panchamas）：即社會最低階層的賤民，字意是「第五」，為四種姓以外的人民所組成，被歸為「外人」或「外階級」。

②現今大約有108部《奧義書》仍留存於世，其中主題為瑜伽者被歸類為《瑜伽奧義書》，共約20部。

③阿羅邏迦蘭（Alara Kalama）：印度著名的數論派先驅，教示以苦行或修定為主，以無所有處為解脫境，最終以生天為目的。佛陀曾依阿羅邏迦蘭學習禪定，達到無所有處定。

④鬱陀羅羅摩子（Uddaka Ramaputta）：當時印度數論派的先驅，佛陀依其指導達到非想非非想處定。

⑤非想非非想處定：四空定（又名四無色定）的第四定。四空定即空無邊處定、識無邊處定、無所有處定、非想非非想處定。空無邊處定是行人心想出離患難重重的色（色蘊物質）的牢籠，於是捨色想而緣無邊的虛空，做到心與空無邊相應；識無邊處定是行人又厭棄外在的虛空，於是捨虛空而緣內在的識，做到心與識無邊相應；無所有處定是行人又厭棄其識，而觀心識無所有，做到心與無所有相應；非想非非想處定是無麤想（非想）又非無細想（非非想），做到無所愛樂與清淨無為的境界。

⑥安止定：即心完全專一的狀態，又稱為「禪那」，包括四色界禪與四無色界禪。安止定是相對於近行定而言，安止定的禪支強固，定心可以持續不斷，而近行定是指接近安止的定，其禪支尚未強固，定心無法長時持續。

⑦心已脫離貪愛的束縛，得到解脫，故稱「心解脫」。

⑧四無量心即慈無量心、悲無量心、喜無量心及捨無量心。因此四心普緣無量眾生，所緣眾生亦無盡，故名「無量心」。

⑨四梵住：即慈、悲、喜、捨四無量心。因為梵天界諸天的心常安住在這四種境界，所以稱為「梵住」。

⑩葛印卡（1924～）：生於緬甸的印度家庭。向烏巴慶長者學習內觀技巧十四年，於1969年回印度傳授內觀法門，並陸續在許多國家成立內觀中心。

⑪龍樹菩薩（Nagarjuna）：在佛陀入滅後八百年間，出生於印度南部，他提出中觀與空性思想。

第2章　四聖諦的瑜伽修行

①緣起之法：緣起論是佛教的核心和命脈，故佛陀說：「若見緣起便見法，若見法便見緣起。」（《中阿含經》卷七）可見緣起之重要。而緣起之法，即指「所謂此有故彼有，此起故彼起。」（《雜阿含經》卷十二）。

②《正見經》（Sammaditthi Sutta）：由佛陀弟子舍利弗所講的經典。在此經中，舍利弗對於緣起立下原始的解釋，將善業與不善業、緣起各支，都用來解釋四聖諦，擴大加深了四聖諦的範圍。此經也廣泛作為教學之用。

③佛陀開示，眾生賴以生存的因共有四種，稱為「四食」，即段食、觸食、思食、識食。

④漢傳《法句經·雙品》：「心為法本，心尊心使，中心念惡，即言即行，罪苦自追，車轢于轍。心為法本，心尊心使，中心念善，即言即行，福樂自追，如影隨形。」

⑤現法樂住：意指「愉快地活在當下」。

第3章　八正道

①心一境性：「一境性」是將心思全部集中在一點，心一旦達到一境性，就沒有其他的感覺、念頭或心的所緣。

②作者的說法，是將四無色定分為第五禪的空無邊處、第六禪的識無邊處、第七禪的無所有處以及第八禪的非想非非想處。

③道元禪師（1200～1253）：是日本曹洞禪的開山祖師。提倡「只管打坐」的法門，後人稱其禪風為「默照禪」，著有《正法眼藏》等。

④入出息念（anapanasati）：即透過出息、入息，來培養正念、修定的方法。

⑤此作者廣博並非印度史詩《摩訶婆羅達》的作者廣博仙人。

⑥出自李白〈獨坐敬亭山〉一詩。

⑦石佛症候群（stone Buddha syndrome）：意指修行者達到定靜，但卻缺乏正念，導致宛如禪坐的石頭佛像一般。

⑧心行（mental formation）：指人的心理活動。

第4章　正念是什麼

①作意：讓心轉向目標的心所，經由它，目標得以呈現於心。例如船上的舵，能控制船的方向以朝向目的地。

②阿毗達磨（abhidharma）：又譯為「阿毗曇」，意譯為「大法」、「對法」。後成為論藏的通稱，包括對現象界的觀察分析，對心念變化的過程，以及心法及色法性質的解說，涉及心理學。

③如理作意（yoniso manaskara）：即明智的注意。當禪修者修行入出息念時，若專注於自然呼吸的氣息，則其作意是如理作意。在觀禪中，若禪修者見到：「這是色」、「這是無常」時，則其作意是如理作意。反之，若他見到：「這是男人」、「這是女人」等，就是不如理作意（ayoniso manaskara）。如理作意可使善法生起；不如理作意會使不善法生起。

④太山前泉（Taizan Maezumi, 1931～1995）：是在日本出生的曹洞宗禪師，後來到美國洛杉磯設立禪學中心，並在歐美等國弘揚禪法。

⑤「我們與生命相約」的英文原文為Our appointment with life，與一行禪師的名著同名。

⑥《賢善一夜經》（Bhaddekaratta Sutta）：以著名的「賢善一夜」詩為中心，那是佛陀所說的詩，流傳於僧團之內。此詩強調放棄渴望過去與期盼未來的必要，並呼籲要勇猛精進，洞見當下的實相。許多佛弟子都將它與佛陀的解釋牢記在心，並以它為禪修的妙方與說法主題。

⑦心解脫（ceto-vimutti）：透過正定、正念的解脫。因此心離於貪愛之縛，而得解脫。

❖ 菩提智慧

①「聲音與憤怒」原文為sound and fury，出自英國莎士比亞名劇《馬克白》（Macbeth），描述人生為愚痴者所說的充滿聲音與憤怒的故事。

第5章　開始正念禪修

① 「呼吸室」（breathing room）：原指「任何使人能夠自在呼吸或活動的空間」，一行禪師將它具體化為可以讓人練習正念呼吸、禪修的真正「呼吸室」。

② 巴夫洛夫式（Pavlovian）：巴夫洛夫（Pavlov，1849～1936）是蘇俄生理學家，其學說闡明交替反射的理論。

第6章　經典介紹

① 瑜伽士或瑜伽女：在巴利經典中，佛陀當時說法的對象是比丘。

② 全身：在巴利經典的註釋書，「全身」並非意指全肉身，而是指整個呼吸。但作者認為，修行者在第一、二個練習時已覺知整個呼吸了，所以在第三、四個練習時，應將覺知呼吸擴大到覺知整個身體。（詳見本書〈第三部·第七章〉）

③ 此處的「全身」，在巴利經典中是「身行」(kaya samkskara)，諸多註釋者都有不同的解釋，包括「身體的功能」、「身體的活動」、「身體的姿勢」或「粗重的呼吸」。作者在此詮解為「身體的動態」。（詳見本書〈第三部·第七章〉）

④ 貪欲與憂惱：貪欲意指渴愛、貪求或執著；憂惱意指惡欲、瞋、恨、嫌惡或沮喪。

⑤ 隨觀：意指依次隨順觀察、思惟或領悟。

第7章　觀身在身

① 原文是：Stillness in stillness is not real stillness. Stillness in activity — that is real stillness. 依《老子》八十一章，並無內容相符者，應是《老子》在西方語言譯介過程中喪失中文原有的意蘊，要再轉譯回來反倒無所據了。

② 行禪：即是在行走時修習禪定。禪修者選擇一條步道，來回緩步慢行，這種修法能發展覺知的平衡性、準確性與專注持久性。它是由注意走路的每個步驟所組成，通常分作六個步驟：1. 舉起腳；2. 伸出腳；3. 腳向前移；4. 腳向下放；5. 腳踏在地面；6. 腳向地面壓下，以便接著跨出第二步。

❖ 第一套姿勢

①「第三隻眼」被認為在雙眉中間，與智慧、直覺、洞察力有關；相當於神祕學家或部分瑜伽傳統所說的眉輪，印度教的濕婆神即具有第三隻眼。據稱若額輪失調，人們將會出現精神官能的病症，如：幻覺、精神官能症、精神病、學習障礙、神經障礙、腦瘤、中風、沮喪等。

❖ 菩提智慧

①「相即相入」（inter-are）和「互即互入」（interbeing）皆是一行禪師所言，即事物非一、非二、是一亦是二的相互依存、互融互攝的關係。

②威廉・布雷克（William Blake）：英國著名詩人暨畫家（1757～1827）。

③「如來」的梵文tathagata，可以拆成tatha-gata（如去）或tata-agata（如來）兩種方式。「如去」指乘真如之道去成正覺；「如來」則指乘如實之道來成正覺。

第8章 觀受在受

①根門（sense door）：指眼、耳、鼻、舌、身、意等六根對色、聲、香、味、觸、法六境，產生了見、聞、嗅、味、觸、知等反應。由於六根是漏出種種煩惱和入種種妄塵的門戶，故稱「根門」。

第9章 觀心在心

①佛使比丘（1906～1993）：是當代泰國佛教最具影響力的領袖之一，二十歲出家，法名為「因陀般若」（Indapanno），後更名為「佛使」（Buddhadasa），意指「佛陀的侍者」。1933年，於泰國南部建立「解脫自在園」（Suan Mokkhabalarama），致力於教授禪觀。他以泰文及英文寫了很多關於禪定、比較宗教學和在日常生活應用佛法的書，致力於詮釋原始佛教的要義。其著作目前在台灣已譯成中文的有：《菩提樹的心木》、《人類手冊》、《何來宗教》、《入出息觀修持法要》、《一問一智慧》、《解脫自在園十年》、《生命之囚》、《無我》、《生活中的緣起》等。

②此書是佛使比丘在解脫自在園的開示稿，以簡潔的語言詳細介紹入出息念的十六步驟，以

入出息念配合四念處修習，完成此十六步驟，四念處自然成就；四念處一旦成就，便圓滿七覺支，七覺支圓滿，智見和解脫便能成就。中譯本由慧炬出版社於1996年出版發行。

③強‧卡巴辛（Jon Kabat-Zinn）：為美國學者兼禪修老師，致力於將正念運用在醫學層面，尤其是用來減輕壓力。

❖菩提智慧

①夏綠蒂‧淨香‧貝克（Charlotte Joko Beck）：出生於美國紐澤西州，追隨太山前泉禪師學禪，後來成為禪師的傳人。

第10章　觀法在法

①四法印包括：諸行無常、諸法無我、涅槃寂靜、諸受是苦。

②三解脫門：為三種進入解脫境界的智門——（1）空解脫門：了達諸法本空；（2）無願解脫門：了知諸法幻有，而無所願求；（3）無相解脫門：了知諸法無相，而無不相，入於中道。

③此指四種涅槃：（1）本來自性清淨涅槃；（2）有餘依涅槃；（3）無餘依涅槃；（4）無住處涅槃。

④八迷：即生、滅、去、來、一、異、斷、常等八種迷見。

⑤舍利弗勸告病中的給孤獨長者，遠離貪著當從六根開始，對於其他的五根、六蘊、六識、六觸、六受等，也應如此看待。也就是說，應該在所有經驗領域中練習出離。給孤獨長者在聽到這崇高的開示後，感動而落淚。不久之後，他便去世了，轉生到兜率天成為天神。

⑥蘇菲教：即伊斯蘭教的神秘主義，是伊斯蘭教中，除了遜尼派、什葉派之外，一支以和平、寧靜的冥想修行著稱的苦行教派，當苦修者悟道後，就成為「蘇菲」——眾人的指導老師。蘇菲教派要求人要多紀念和崇拜真主，以便儘可能地接近真主。其特色是將詞句優美的經文編作歌曲，以音樂進行群體修行。

⑦魯米（1207～1273）：生於阿富汗，中年時認識一名苦行僧，這個際遇使魯米體驗到許多神祕事物，其後寫下數以萬計有關神祕體驗的詩。

附錄二 七菩提分

「菩提分」的巴利文為sambhojjhanga，梵文為sapta-bodhyanga，包括念、擇法、精進、喜、輕安、定及捨。Bodhyanga（bhojjhanga）是複合字，Bodhi（菩提）意指「覺醒」或「覺悟」，其字根是buddh-，意指「醒來」，和佛陀的Buddha的字根相同。Anga字面意義是「支」（limb），因此「七菩提分」也稱作「七覺支」。

佛陀在菩提樹下覺悟後，發現我們每個人都有成就七覺支的潛力，只是不自知罷了。七覺支不但描述了覺醒的屬性和特性，同時也描述了覺醒的過程。試想瑜伽之樹的枝幹，我們會發現，每個枝幹都愈長愈長、愈壯，而且不斷發新枝。七覺支的每個覺支不斷成長茁壯，因此不能視為存在的靜止狀態。覺悟本身也並非一次發生的，而是隨著時間逐漸發展、演化的過程。

瑜伽之樹的首支，也是核心的一支，就是「念覺支」。這是不斷憶念要住在當下的修行，不要讓自己失念，而不知自己身處何方、做何事、與何人同在。念覺支永遠都在「關係中」生起——我們和自身的關係，包括呼吸、身體動作和感受，還有我們和環境及一切生理、心理和情感的關係。

本書所闡述的整個修行，是經由練習體位法，透過正念瑜伽，來培養正念的潛能。我們利用入出息念作為培養正念的方法，修行四念處以培養各個覺支。

「擇法」（梵文dharma-pravichaya，巴利文dhamma-vicaya）是第二覺支。這裡的dharma指一切現象（萬法），而「一切現象」是指我們生命經驗的所有層面，不揚棄任何事物。有些人可能以為，只有某些主題才屬於心靈層面，而愛欲、憤怒、焦慮等這類狀態，就顯得下等、可恥，非得壓抑不可。對這類人來說，接納一切現象的所有層面尤其重要。有了堅定的正念後，我們把注意力轉放在任何存在的現象，以便能培養深刻、透徹的理解力，好洞悉這個現象的真實本質、發生的原因及條件。

在正念瑜伽中，這意味著我們要觀察身體的現象——從呼吸到身體各個部位及功能。我們要觀察身體在空間的活動和位置；我們要深入揀擇各種感受，以及這些感受如何制約了我們去體驗世界；然後我們繼續揀擇心理現象——念頭、情感、幻想、意見和想像等。一切法——一切事物或現象，都要探查，重要的是，必須保

持開放的態度，不帶偏見地觀察各種現象。我們必須誠實地抱持「什麼都不懂的心態」，讓事物如實顯露它們的原貌。

第三覺支是「精進」（梵文 virya，巴利文 viriya），意指精進、勤奮或堅持不懈。正精進是八正道的一支。在我們的修行中，精進是透過正念、揀擇以及至少對修行有一點點信念，才能漸漸培養出來。擁有生命的目標或意義，就是能量的無比泉源，這也就是為何在佛教發願的行法能量如此強大的原因。發願就是把自己的聲音傳向全世界。

波‧羅佐夫（Bo Lozoff）出過一本絕妙好書《這生命很有意義：但尚需練習》（*It's a Meaningful Life: It Just Takes Practice*）。菩薩發願修行，是為了眾生而企求覺醒，這就是能量的無比泉源，能鼓勵我們不畏險阻，繼續前行。

體位法練習能培養平衡的能量。Hatha 這個字的象徵意義是，日與月能量的統合內在平衡。哈達瑜伽最理想的情況是，修習如何統合與平衡熱與冷、活躍與接納的能量，好讓我們的能量不至於因為過度強調兩者之一，導致消散或淤塞。善用我們的能量是修行的重點，而一行禪師所教導的五個正念學處，則是極為深奧的利器，能滋養並善用我們的能量，以謀取自己乃至於社會全體的最大福祉。

第四覺支是「喜」（梵文 priti，巴利文 piti），外顯的意思是指非感官的法喜。即使是在身體有病痛時，仍舊能培育並養成喜。練習的方法是觸及自己內在和外在任何清新、美妙之處。我教瑜伽課時，常發現學生似乎只注意到他們修習的「錯誤」之處，他們的視覺景象彷彿是從狹隘的隧道看出去，只看得到活動範圍或體力比自己好很多的人，並用這個方式讓自己備受打擊。培養喜，就是練習把眼界打開，包含一切「正確」（samyak）的現象——平衡、善巧且健全之物。視野愈寬闊、包容性愈強，我們為修行所帶來的喜悅就愈多。

第五覺支「輕安」（梵文 prashrabdhih，巴利文 passaddhi），也稱作「平靜」或「寧靜」。帕坦伽利把「滿足」（samtosha）包含在自律行為中，因為從古至今，人類一直很清楚壓力的存在。我們的社會似乎滋長了許多壓力，密度高得離譜。幾乎每一位瑜伽修行者都可以證明，練瑜伽的確可以減輕壓力。無論正念瑜珈對身體的挑戰性有多高，或是多能鬆弛身體，我都常建議學生，要定期練習深度放鬆或能恢復健康的瑜伽，這樣才能構成完整的修行。覺悟的這個層面或許是最重要的一環，它能培養開悟中「放鬆」的特性。

「定」（梵文和巴利文 samadhi）是第六覺支，是把心的能量集中起來，然後把能量導向一個對象。定的培養導向心一境性。正念和定是相互依存的，正念可以拓展眼界，而定則能強化正念，使不至於散漫而失念。定本身是中性的。想撬開保險箱的小偷也需要高度的定力。使定成為覺支的原因，是它的「對象」。甚至有很多禪修者都會利用禪定來逃避實相，或是否定或逃離自己的苦痛。佛陀發現，上述禪定無法轉化不善的苦之種子，只能在禪修的時間內壓抑它們而已。

正定是運用禪定來照亮我們的苦和苦之因。定還能讓我們更深入透徹地探查實相，能讓我們更深入生命，培養我們慈悲和解脫的洞察力。

第七覺支是「捨」（梵文 upeksha，巴利文 upekkha），也就是「放下」。捨並非漠不關心，因為我們同時還要練習慈心。我頭一次聽到《慈經》（Metta Sutta）這段經文時，兩手上下顫抖了起來：

> 猶如母親用自己的生命去保護
> 她唯一的孩子般，
> 我們也要有無限的慈心，
> 珍愛一切生物。
> 散發慈愛遍及全世界：
> 上傳到天際，
> 下達至深淵：
> 向外散發，無邊無際，
> 不懷恨意與惡意。

真正的捨，並不意味著我們就對他人漠不關心，而是對萬物都平等地關心，我們放下的是自己的執著，而不是愛心和慈悲。同樣也有獨子的我，聽到要我們培養對眾生的愛心，而且要像父母愛獨子一樣時，打從骨子裡起了強烈的感受。真有可能嗎？佛陀自然是認為有可能的，我想到這種愛真有實現的可能時，心頭一震。我目前心裡尚未培養出這種愛，但這個教法仍能活化、滋養我們最高貴的情操，同時還能幫助我們發現並轉化阻礙我們實現這種愛的習慣性能量與心行。我自己可以證明，修行會使我們朝這個方向趨近，的確屬實。我修行的成果，是

我對生命的尊崇與日俱增，對此我感激不盡。

對於該如何培養捨，佛陀的確提供了一些指引，我們可以在面對刻薄的話語時練習，同樣可以在受人稱讚時練習。受到批評時，不要感到喪氣，受到褒揚時，也不應過度自滿，這是佛陀和〈薄伽梵歌〉中黑天的教導。我們可以深入探究自己的煩躁、煩惱、忿恨和沮喪，從中看出這一切本質皆是無我的。

在正念瑜伽中，我們可以注意一下，對於感知的失敗自己是否馬上嚴苛地自我批評一番；也可以留心一下，成功之際，自己是否被驕傲沖昏了頭。不論是任何關係，我們都可以提醒自己，最終每個人的業都要自己來擔。我們可以盡力而為，根據當時所處的狀況而行，每個人也只能如此做。

七覺支其實是修行的一體：屬於同一棵樹。若能長時間、持續不斷地培養、保持對身、受、心和法的正念，則對一切現象的探究（擇法）就會深入實相的最深處；我們平衡、充滿活力的正精進，會在美妙而神祕的生命中，滋長喜；在穩定而和諧的心中培養輕安和滿足；有了穩固基礎的支持，正定就會促成正思惟的生起。有了正思惟，我們就可以超越一切會導致習慣性反應的分別、比較、評斷的念頭，這也包括想知道「超越」究竟為何或會帶來何種結果的觀念，如此一來，就能實現全然的放下。

附錄三 《入出息念經》 《中部》（Majjhima Nikaya） 第118經

第一節

如是我聞。一時，世尊住憍薩羅國首都舍衛城東園，與眾所知識大比丘眾俱，有尊者舍利弗、摩訶目犍連、摩訶迦葉、摩訶迦旃延、摩訶俱絺羅、摩訶劫賓那、摩訶純陀、阿那律、離婆多與阿難。爾時，諸長老比丘正教授諸新學比丘。有長老比丘等，教授十比丘；有長老比丘等，教授二十比丘；有長老比丘等，教授三十比丘；有長老比丘等，教授四十比丘。因此，新學比丘才能漸次獲得更殊勝之智。

時值月圓之夜，夏安居結束，舉行解夏自恣。時世尊露地而坐，諸比丘齊聚四周。世尊環視默然比丘眾，開示道：「我很高興見到你們均已修行證果，但我知道你們還可更加精進，尚未獲得果位者，能夠獲得；尚未證悟者，得以圓滿證悟。為了鼓勵你們精進，我將繼續停留此地，延長安居期間直至下一個月圓日為止。」

修行者聽說世尊將繼續在舍衛城停留一個月，便自國內各地往詣佛所。長老比丘更加熱心教授新學比丘，因此新學比丘得以日漸進步，獲得更殊勝的觀與智。

下個月圓日時，佛露地而坐，環視四周齊聚之比丘弟子，開示道：「此僧團極為良善，比丘眾間沒有無益、憍慢的言談，凡言必基於佛法的清淨真諦。因此，堪受供養，堪為世間的福田。如此僧團世間不易見，任何前來請益者，無論路途有多遙遠，都將深感不虛此行。

「此僧團有比丘已證得究竟解脫的阿羅漢果，斷盡一切煩惱之根，解除繫縛，成就明與解脫。也有比丘已斷除身見、疑、戒禁取見、欲貪、瞋恚等五結，證不還果，在此生已證涅槃的清涼，永不入生死輪迴。

「有比丘已斷身見、疑、戒禁取見三結，證一來果，他們已削弱貪、瞋、癡，只要再一次生死輪迴。僧團中還有比丘已斷三結，證預流果，決定入覺悟之法流。有比丘修行四念處；有比丘修行四正勤；有比丘修行四神足：勤、欲、心、觀；有比丘修行五根：信、精進、念、定、慧；有比丘修行上述五力；有比丘修

行七覺支；有比丘修行八正道；有比丘修行慈、悲、喜、捨四無量心；有比丘修行九不淨觀；有比丘修行無常觀；有比丘勤修入出息念。」

第二節

「持續廣修、修習入出息念，能讓修行有所成就，並獲得大利益。持續修習入出息念，能圓滿四念處。持續廣修、修習四念處，能圓滿七覺支。持續廣修、修習七覺支，能圓滿明與解脫。

「如何持續廣修、修習入出息念，才能讓修行有所成就，並得到大利益呢？

「應如此做：比丘可往林中，或往樹下，或任何僻靜之處，結跏趺坐，端正身體，保持正念，並修習：『入息時，覺知這是入息，我入息；出息時，覺知這是出息，我出息。』

❖ 第一組（身）

1.「長入息時，覺知長入息；長出息時，覺知長出息。」

2.「短入息時，覺知短入息；短出息時，覺知短出息。」

3.「入息時，我覺知全身；出息時，我覺知全身。」行者應如此修習。

4.「入息時，我令全身平靜；出息時，我令全身平靜。」行者應如此修習。

❖ 第二組（受）

5.「入息時，我覺知喜悅的感受；出息時，我覺知喜悅的感受。」行者應如此修習。

6.「入息時，我覺知快樂的感受；出息時，我覺知快樂的感受。」行者應如此修習。

7.「入息時，我覺知心行；出息時，我覺知心行。」行者應如此修習。

8.「入息時，我平靜心行；出息時，我平靜心行。」行者應如此修習。

❖ 第三組（心）

9.「入息時，我覺知心；出息時，我覺知心。」行者應如此修習。

10.「入息時，令心愉悅；出息時，令心愉悅。」行者應如此修習。

11.「入息時，令心專注；出息時，令心專注。」行者應如此修習。

12.「入息時，令心解脫；出息時，令心解脫。」行者應如此修習。

❖ 第四組（法）

13.「入息時，覺知諸法無常的本質；出息時，覺知諸法無常的本質。」行者應如此修習。

14.「入息時，覺知執著的消失；出息時，覺知執著的消失。」行者應如此修習。

15.「入息時，觀察滅；出息時，觀察滅。」行者應如此修習。

16.「入息時，觀察放下；出息時，觀察放下。」行者應如此修習。

若按照這些指導持續廣修、修習入出息念，修行將有所成就，並得到大利益。

第三節

「當行者在長或短的入息或出息時，覺知呼吸或全身，或覺知自己正使全身平靜安樂，他安住於身，觀察身體，精勤、正念、正知自己所處的狀態，超越此生一切的貪欲與憂惱。這些入出息念的練習，屬於四念處中第一念處——身。

「當行者入息和出息時，覺知喜悅或快樂、心行的存在，或使其心行安詳，他安住於受，觀察感受，精勤、正念、正知自己所處的狀態，超越此生一切的貪欲與憂惱。這些入出息念的練習，屬於四念處中第二念處——受。

「當行者在入息和出息時，覺知自己的心念，無論是令心快樂、令心集中、專注，或令心自在、解脫，他安住於心，觀察心識，精勤、正念、正知自己所處的狀態，超越此生一切的貪欲與憂惱。這些入出息念的練習，屬於四念處中第三念處——心。若缺入出息念，就不可能增長禪修的安定與智慧。

「當行者入息和出息時，隨觀無常的本質，或是執著、滅或放下終究會消失的本性，他安住於法，觀察諸法，精勤、正念、正知自己所處的狀態，超越此生一切的貪欲與憂惱。這些入出息念的練習，屬於四念處中的第四念處——法。

「持續廣修、修習入出息念，能圓滿四念處。」

第四節

「為何持續廣修、修習四念處,能令七覺支圓滿?

「若行者能安住於穩固的定,心不散亂,能審思諸法——一切心的對象,就能令第二覺支——擇法覺支,生起並增長。擇法覺支既已增長,它終將趨於圓滿。

「若行者能觀察、審思諸法,持續、精勤、堅持、堅定,心不散亂,能令第三覺支——精進覺支,生起並增長。精進覺支既已增長,它終將趨於圓滿。

「若行者已能定靜不動地安住在修習之流中,能令第四覺支——喜覺支,生起並增長。喜覺支既已增長,它終將趨於圓滿。

「若行者能安住在喜悅的狀態,心不散亂,能使身心輕安。此時能令第五覺支——輕安覺支,生起並增長。輕安覺支既已增長,它終將趨於圓滿。

「若行者身心輕安,則心易入於定中。此時能令第六覺支——定覺支,生起並增長。定覺支既已增長,它終將趨於圓滿。

「若行者安住於甚深禪定中,能止息分別、比較。此時能令第七覺支——捨覺支,生起並增長。捨覺支既已增長,它終將趨於圓滿。

「此即為何持續廣修、修習四念處,能令圓滿七覺支。」

第五節

「如何持續廣修、修習七覺支,能導向圓滿明與解脫?

「若行者遵行七覺支之道,住寂靜處,觀察並隨觀執著的消失,可增長放下之力,此即遵行七覺支之道的修行成果,能導向圓滿明與解脫。」

第六節

世尊如是說已,諸比丘眾歡喜、隨喜世尊之所說。

附錄四 禪修坐姿

　　坐姿包含坐禪的經典姿勢。在生理上，這些坐姿有助於使臀部開闊，把覺知放回我們的中心，引發更平靜的心，這些都是體位法的基本原則。為了做到真正的體位法，我們必須穩定與自在；為了達成這個目標，我們必須與地心引力的拉力呈一直線，身心放鬆，持續不斷地放下一切瞋與貪。

　　經典的盤腿禪坐姿勢，可以使我們下盤真正穩固，因為支撐身體的底盤比站立時大多了。第一個脈輪基底輪（Muladhara）意指「基礎」或「支持」，位於會陰部，介於肛門和生殖器之間，對應土元素，代表穩定、堅固的能量。我們藉以穩定呼吸和心念的就是土元素的穩定力。

　　由於西方人通常坐椅子，所以很多人會覺得這些坐姿很難。不過，坐在椅子上會導致背痛、便祕等一大堆毛病。我鼓勵大家每天至少試坐一下，試著把禪坐納入日常生活，儘量坐在地板上，甚至可以偶爾在椅子上把腿盤起來。持續不斷地練習，你就會發現，自己的臀部、膝蓋和腳踝不再那麼僵硬，背部也更強健了。

散盤（Simple Cross-Legged Sitting Posture）

　　盤腿而坐，在腳踝處相交叉，雙腳放在膝蓋下方。注意自己習慣把哪隻小腿放在下面，在練習時改換另一隻腳在下。坐在坐骨前端（避免骨盆往後拱起導致下背部圓拱）。雙手放在臀部兩側，頭頂往上抬高，脊椎骨拉長，感受坐骨往地下壓的感覺。身體往下壓時，感受在哪一個部位能察覺到身體的重量。現在把雙手放在膝蓋上，閉上雙眼，敞開心胸體會「只是坐著」的感覺調性。然後往身體兩側搖擺，讓你呼吸的性質告訴你，中央究竟在哪裡。呼

吸將會愈來愈放鬆、愈來愈平順，感覺調性也變得輕鬆自在。你可能會覺得，上背部和肩部的緊繃感消融了。不假外求，身體和呼吸就會引導我們找到自己的中心。讓你的呼吸做你的上師。

　　長時間以這個坐姿禪坐時，可以用一張毯子或靠枕來抬高臀部，使比膝蓋高，並使腹股溝開展。你也可以在膝蓋下方墊東西支撐。

半蓮花坐（Half-Lotus Posture）

　　「半蓮花坐」兩腿交叉，只有一隻腳靠在另一腳的大腿上，另一隻腳的腳掌靠在地上，壓在另一腳的大腿下方。這個坐姿的穩定性不如「全蓮花坐」，因為姿勢不對稱。若你採用這坐姿，調整坐墊以彌補姿勢的不平衡。圖中打的手印是「秦手印」（chin mudra），或稱為「意識手印」，這是哈達瑜伽禪坐時的兩大手印之一。三隻延伸的手指代表「薩埵」（sattva，悅性）、「使羅闍」（rajas，活性）和「答摩」（tamas，惰性）等三德（gunas）；拇指和食指所連成的封閉的圓，象徵瑜伽修行的目標——融合為一。

蓮花坐（Full Lotus Posture）

這是經典的禪坐姿勢。如果膝蓋或臀部會感覺疼痛，就不要硬扭著身子做這個姿勢。大部分西方人做這個姿勢都很困難，因為大部分時間都是坐椅子。如同「散盤」和一切禪坐姿勢一樣，最重要的是要保持脊椎打直，但要放鬆。「蓮花坐」兩腳交叉，腳背相互放在另一腳的大腿上。若兩個膝蓋都沒著地，就用墊子或靠枕墊在膝蓋下。手印是哈達瑜伽另一個主要手印——智慧印（jnana mudra）；若把這手印舉在胸前，佛教稱為「說法印」（vitarka mudra）。這個手印代表教法的知識。

緬甸坐（Burmese）

臀部若夠開闊，能使兩個膝蓋往兩側擴張，那麼採取這個坐姿應該相當舒服，因為不必交叉、疊腳，而盤腿是大部分人感覺不舒服的原因。

「緬甸坐」臀部開闊，好讓膝蓋能著地，兩腳緊靠，一腳外、一腳內地貼地。圖中手印為「禪定印」（dhyani mudra），又稱「宇宙印」或「環球印」。

附錄六 資料出處

導論

我在高中時期讀過的書籍，包括：亞倫・瓦特（Alan Watts）的 *The Spirit of Zen*（New York: Grove Press, 1958）；鈴木大拙（D. T. Suzuki）的 *Outlines of Mahayana Buddhism*（New York: Schocken Books, 1963）、*What is Zen?*（New York: Perennial Library, 1972）及 *Zen Buddhism*（New York: Doubleday Anchor, 1956）；克里斯瑪斯・韓佛瑞（Christmas Humphreys）的 *The Buddhist Way of Life*（London: Unwin Books, 1969）及 *Concentration and Meditation*（Baltimore: Penguin, 1968）。使我最後終於進入禪堂的則是鈴木俊隆（Shunryu Suzuki）的《禪者的初心》（*Zen Mind, Beginner's Mind,* New York and Tokyo: Weatherhill, 1970；中文版由橡樹林文化出版，2004）

喬治・福爾斯坦（Georg Feuerstein）的 *Shambhala Encyclopedia of Yoga*（Boston: Shambhala, 2000）和收藏了他寶貴知識的 *The Yoga Tradition*（Prescott, Az.: Hohm, 1998），是每個瑜伽修習者書架上該有的書。它們對本書的影響以〈導論〉和〈第一部〉最為明顯。

我引用了一行禪師的《與生命相約》（*Our Appointment with Life: The Buddha's Teaching on Living in the Present,* Berkeley: Parallax, 1990；中文版由橡樹林文化出版，2004）

全文中，我查證定義和歷史背景均使用史蒂芬・舒馬克（Stephan Schuhmacher）和葛特・華納（Gert Woerner）所編的 *The Encyclopedia of Eastern Philosophy and Religion*（Boston: Shambhala, 1994）。

想了解各種形式的哈達瑜珈，請見〈參考目錄〉所列的書籍和錄影帶。

第1章 佛陀的瑜伽

我對印度河／薩拉斯瓦蒂河流域文明的研究，參考了喬治・福爾斯坦、薩布哈許・喀克（Subhash Kak）和大衛・佛里（David Frawley）的 *In Search of the Cradle of Civilization*（Wheaton, IL.: Quest Books, 1995）以及福爾斯坦的 *The Yoga Tradition*。

有關佛陀的生平，下列資料均相當有價值：一行禪師的 *Old Path, White Clouds*（Berkeley: Parallax, 1991）；殊曼（H. W. Schumann）的 *The Historical Buddha*（London: Arkana, 1989）；約翰‧史特朗（John S. Strong）的 *The Buddha*（Oxford: One World, 2001）；納那莫里比丘（Bhikkhu Nanamoli）的 *The Life of the Buddha, 3rd. ed.*（Kandy, Sri Lanka: Buddhist Publication Society, 1992）。引述佛陀的話出自納那莫里比丘的 *Life* 頁14和雪拉布‧邱德辛‧科恩（Sherab Chodzin Kohn）的 *The Awakened One*（Boston: Shambhala, 2000）頁24～25。

有關涅槃的經驗其實是「根深柢固」於人類本性的可能性，可以參考安德魯‧紐柏（Andrew Newberg）、尤金‧達其里（Eugene D'Aquili）和文斯‧勞斯（Vince Rause）的 *Why God Won't Go Away*（New York: Ballantine Books, 2001）。

佛陀之洞察力的心理層面，可從馬克‧艾普斯坦（Mark Epstein）的 *Thoughts Without a Thinker*（New York: Basic Books, 1995）深入探究；而我們對佛陀開悟成道的想法，除了可參考殊曼的 *Historical Buddha* 之外，還可參閱 Stephen Batchelor 的 *Buddhism Without Beliefs*（New York: Riverhead Books, 1997）。

葛印卡（S.N. Goenka）引用有關佛陀的直接體悟和科學家知性理解之間的差異，可看葛印卡的 *The Discourse Summaries*（Dhammagiri, Igatpuri, India: Vipassana Research Institute, 1987）頁14。

想得知針對龍樹菩薩的《中觀論頌》（*Mulamadhyamakarika*）的絕妙研究，詳見 *The Fundamental Wisdom of the Middle Way*，傑‧佳菲德（Jay L. Garfield）翻譯（New York: Oxford University Press, 1995）。

鈴木俊隆的引述出自 *To Shine One Corner of the World: Moments with Shunryu Suzuki*（New York: Broadway Books, 2001）頁3。

第2章　四聖諦的瑜伽修行

有關四食的教法受到一行禪師的 *The Heart of Buddha's Teaching*（Berkeley: Parallax, 1998）所影響。

文中的《法句經‧雙品》是我所譯，但我最喜歡的兩個譯本分別是湯瑪斯‧拜倫（Thomas Byron, Boston: Shambhala, 1993）和阿蘭達‧麥崔彥長老 （Balangoda Ananda Maitreya, Berkeley: Parallax Press, 1995）所譯。

「光是痴痴地受苦是不夠的」（Suffering Is Not Enough）是一行禪師 *Being Peace*（Berkeley: Parallax Press, 1987）第一章的章名。

第3章　八正道

正思惟的修行和以四聖諦修行的洞見，得自一行禪師的 *The Heart of the Buddha's Teaching*。

對帕坦伽利的古典瑜伽系統的洞見得自福爾斯坦的 *The Yoga Tradition*，以及他的翻譯和評論的 *The Yoga-Sutra of Patanjali*（Rocheste, VT: Inner Traditions, 1979）和他的 *Philosophy of Classical Yoga*（Rochester, VTr: Inner Traditions, 1996）。

我是在強‧卡巴辛（Jon Kabat-Zinn）的《隨遇而安》（*Wherever You Go, There You Are,* New York: Hyperion, 1994）看到李白的〈獨坐靜亭山〉一詩，但未註明引述出自達賴喇嘛尊者。

一行禪師的 *For a Future to Be Possible*（Berkeley: Parallax Press, 1993）對我有關正念五學處的討論助益良多；而菲利普‧克普勞（Philip Kapleau）的 *To Cherish All Life: A Buddhist Case for Becoming Vegetarian*（New York: Harper and Row, 1982）是重要的精神食糧。

第4章　什麼是正念？

一行禪師的「這兩部經典的精粹」的見解出自 *Breathe! You Are Alive*（Berkeley: Parallax Press, 1996），即一行禪師對《入出息念經》的絕妙翻譯和評論。

義處禪師的「作意」公案，是夏綠蒂‧淨香‧貝克（Charlotte Joko Beck）在 *Nothing Special: Living Zen*（San Francisco: Harpers, 1993）引述一椿流傳已久的禪宗公案。

本文引用的《賢善一夜經》偈頌引自一行禪師的《與生命相約》。而他和大家分享的騎馬者的故事，則出自 *Heart of the Buddha's Teaching*。

本章有一大部分要感謝德寶法師（Henepola Gunaratana）的 *Mindfulness in Plain English*（Boston: Wisdom, 1991）一書。

第5章　開始正念禪修

　　培養正念禪修的建議源自我本身以及跟隨許多老師研習的經驗。本章部分細節引用自德寶法師的 *Mindfulness in Plain English* 和一行禪師的 *The Miracle of Mindfulness*（Boston: Beacon Press, 1975; 中文版《正念的奇蹟》由橡樹林文化出版, 2004）。

　　佛陀的話語出自一行禪師的 *Breathe! You Are Alive*。

第6章　經典介紹

　　我在本書所引用的《入出息念經》三種譯本和評論，包括一行禪師的 *Breathe! You Are Alive*、佛使比丘（Buddhadasa Bhikkhu）的 *Mindfulness with Breathing*（Boston: Wisdom, 1988）和拉瑞‧羅森柏（Larry Rosenberg）的《呼吸相續》（*Breath by Breath,* Boston: Shambhala, 1998）。

　　我撰寫本書所參照的《念處經》兩種譯本和評論，分別是一行禪師的 *Transformation and Healing*（Berkeley: Parallax Press, 1990）、尸羅難陀（U Shilananda）的 *The Four Foundations of Mindfulness*（Boston: Wisdom, 1990）。

第7章　觀身在身

　　第三、四個練習中，有關修行要觀察全身──而不只是「呼吸身」，出自一行禪師的 *Breathe! You Are Alive*。

　　老子的《道德經》有很多優美的譯本。傑瑞‧歐‧達頓（Jerry O. Dalton）的 *Backward Down the Path*（New York: Avon Books, 1994）是我最喜愛的譯本之一。

　　一行禪師的行禪偈頌可以在 *The Long Road Turns to Joy*（Berkeley: Parallax Press, 1996）中找到。

　　在夏綠蒂‧淨香‧貝克的 *Nothing Special*，可以找到一位禪學老師評論慢步行禪的例子。

　　所有佛陀在《念處經》的引述都出自一行禪師的 *Transformation and Healing*。

第8章 觀受在受

《念處經》的引文出自一行禪師的 *Transformation and Healing*。

一行禪師在 *Heart of the Buddha's Teaching* 中討論五蘊（色、受、想、行、識）時，將它們比喻成河流。

一行禪師有關觸動「無牙痛」喜悅的討論，出自 *Being Peace*。

第9章 觀心在心

強・卡巴辛（Jon Kabat-Zinn）的《在災難中重生》（*Full Catastrophe Living*, New York: Delta, 1990），收錄了他運用正念禪修來處理痛苦和壓力管理的計畫。

一行禪師在 *Heart of the Buddha's Teaching* 中，建議我們把自己的痛苦和不舒服看成我們「正在哭泣的嬰兒」。

有關四種執著的討論，大部分受惠於拉瑞・羅森柏的《呼吸相續》（*Breath by Breath*）。

夏綠蒂・淨香・貝克將尖銳石頭化為珠寶的洞見，可以在 *Nothing Special* 中找到。

第10章 觀法在法

葛印卡在 *Discourse Summaries* 中強調觀察無常。

一行禪師在 *Breathe! You Are Alive* 中解釋兩種變化。

在一行禪師的 *Heart of the Buddha's Teaching*，可以找到視涅槃為觀點幻滅的說法，此外也可以看到康僧會（Tang Hoi）的引文。

在瑜伽研究暨教育中心教師訓練計畫中擔任呼吸控制老師的理察・洛森（Richard Rosen），在《呼吸的瑜伽》（*The Yoga of Breath*, Boston: Shambhala, 2002）一書提問：「誰是呼吸的人？」。

福爾斯坦在 *The Philosophy of Classical Yoga* 中解釋了四個滅的層次。

《教給孤獨經》可以在一行禪師及梅村男女僧眾所編撰的《梅村課頌本》（*Plum Village Chanting Book*）中找到。

魯米的引文出自 *The Essential Rumi*（New York: HarperCollins, 1995），由科曼・巴克

斯（Coleman Barks）和約翰・摩恩（John Moyne）翻譯。

【附錄二】七菩提分

我提到波・羅佐夫（Bo Lozoff）的《這生命很有意義：但尚需練習》（*It's a Meaningful Life: It Just Takes Practice,* New York: Viking, 2000），是為了指出修行和生命意義二者之間其實相互依存。

《慈經》（*Metta Sutta*）的引文出自雪倫・薩爾茲柏（Sharon Salzberg）的 *Loving-Kindness*（Boston: Shambhala, 1995）。

附錄七 參考目錄

書籍

Batchelor, Stephen. *Buddhism Without Beliefs.* New York: Riverhead, 1997.

Birch, Beryl Bender. *Power Yoga.* New York: Simon and Schuster, 1995.

Buddhadasa, Bhikkhu. *Heartwood of the Bodhi Tree: The Buddha's Teaching on Voidness.* Boston: Wisdom Publications, 1994.

Buddhadasa, Bhikkhu. *Mindfulness with Breathing.* Boston: Wisdom Publications, 1997.

Chödrön, Pema. *When Things Fall Apart.* Boston: Shambhala, 1997.

Cleary, Thomas. *Buddhist Yoga.* Boston: Shambhala, 1995.

de Mello, Anthony. *Awareness.* New York: Doubleday, 1992.

Desikachar, T. K. V. *The Heart of Yoga.* Rochester, Vermont: Inner Traditions, 1995.

Feuerstein, Georg. *The Yoga-Sutra of Patanjali.* Rochester, Vermont: Inner Traditions, 1989.

——.*The Philosophy of Classical Yoga.* Rochester, Vermont: Inner Traditions, 1996.

——.*Tantra: The Path of Ecstasy.* Boston: Shambhala, 1998.

——.*The Yoga Tradition.* Prescott, Arizona: Hohm Press, 1998.

——.*The Shambhala Encyclopedia of Yoga.* Boston: Shambhala, 2000.

Feuerstein, Georg, Kak, Subhash and Frawley, David. *In Search of the Cradle of Civilization.* Wheaton, Illinois: Quest Books, 2001.

Feuerstein, Georg and Miller, Jeanine. *The Essence of Yoga.* Rochester, Vermont: Inner Traditions, 1998.

Flickstein, Matthew. *Swallowing the River Ganges.* Boston: Wisdom Publications, 2001.

Frawley, David. *Yoga and Ayurveda.* Twin Lakes, Wisconsin: Lotus Press, 1999.

Frawley, David and Kozak, Sandra Summerfield. *Yoga for Your Type: An Ayurvedic Approach to Your Asana Practice.* Twin Lakes, Wisconsin: Lotus Press, 2001.

Gannon, Sharon and Life, David. *Jivamukti Yoga.* New York: Ballantine Books, 2002.

Gethin, Rupert. *The Foundations of Buddhism.* Oxford: Oxford University Press, 1998.

Goldstein, Joseph. *Insight Meditation.* Boston: Shambhala, 1993.

Goleman, Daniel. *The Meditative Mind.* New York: Tarcher/Putnam, 1988.

Gunaratana, Henepola. *Mindfulness in Plain English.* Boston: Wisdom Publications, 2002.

Hagen, Steve. *Buddhism: Plain and Simple.* New York: Broadway Books, 1999.

Harvey, Peter. *An Introduction to Buddhism.* Cambridge: Cambridge University Press, 1990.

Hewitt, James. *The Complete Yoga Book.* New York: Schocken, 1977.

Iyengar, B. K. S. *The Tree of Yoga.* Boston: Shambhala, 1989.

Kabat-Zinn. *Full Catastrophe Living.* New York: Delta, 1990.

——.*Wherever You Go, There You Are.* New York: Hyperion, 1994.

Khalsa, Shakta Kaur. *Kundalini Yoga as Taught by Yogi Bhajan.* New York: Dorling Kindersley, 2001.

Khema, Ayya. *Being Nobody Going Nowhere.* Boston: Wisdom Publications, 1987.

Lasater, Judith. *Living Your Yoga.* Berkeley, California: Rodmell Press, 2000.

Maitreya, Ananda. *The Dhammapada.* Berkeley, California: Parallax Press, 1995.

Nanamoli, Bhikkhu. *The Life of the Buddha.* Kandy, Sri Lanka: Buddhist Publication Society, 1992.

Newberg, Andrew, D'Aquili, Eugene and Rause, Vince. *Why God Won't Go Away.* New York: Ballantine, 2001.

Nhat Hanh, Thich. *The Miracle of Mindfulness.* Boston: Beacon Press, 1975.

——.*Being Peace.* Berkeley, California: Parallax Press, 1987.

——.*Transformation and Healing: Sutra on the Four Foundations of Mindfulness.* Berkeley, California: Parallax Press, 1990.

——.*Our Appointment with Life: The Buddha's Teaching on Living in the Present.* Berkeley, California: Parallax Press, 1990.

——.*Old Path, White Clouds.* Berkeley, California: Parallax Press, 1991.

——.*For a Future to Be Possible.* Berkeley, California: Parallax Press, 1993.

——.*The Long Road Turns to Joy.* Berkeley, California: Parallax Press, 1996.

——.*Breathe! You Are Alive: Sutra on the Full Awareness of Breathing.* Berkeley, California: Parallax Press, 1996.

——.*The Heart of the Buddha's Teaching.* Berkeley, California: Parallax Press, 1998.

Nyanasobhano, Bhikkhu. *Landscapes of Wonder.* Boston: Wisdom Publications, 1998.

Paramananda, Swami. *Srimad Bhagavad Gita.* Cohasset, Massachusetts: Vedanta Centre Publishers, 1981.

Radhakrishnan, S. *The Principal Upanishads.* London: Allen & Unwin, 1953.

Rosenberg, Larry. *Breath by Breath: The Liberating Practice of Insight Meditation.* Boston: Shambhala, 1998.

Salzberg, Sharon. *A Heart as Wide as the World.* Boston: Shambhala, 1997.

Schiffmann, Erich. *Yoga: The Spirit and Practice of Moving into Stillness.* New York: Pocket Books, 1996.

Schuhmacher, Stephan and Woerner, Gert. *The Encyclopedia of Eastern Philosophy and Religion.* Boston: Shambhala, 1994.

Schumann, H. W. *The Historical Buddha.* London: Arkana, 1989.

Silananda U. *The Four Foundations of Mindfulness.* Boston: Wisdom Publications, 1990.

Silva, Mira and Mehta, Shyam. *Yoga: The Iyengar Way.* New York: Knopf, 1992.

Swenson, David. *Ashtanga Yoga: The Practice of Manual.* Sugar Land, Texas: Ashtanga Yoga Productions, 1999.

Tigunait, Rajmani. *Seven Systems of Indian Philosophy.* Honesdale, Pennsylvania: Himalayan Publishers, 1983.

Yee, Rodney. Yoga: *The Poetry of the Body.* New York: Thomas Dunne Books, 2002.

光碟／錄音帶

Feuerstein, Georg. *The Lost Teachings of Yoga.* Boulder: Sounds True, 2003.

Freeman, Richard. *The Yoga Matrix.* Boulder: Sounds True, 2001.

Friend, John. *Anusara Yoga 101.* Spring, Texas: Anusara Yoga, 2002.

Nhat Hanh, Thich. *The Art of Mindful Living.* Boulder: Sounds True, 1991.

Houston, Vyaas. *Yoga Sutras of Patanjali.* Warwick, NY: American Sanskrit Institute, 1996.

Rea, Shiva. *Yoga Sanctuary.* Boulder: Sounds True, 1999.

Young, Shinzen. *The Science of Enlightenment.* Boulder: Sounds True, 1997.

錄影帶

Freeman, Richard. *Yoga with Richard Freeman.* Boulder: Delphi Productions, Ltd., 1993.

Friend, John. *Yoga for Meditators.* Spring, Texas: Purple Pentacle Enterprises, 1997.

——. *Yoga: Alignment and Form.* Spring, Texas: Purple Pentacle Enterprises, 1994.

MacGraw, Ali with Erich Schiffmann. *Yoga: Mind & Body.* Warner Home Video, 1994.

Nhat Hanh, Thich. *Mindful Movements.* Boulder: Sounds True, 1998.

Swenson, David. *Yoga: Short Forms.* Houston, Texas: Ashtanga Yoga Productions, 1997.

——. *Yoga: The Practice, First Series.* Houston, Texas: Ashtanga Yoga Productions, 1995.

Walden, Patricia. *Yoga Journal's Yoga Practice for Flexibility.* Broomfield, Colorado: Living Arts, 1992.

——. *Yoga Journal's Yoga Practice for Relaxation.* Broomfield, Colorado: Living Arts, 1992.

Yee, Rodney. *Yoga Journal's Yoga Practice for Energy.* Broomfield, Colorado: Living Arts, 1995.

——. *Yoga Journal's Yoga Practice for Strength.* Broomfield, Colorado: Living Arts, 1992.

網站

www.yrec.org　瑜伽研究暨教育中心（Yoga Research and Education Center）的網站滿是歷史、哲學和練習的文章（許多都是由喬治・福爾斯坦所寫），還有新聞及推薦網站連結。

www.yogajournal.com　Yoga Journal（瑜伽期刊）的網站有很多文章，附有瑜伽老師和學校的索引，羅列可找到瑜伽用具、錄影帶等物之處。

www.ascentmagazine.com　Ascent是加拿大重要瑜珈雜誌，提供有關瑜珈和心靈層面的獨特觀點。

www.shambhalasun.com　「香巴拉太陽」（The Shambhala Sun）網站的特色是有來自各個佛教傳統的教師所撰寫的文章。

www.tricycle.org　「三輪車」（Tricycle）網站擁有眾多佛教教師探討「法」的不同層面，

也提供許多有用的推薦網站連結。

www.iamhome.org 「正念生活社群」（The Community of Mindful Living）提供有關一行禪師和「互即互入團」（The Order of Interbeing）的訊息。這個網站也有寶貴的網站連結。

www.plumvillage.org 一行禪師法國道場的網站，提供禪師「法」的開示講稿，特色是有關他作品的訊息和佛教寺廟聯合會（United Buddhist Church）的工作。

www.mindfulnessyoga.net 這是我的網站，可以在上面讀到有關瑜伽、「法」和《阿輸吠陀》的卡魯那註釋（Karuna notes）。也可以找到有關研習會、課程和靜修的訊息。

www.theenergycenter.com 能量中心（The Energy Center）是布魯克林的瑜伽、療癒和心靈成長的綠洲，這是我在紐約市的根據地。

www.jmyoga.com 傑馬瑜珈中心（Jai Ma Yoga Center）位於紐約州新帕塔，是我在美麗的哈德遜谷的根據地。

正念瑜伽

作　　　者　法蘭克·裘德·巴奇歐
　　　　　　（Frank Jude Boccio）
譯　　　者　鄧光潔
特 約 主 編　曾淑芳
封 面 設 計　李韻蒨
內 頁 版 型　歐陽碧智

總　編　輯　張嘉芳
編　　　輯　劉昱伶
業　　　務　顏宏紋
出　　　版　橡樹林文化
　　　　　　城邦文化事業股份有限公司
　　　　　　104台北市民生東路二段141號5樓
　　　　　　電話：(02)2500-7696　傳眞：(02)25001951
發　　　行　英屬蓋曼群島商家庭傳媒股份有限公司城邦分公司
　　　　　　104 台北市中山區民生東路二段141 號2 樓
　　　　　　客服服務專線：(02)25007718；25001991
　　　　　　24 小時傳眞專線：(02)25001990；25001991
　　　　　　服務時間：週一至週五上午09:30 ～ 12:00；下午13:30 ～ 17:00
　　　　　　劃撥帳號：19863813　戶名：書虫股份有限公司
　　　　　　讀者服務信箱：service@readingclub.com.tw
香港發行所　城邦（香港）出版集團有限公司
　　　　　　香港灣仔駱克道193 號東超商業中心1 樓
　　　　　　電話：(852)25086231　傳眞：(852)25789337
　　　　　　Email: hkcite@biznetvigator.com
馬新發行所　城邦（馬新）出版集團【Cité (M) Sdn. Bhd. (458372U)】
　　　　　　41, Jalan Radin Anum, Bandar Baru Sri Petaling,
　　　　　　57000 Kuala Lumpur, Malaysia
　　　　　　電話：(603) 90578822　傳眞：(603) 90576622
　　　　　　Email：cite@cite.com.my

初版 一 刷　2005年6月
初版十六刷　2021年7月
ISBN　986-7884-42-6
特價：399元
版權所有‧翻印必究 (Printed in Taiwan)
缺頁或破損請寄回更換

國家圖書館出版品預行編目資料

正念瑜伽／法蘭克·裘德·巴奇歐 (Frank Jude
Boccio) 著；鄧光潔譯. -- 初版. -- 臺北市：
橡樹林文化出版：家庭傳媒城邦分公司發行,
2005[民94]
　面；　公分
參考書目：面
譯自：Mindfulness yoga：the awakened
union of breath, body and mind
ISBN 986-7884-42-6(平裝)

1. 佛教 － 修持　2. 瑜伽

225.7　　　　　　　　　　94008354